도서출판 대장간은
쇠를 달구어 연장을 만들듯이
생각을 다듬어 기독교 가치관을
바르게 세우는 곳입니다.

대장간이란 이름에는
사라져가는 복음의 능력을 되살리고,
낡은 것을 새롭게 풀무질하며, 잘못된 것을
바로 세우겠다는 의지가 담겨져 있습니다.

www.daejanggan.org

다니엘이 전한 복음

지은이	예수산
초판발행	2015년 8월 13일
펴낸이	배용하
책임편집	윤순하
등록	제364-2008-000013호
펴낸곳	도서출판 대장간
	www.daejanggan.org
등록한곳	대전광역시 동구 우암로 75-21
편집부	전화 (042) 673-7424
영업부	전화 (042) 673-7424 전송 (042) 623-1424
분류	이단연구 | 조직신학
ISBN	978-89-7071-356-4 03230

이 책은 저작권법에 의해 보호를 받는 출판물입니다.
기록된 형태의 허락 없이는 무단 전재와 복제를 금합니다.

 값 12,000원

다니엘이 전한 복음

예수산

마라나타 동지들 혜존

지난 7년간 주님의 이름으로 자기 생명을 나누어주신
김제와 서울과 부산의 동역 교회와 가정들에게
이 책을 바칩니다.

차례

서문 / 7

다니엘서 1장 _ 하나님이 주십니다 ·················· 11
다니엘서 2장 _ 누가 미래를 아는가 ················· 32
다니엘서 3장 _ 우리 하나님이 건지신다 ············· 52
다니엘서 4장 _ 짐승의 하늘보기 ···················· 72
다니엘서 5장 _ 말씀의 사람 ························ 91
다니엘서 6장 _ 기도가 결정한다 ··················· 110
다니엘서 7장 _ 사람이냐 짐승이냐 ················· 130
다니엘서 8장 _ 언제까지 계속될까 ················· 150
다니엘서 9장 _ 중재자의 길 ······················· 170
다니엘서 10장 _ 천지가 맞물린 싸움 ················ 190
다니엘서 11장 _ 적그리스도의 얼굴 ················· 210
다니엘서 12장 _ 끝 날에 교회는 ···················· 230

미주 / 251

서문

이 책은 다니엘서 강해로서 도전적인 환경에 둘러싸인 내 삶의 부산물이다. 지난 7년간(2008년 4월 1일~2015년 4월 9일) 중동의 어느 나라에서 사역하면서 몇 번의 큰 위기를 맞지 않았더라면 이 책을 쓸 일도 없었을 것이다. 혼란의 시작은 2011년 봄이었다. 그해 초부터 반정부 시위가 격화되면서 가족과 함께 잘 정착했던 중동의 그 나라가 극심한 혼돈에 빠져들었다. 운전하고 있던 나를 향해 내달리던 수십 명의 청년들과 함께 그들을 뒤쫓는 총탄들이 내 앞을 지나기도 했고 수천 명의 데모대로 인해 아내와 딸이 1시간 넘게 대로변의 상가에 갇히기도 했다. 하지만, 대부분의 동료들이 그랬듯이 우리도 어떻게든 그 땅에 계속 머물고 싶었다. 들어가서 정착해 사는 것 자체가 워낙 힘들었던 터라 한번 나갔다간 다시는 돌아오지 못할 것 같았다. 하지만, 결국은 더 버티질 못하고 한국으로 잠시 물러나야 했다. "비자발적" 본국사역이었다. 매 주일의 설교사역이 내게 다시 맡겨질 참이었다. 두려웠다. 녹슬고 무디어진 말씀실력을 다시 벼려야 했다.

그리스도인으로서 자신의 말씀실력을 점검하는 만고불변의 기준이 하나 있다. 바로 "스데반&빌립 시금석"이다. 자, 다음의 두 질문을 자신에게 던져보자. 첫 번째 질문, 「나는 성경 66권의 핵심 메시지를 각각 하나씩, 66개의 문장으로 진술해 낼 수 있는가?」 만약 어느 성경이라도 그것이 증언하는 예수 그리스도를 하나의 문장으로 담아낼 수 없다면 나는 그 성경에 무지한 것이다. 또한, 그처럼 캄캄하게 다가오는 성경이 많을수록 성서 전체를 일관해 내는 스데반의 말씀실력에는 더욱 못 미치는 것이다. 두 번째 질문, 「나는 성경 66권의 어느 본문을 읽더라도 그 말씀으로 예수님을 전할 수 있는 가?」 어느 교회가 내게 설교를 부탁하면서 그 교회가 원하는 본문으로 설교하길 청했다고 하자. 그러면서 정작 내가 전해야 할 그 본문이 무엇인지는 알려주지 않는다. 그것은 설교 당일, 내가 그 교회 강단에 올라갔을 때에야 내게 주어진다. 그 때 나는 그 본문을 한 번 읽고서 곧바로 예수님을 전할 수 있겠는가? 그렇다면 나는 빌립의 말씀실력에 다다른 것이다. 성령님이 빌립을 에티오피아 내시에게 보내셨을 때도 빌립은 자신의 설교 본문을 알지 못했다. 그 내시를 만났을 때에야 성경본문을 알게 되었고 곧바로 강해설교 한 편을 풀어내야 했다. 빌립이 잘 모르는 본문이면 어쩔 뻔 했나!

짐을 싸면서 머릿속으로 나 자신의 말씀실력을 점검해 보았다. 66권의 성경 중에 절반 이상이 캄캄했다. 그중에서도 구약의 다니엘서가 가장 막막하게 느껴졌다. 그래서 한국으로 돌아가면 다니엘서를 설교하리라 결심했다. '가장 모르는 성경과 씨름해야 가장 많이 배울 것이다!' 나 자신의 성장을 위한 순전히 이기적인 동기였다. 하지만, 다니엘서를 택한 것은 주님의 계획이 분명했다. 여러 예배와 집회에서 다니엘서 각 장을 설교할 때마다 '바로 이 말씀이 이분들에게 필요했다!'는 확신이 들었다. 이 책에 담긴 첫 여덟 편의 설교다니엘서 1~8장가 그 첫 번째 본국사역의 열매다. 이어지는 두 편의 설교다니엘서 9, 10장는 중동의 그 나라로 귀임한 이후, 팀장으로서 외국인 동료들에게 전한 말씀이다. 그리고 나머지 두 편다니엘서 11, 12장은 두 번째 본국사역을 맞았을 때 시울 한국어 아카데미에서 내날 보였던 나그네기도회에서 나누었다. 놀랍게도 이제 다니엘서는 나에게 가장 선명한 성경들 중 하나가 되었다.

66권 성경의 각 본문에는 그 모양과 쓰임새가 다양한 역사적·문예적·신학적 소품들이 등장한다. 본문의 조화로운 풍경 속에 각기 제자리에 놓인 그 소품들은 자신의 구도와 명암과 색상으로써 단 하나의 메시지를 주목하고 있다. 선명한 주해나 명쾌한 설교란 조화로운 본문 속에 피어난 그 한 송이 메시지를 찾아내는 일이다. 한국과 중동에서 다니엘서 각 장을 읽고 또 읽으면서 그 한 송이 꽃들을 찾아 헤맸고 "심봤다!"^{핵심을 보았다!}는 기쁨이 각 설교의 제목이 되었다. 핵심을 발견하고 제목을 정했다면 설교준비가 끝난 셈이다. 남은 것은 그 진리가 회중의 마음에 잘 새겨지도록 메시지를 정련하는 일 뿐이다. 본문의 핵심 메시지가 회중의 마음을 사로잡도록 다듬고 또 다듬어야 한다. 모든 구절들에 대한 세부 주해는 기꺼이 포기해야 한다. 그것은 주석들의 몫일 뿐 회중들의 관심사도, 설교자의 의무도 아니다. 주님께서 나와 청중들에게 주시는 "그 한 말씀"이면 충분하다. "그 한 말씀"을 전하려고 강단에 선 것이고, "그 한 말씀"을 들으려고 예배당에 앉은 것이다. 주님이 말씀하시면 우리는 순종한다. 그것이 신앙생활의 전부다. 때마다 일마다 내 삶을 해석하고 지도하는 "그 한 말씀"을 받는 것에 우리의 구원이 달려있다.^{눅 8:12}

다만 "그 한 말씀"을 통해 찾아오는 구원은 그 말씀의 빛에 폭로된 우리의 죄악을 끊어낼 때에야 내 것이 된다. 그것이 다니엘서 각 장의 핵심 메시지를 적용하면서 작금의 한국교회와 그 교회의 일부분인 나 자신을 있는 그대로 반성하고 비판한 이유였다. 어떤 분들은 자신의 삶이 노출된 설교를 꺼린다. 하지만, 내 삶에 정직하지 못한 설교라면 설교하지 않는 것이 나을 것이다. 다만 치러야 할 대가는 크다. 태국 북동부의 "난^{Nan}"에서 사역하는 17년 지기 이준호 선교사가 한 편 한 편 보내준 이 책의 설교들을 읽을 때마다 나를 걱정한 이유도 거기에 있었다. 설교들이 너무 지나치게 솔직하다는 것이었다. 결국 나는 내 눈을 바라보며 한 마디 한 마디 이어갔던 그 친구의 권고를 받아들였다. 진실함이 폭력이 되어 아름다움을 파괴하지 않도록 나의 고백과 호소들을 많이 다듬었다. 하지만, 그래도 끝내 숨길 수 없고 타협할 수 없는 아픔이 많았다. 결국, 여전히 부족한 점에 대해서는 내 친구들과 독자들의 용서를 구한다.

    설교에 사용한 성경역본은 개역개정판^{2005}이고 개인번역^{私譯}이나 다른 역본의 경우에는 각각 그 출처를 표기해 두었다. 각 설교들이 끝나면 그 메시지에 관한 짧은 기도문이 이어진다. 기도로써 내 마음에 새기지 못한 말씀은 삶으로 열매 맺기는커녕 오히려 나를 교만하게 만들 것이다. 기도문 밑에 적어둔 찬송 곡명 하나는 그 말씀을 묵상하고서 나 혼자 불렀던 노래들이다. 또한 사족이 될까 두렵지만 각 장의 메시지를 반영한 짧은 찬송시도 덧붙여 두었다.

    매일 묵상이나 매 주일 설교는 우리 각자의 독보적인 사명이다. 어느 누구도 대신 해줄 수 없는 일이다. 주님이 하신다. 하지만, 나를 통해서 하신다. 내 안에 계신 성령께서 나를 통해 예수님의 일을 하신다. 그래서 아무리 힘들어도 나의 묵상, 나의 설교여야 한다. 이 중하고도 복된 사명을 묵묵히 감당하고 계신 한국교회의 동지들에게 이 책이 작은 디딤돌 하나로 발견되면 좋겠다.

2015년 4월 9일, 중동의 S섬을 떠나며

다니엘서 1장
하나님이 주십니다

하지만 다니엘은 왕이 내린 진미와 포도주로 자신을 더럽히지 않기로 그의 마음에 결심하고서 자신을 더럽히지 않게 해주시길 환관장에게 간청하였다.(단 1:8, 私譯)

바벨론에 포로가 된 교회

다니엘서의 시작은 비통하다. 유다 예루살렘이 바벨론에 포위되어[1절] 함락되었고 하나님의 백성들은 바벨론으로 끌려갔다. 당시의 바벨론은 세계 최고의 국력과 문명을 자랑하던 화려한 제국이었다. 하지만, 포로가 된 하나님의 백성에게 그 바벨론은 한 마리의 큰 짐승에 불과했다. 바벨론뿐 아니라 그 뒤를 이을 다른 제국들의 영적 실상도 무섭고도 잔인한 짐승이었다.[단 7~12장] 따라서, 이 세상 나라들의 겉모습이 제 아무리 고상하고 신사적일지라도 그 속에 살고 있는 하나님의 백성들을 억압하고 박해한다면 그 국가의 실상은 짐승과 다름없는 것이다.

같은 맥락에서 다니엘서 7~12장의 완결판인 요한계시록은 이 세상을 "바벨론"이라고 부른다. "무너졌도다 무너졌도다 큰 성 바벨론이여" 했을 때 그 바벨론에는 이 세상의 모든 나라들이 다 포함되었다.[계 18:2~3] 물론 나라들마다 교회를 박해하는 방식은 조금씩 다르다. 북한이나 이란은 살벌한 총칼로 박해하지만 한국이나 미국은 마취적인 문화로 박해한다. 하지만, 열방에 흩어져있는 주님의 몸 된 교회의 처지는 동일하다. 다니엘서의 옛 성도들처럼 우리 교회들도 짐승제국 안에서 살아가야 한다. 하나님의 백성이 바벨론에 끌려왔다. 겨자씨 같은 교회가 바벨론에 심겨졌다. 지금 우리는 현장선교사로서 아프가니스탄이나 사우디아라비아 같은 무서운 바벨론에서, 아니면 무릎선교사로서 한국이나 미국 같은 탐닉적인 바벨론에서, 하루하루 우리의 믿음을 지켜내고 있다.

따라서, 이 시대를 사는 우리 교회의 고민은 다니엘 시대를 살았던 성도들의 고민과 동일하다. 바벨론에 끌려온 하나님의 백성들은 어떻게 살아야 하는가? 바벨론에 심겨진 교회는 어떻게 선교해야 하는가? 한국과 열방의 바벨론에 흩어진 성도들은 어떻게 하나님의 영광을 선포할 것인가?

다니엘서 1장 8절이 그 해답을 제시한다. "다니엘은 뜻을 정하여 왕의 음식과 그가 마시는 포도주로 자기를 더럽히지 아니하리라 하고 자기를 더럽히지 아니하도록 환관장에게 구하니"

다니엘을 더럽히는 왕의 음식과 포도주

"다니엘은 뜻을 정하여…"로 시작하는 다니엘서 1장 8절 말씀은 성경에서 가장 유명한 구절 중에 하나다. 교회에서 자주 설교되는 본문이고 어린이 성경에도 빠지지 않고 등장하는 스토리다. 하지만, 왜 다니엘이 그런 식으로 자신의 뜻을 정했는지에 대해서는 조금 더 생각해 봐야 한다.

질문은 이것이다. "왜 다니엘은 왕의 음식과 포도주가 자신을 더럽힌다고 판단했는가?" 왕의 음식과 포도주 자체가 다니엘이 먹어서는 안 되는 음식(예를 들면, 이방신 제사에 받쳐진 음식)이었는가? 본문에서 사용된 단어 "이트까암 יִתְגָּאָל"to defile oneself은 분명 영적인 부정을 의미한다. 사 59:3; 애 4:14; 습 3:1; 말 1:7,12 하지만, 이 단어가 다니엘서 1장에서 어떤 의미로 사용되었는지가 더 중요하다. 단어의 의미를 결정하는 것은 문맥이지 단어 자체가 아니다.

먼저, 다니엘서를 처음부터 끝까지 통독해 보면, 다니엘서 1장의 음식

자체가 문제였다는 생각을 재고하게 만드는 구절을 발견하게 된다. "그 때에 나 다니엘이 세 이레 동안을 슬퍼하며 세 이레가 차기까지 좋은 떡을 먹지 아니하며 고기와 포도주를 입에 대지 아니하며 또 기름을 바르지 아니하니라"단 10:2~3 영혼의 큰 슬픔에 사로잡힌 다니엘은 이스라엘 백성의 영적 중재자로서 3주간의 제한적인 금식을 단행한다. 10장의 다니엘이 3주간 먹지 않은 이 음식들은 1장에서 그가 먹지 않기로 결심했던 "왕의 음식과 그가 마시는 포도주"단 1:8와 동일한 것이다. 뿐만 아니라 10장에서 그가 3주간 바르지 않기로 한 "기름" 역시 다니엘서 1장과 간접적인 관련이 있다. 그것이 다니엘의 "얼굴"단 1:13,15을 윤택하게 보이도록 만들어주었기 때문이다. 그렇다면 다니엘서 1장에서는 그 자체적으로 부정했던 바벨론 제국의 음식들이 10장의 페르시아 제국에 와서는 유대교적으로 다 개선되었는가? 난센스다. 이방 제국의 왕실이 즐기던 떡과 고기와 포도주는 바벨론 때나 페르시아 때나 대동소이했을 것이다. 그렇다면 다니엘은, 자신이 전쟁포로로 잡혀 온 이후부터 왕 앞에 나아갈 때까지 "삼 년"단 1:5간 먹지 않았던 왕의 음식과 포도주를, 그 이후에는, 금식할 때만 제외하곤, 일상적으로 먹고 마신 것이다.

그렇다면 다니엘은 왜 그 3년간 왕의 음식과 포도주를 거부한 것인가? 혹시 자신의 조국을 무너뜨린 바벨론 제국에 정치적 저항단식투쟁을 한 것인가? 하지만, 바벨론을 축복하며 그곳에 잘 정착해 살라는 하나님의 말씀을 들었을 다니엘이렘 28:7; 단 9:2 그런 선택을 했을 리 없다. 다니엘이 나실인이었나? 그랬다면 고기까지 안 먹을 이유가 없었다. 나실인은 "포도주와 독주"만 멀리하면 되었으니까.민 6:3 이 문제의 해답은 다니엘이 다니엘서 1장에서 반복해서 외치는 메시지에 있다.[1] 그것이 바로 "하나님이 주십니다!"는 진리다. 다니엘은 다니엘서 1장을 기록하면서 "하나님이 주신다!"는 진리를 다음과 같이 반복해서 선포하고 있다.

하나님이 주십니다!

먼저 2절을 보자. "주께서 유다 왕 여호야김과 하나님의 전 그릇 얼마를 그느부갓네살의 손에 넘기시매 그가 그것을 가지고 시날 땅 자기 신들의 신전에 가져다가 그 신들의 보물 창고에 두었더라" 다니엘서를 시작하는 다니엘은 왜 하나님의 백성이 이방신의 백성에게 패배했는지를, 왜 하나님이 패배한 것처럼 그분의 성전 그릇들이 탈취당하여단5:2,3 이방신들의 전리품이 되었는지를, 분명하게 밝힌다. 바벨론 왕 느부갓네살은 자신이 위대해서 유대왕국을 멸망시켰다고 착각하고 있었다.단 4:30 바벨론 백성은 자기네 신들이 위대해서 유대인의 하나님을 굴복시켰다고 착각하고 있었다.단 5:3~4 그러나 다니엘은 2절 말씀을 통해 "아니오!"라고 선언한다. 느부갓네살이 위대한 것도 아니요 바벨론의 신들이 위대한 것도 아니다. 다만 하나님께서 범죄 한 당신의 백성들을 징계하고 그들을 다시 회복시키려고 느부갓네살을 사용하신 것이다.단 8:12; 9:8; 왕하 24:1~3 느부갓네살이 그의 능력으로 빼앗은 것이 아니라 하나님이 그의 손에 넘겨주신 것이다.스 5:12 그래서 2장에서 다니엘이 느부갓네살에게 이렇게 말했다. "왕이여 왕은 여러 왕들 중의 왕이시라 하늘의 하나님이 나라와 권세와 능력과 영광을 왕에게 주셨고 사람들과 들짐승과 공중의 새들, 어느 곳에 있는 것을 막론하고 그것들을 왕의 손에 넘기사 다 다스리게 하셨으니…"단 2:37~38 누가 주셨는가? 하나님이 주셨다.

또한 9절을 보자. "하나님이 다니엘로 하여금 환관장에게 은혜와 긍휼을 얻게 하신지라" 환관장은 왕의 음식과 포도주를 마시지 않겠다는 다니엘의 당돌한 제안에도 불구하고 그를 책망하기는커녕 그에게 호의와 동정을 보인다. 다니엘이 그에게 뇌물을 준 것도 아니고 그와 어떤 인연이 있었던 것도 아니다. 그냥 환관장은 다니엘을 좋아한다. 만약 환관장에게 당신이 다니엘을 왜 좋아하냐고 물으면 그는 아마 이렇게 대답할 것이다. "아니, 그냥 다니엘이 좋아요. 그냥 다니엘만 보면 왠지 모르게 애처롭고 좀 더 잘해주고 싶고 그래요. 이유는 저도 몰라요." 물론 작은 이유가 있긴 했다. 뒤에 가서 보겠지만, 다니엘이 겸손한 태도와 언어로써 환관장의 마음을 열었기 때문이다. 하지만, 9절 본문은 진짜 이유가 하나님께 있다고 말한다. 왜 환관장이 다니엘을 좋아하게 되었는가? 하나님이 환관장의 마음을 다니엘에게 주셨기 때문이다. 이번에도 누가 주셨는가? 하나님이 주셨다.

또한 17절을 보자. "하나님이 이 네 소년에게 학문을 주시고 모든 서적을 깨닫게 하시고 지혜를 주셨으니 다니엘은 또 모든 환상과 꿈을 깨달아 알더라" 다니엘과 그의 세 친구들에게 공부를 가르친 사람이 누구였는가? 갈대아 사람들이었다.4절 그렇다면 갈대아인의 그 학문이 다니엘과 세 친구들을 지혜롭게 만들었는가? "아니오!" 하나님이 다니엘과 그의 세 친구들에게 지혜를 주신 것이다.단 2:21,23 그래서 "무리 중에 다니엘과 하나냐와 미사엘과 아사랴 같은 자가" 없었다.19절 그래서 그들의 "지혜와 총명이 온 나라 박수와 술객보다 십 배나" 뛰어났다.20절 이번에도 누가 주셨는가? 하나님이 주셨다.

그렇다면, 다니엘이 왕의 음식과 포도주를 거절한 이유도 분명히 드러난다. 느부갓네살 왕이 다니엘과 세 친구들에게 "왕의 음식과 그가 마시는 포도주"5절를 삼년간 매일 먹임으로써 얻고자 했던 결과가 무엇이었는가? 왕 앞에 서게 될 그들의 얼굴을 윤택하게 하고 그들의 풍채를 좋게 만들려는 것이었다.13, 15절 당연히 그들에게 그런 아름다운 육체를 제공한 주체가 바벨론의 왕인 것을 드러낼 참이었다. 바로 이 점에서 다니엘의 양심은 "아니오!"라고 외쳤다. 그래서 다니엘은 그 맛있는 음식들을 3년간 먹지 않기로 결심했다. 이유는 분명하다. 아름다운 얼굴과 건강한 육체도 누가 주시는가? 오직 하나님이 주신다. 심지어 건강한 육체뿐 아니라 긴 정치적 생명력까지 하나님이 주신다.^단 1:21 육체적 건강이든, 정치적 생명력이든, 주시는 분은 오직 하나님이지 이방 왕이 아니다. 다니엘이 이 사실을 알면서도 왕이 주는 그 음식들을 다 받아먹음으로써 하나님이 주권자라는 신앙고백을 저버렸다면 바로 그것이 다니엘을 더럽힐 문제였다.

다니엘이 양보 한 문제들

다니엘은 이방 학문을 배운 자였다. "갈대아 사람의 학문과 언어"4절는 종교적으로 중립적인 공부가 아니었다. 갈대아 사람들의 사상과 학문이 얼마나 이교적이었던지 "갈대아인" 하면 바로 "술법 하는 사람"을 의미했다.^단 2:2 하지만, 다니엘은 바벨론의 이교적인 학문에 이의를 제기하지 않았다.

심지어 다니엘은 이방 이름까지 수용했다. "환관장이 그들의 이름을 고쳐 다니엘은 벨드사살이라고 하고…"7절 1940년, 일제의 조선총독부에 의해 "창씨개명"을 강요당했던 한국인의 입장에서는 이름을 고친 다니엘의 태도가 쉽게 이해되지 않는다. 창씨개명의 명분은 조선의 근대화였지만 그 실상은 조선의 가족제도를 약화시켜 천황에 대한 충성심을 증진시키는 것이었다.2) 법이 시행된 지 6개월 만에 일본식 "창씨"를 받아들인 조선인 호적이 전체의 80.5%에 달했지만 끝까지 저항하는 사람들도 많았다. 경상남도 동래읍에 거주하던 한 조선인은 창씨개명에 대한 저항의 표시로 자신의 이름을 "개새끼"犬の子라고 창씨하여 관리에게 제출하였고 결국 징역 6개월을 선고받았다.3) 다니엘 역시 그처럼, 아니면 좀 더 신사적인 방법으로라도, 저항할 수 있지 않았을까? 하지만, 다니엘이 직면한 현실은 일제시대의 "창씨개명" 정책보다 훨씬 더 심각한 것이었다. 우리역사와 비교할 수 있는 다니엘의 경험은 소련의 스탈린에 의해 어느 날 갑자기 열차에 태워져 중앙아시아 전역으로 내던져졌던 까레이스키고려인 동포들의 경험일 것

이다. 그 고려인 조상들처럼 다니엘도 자기의 이름을 지켜내기가 불가능에 가까웠을 것이다.

게다가 다니엘은 바벨론 제국의 환관이었다. 다니엘은 성경의 여러 인물들 중에서 요셉과 가장 비슷하지만 요셉과 전혀 다른 모습이 하나 있다. 요셉은 아내와 자식들이 있었지만 다니엘은 한평생 싱글이었다. 다니엘서 어디에서도 그의 아내나 자녀를 찾아볼 수 없다. 다니엘은 환관으로서 "환관장 아스부나스"4절 밑에서 3년간 환관 수업을 받았고 역시 환관이었을 그의 세 친구들과 함께 집단 숙소에서 거주했다.단 2:17 사실 이사야서에서 이미 다니엘의 슬픈 운명이 예고되었다. 죽을 병에서 회복된 히스기야 왕이 바벨론 왕의 사신들에게 자신의 모든 소유를 다 보여주고 말았을 때 이사야가 히스기야에게 하나님의 말씀을 선포했다. "보라 날이 이르리니 네 집에 있는 모든 소유와 네 조상들이 오늘까지 쌓아 둔 것이 모두 바벨론으로 옮긴바 되고 남을 것이 없으리라 여호와의 말이니라 또 네게서 태어날 자손 중에서 몇이 사로잡혀 바벨론 왕궁의 환관이 되리라"사 39:6~7 이 말씀은 백 년이 지난 후 "이스라엘 자손 중에서 왕족과 귀족 몇 사람"단 1:3이었던 다니엘과 세 친구들에게 그대로 성취되었다. 하지만, 다니엘은 이것까지도 자신이 받아들여야 할 환경일 뿐이라고 여겼다. "비자발적 싱글"로서 한 평생을 살아가야 하는 운명은 다니엘을 전혀 "더럽히지" 못했다. 오히려 다니엘이 "싱글 전문인 선교사"였기에 바벨론 제국 가장 깊숙이 들어갈 수 있었고 그 속에서 하나님의 주권을 선포할 수 있었다.

이처럼 많은 것을 양보했던 다니엘이 "하나님이 주십니다!"라는 진리만은 결코 양보하지 않았다. "다니엘은 문제가 아닌 것들에 관해 문제를 제기하지 않았다. 그는 그의 신앙에 관계가 있는 문제들만을 다루기로 현명하게 결정하였다."4) 이교의 학문을 배우거나 이방인의 이름으로 불리거나 거세되어 환관이 된 것은 결코 그를 더럽힐 수 없었다. 하지만, 역사를 다스리시고 자신에게 지혜와 건강을 주시고 사람의 마음을 얻게 하시는 분이 하나님이신 것을 부인하는 것은 다니엘을 실재적으로 더럽히는 문제였다. 포로된 직후부터 "하나님이 주신다!"는 진리를 부인하는 성도라면 그들은 결국 얼마 못가서 바벨론의 문화에 젖어 사는 더러운 이방인의 한 사람으로 전락하게 될 것이었다.

현장선교사가 붙들 진리

현장선교사인 우리는 성경만이 하나님의 말씀이라고 믿고 성경만을 주야로 묵상하길 힘쓴다. 하지만, 우리 주변에 살고 있는 무슬림들을 바르게 이해하고 그들과 대화하기 위해서는 어쩔 수 없이 꾸란을 공부해야 한다. 그래서 중동에 있는 선교사들은 자신의 서재에 꾸란을 보관하면서 때때로 그 책을 뒤적인다. 또한 모든 선교사들이 다 동의하는 것은 아니지만 꾸란을 이용해서 예수님의 진짜 정체를 무슬림들에게 변증하는 전도법도 있다. 뿐만 아니라 우리는 100여 년 전에 조선에 복음을 전하러 오신 많은 서양 선교사들이 그랬던 것처럼 현지인들이 부르기 쉬운 아랍어식 이름을 사용한다. 이곳 사람들이 한국어를 편하게 발음할 수 없기 때문이고 또 우리 역시 이들이 좀 더 편하게 우리에게 다가올 수 있기를 바라기 때문이다.

그리고 우리에겐 가족에 대해서도 내려놓아야 할 부분이 많다. 우리가 한국에 없다면 과연 누가 우리의 부모를 돌볼 것인가? 우리 마음이 편하지 않다. 하지만, 그렇다고 해서 "손에 쟁기를 잡고 뒤를 돌아보는 자"가 될 수도 없다.눅 9:62 우리에겐 핍절한 환경과 거친 문화 속으로 우리의 포로처럼 따라 온 어린 자식들도 있다. 고등학교 과정까지 홈스쿨링 할 자신은 없으니 이들이 조금 더 자라게 되면 멀리 떠나보내야 할 것이고 그 때가 되면 또 다른 아픔과 눈물이 요구될 것이다. 하지만, 가정에 대한 가장 큰 헌신은 싱글 선교사들 가운데서 발견된다. "천국을 위하여 스스로 된 고자"

마 19:12인 형제자매들의 삶은 싱글이 아닌 사람은 결코 제대로 이해할 수 없다. 부모형제와 떨어진 선교지에서 남편이나 아내도 없이 살아가야 하는 이들의 외로움과 서러움은 "나와 같이 그냥 지내는 것이 좋으니라"고전 7:8는 바울의 말씀을 집어삼키고 남을 만큼 강렬하다.5) "관계"에 대한 갈망은 "관계"로써 해소된다. 싱글의 갈망은 "혼자" 말씀 많이 읽고 "혼자" 기도 많이 한다고 해서 해소될 수 있는 것이 아니다.

하지만, 우리는 안다. 하나님께서 우리를 바벨론으로 이끌어 오셨고 우리에게 이런 환경을 허락하셨다. 그렇기에 우리는 "하나님이 주신다!"는 진리를 더욱 붙잡는다. 하나님이 주신다는 진리가 우리의 삶과 사역을 정결하게 지켜낸다. 무슬림들에게 그 많은 석유, 그 찬란한 문화, 그 많은 인구를 주신 분이 누구신가? 하나님이시다. 지금 무슬림들이 누리는 모든 좋은 것을 주신 분이 누구신가? 하나님이시다.마 5:45; 행 14:17 재스민 혁명을 통해 중동 무슬림들을 뒤흔들고 계신 분이 누구신가? 하나님이시다. 그래서 우리는 바벨론에 끌려온 다니엘이 그랬듯이 우리를 둘러싼 무슬림들 앞에서 전혀 위축되지 않는다. 무슬림의 형편이 어떠하든지 나의 주님이 그들을 다스린다. 그들이 아무리 완고할지라도 나의 하나님이 "영생을 주시기로 작정"한 무슬림은 단 한 명도 예외 없이 주 예수를 믿을 것이다.행 13:48 그래서 우리는 낙심치 않고 매일 하나님의 말씀을 기억한다. "두려워하지 말며 침묵하지 말고 말하라 내가 너와 함께 있으매 어떤 사람도 너를 대적하여 해롭게 할 자가 없을 것이니 이는 이 성중에 내 백성이 많음이라"행 18:9~10

그래서 우리에겐 부족함이 없다. 바벨론에 갇혀 있는 우리의 형편을 하나님이 아신다. 정치적 격동, 테러와 분쟁이 여전한 이곳에 처자식을 이끌고 들어온 우리의 두려움을 주님이 아신다. 미성숙한 내 모습 때문에 낙심하고 억센 환경 때문에도 쉽게 지쳐버리는 우리의 연약함을 주님이 아신다. 그래서 우리 주님이 지금도 우리의 지친 몸과 마음을 새롭게 하시고 우리의 모든 필요를 채워주시는 것이다. 그렇다. 나의 지혜도 나의 건강도 이웃 무슬림의 마음도 오직 우리 하나님이 주신다.

무릎선교사가 붙들 진리

기도와 물질로써 선교에 헌신한 무릎선교사의 형편도 동일하다. 우리는 탐닉적인 바벨론 속에서 무신론적 진화론을 과학의 이름으로 배워야 한다. 동성애와 낙태를 합법화하고 간통죄 폐지를 주장하는 세상 친구들로부터는 편협한 기독교인으로 낙인찍힌다. 종교적 상대주의를 주장하는 언론은 선교하는 우리를 근본주의 기독교도라고 비난한다. 내가 다니는 세속 직장에는 나의 책임과 통제를 넘어서는 구조적인 부정과 불법이 자행되고 있고 그 속에서 매일 일해야 하는 우리는 때로 크고 작은 무력감에 빠진다. 기독교 기업이나 대형교회 직장, 심지어 신학교로 도망가고 싶은 충동도 느끼지만 그곳에서는 바벨론을 만나지 않으리라는 보장이 없다.

우리는 분명 하나님의 자녀요 그리스도의 제자이지만 세상 사람들은 우리를 그렇게 부르지 않는다. 세상 사람들이 볼 때 우리는 직장 없는 노총각이거나 3개월 혹은 6개월씩 연장되는 비정규직일 수 있다. 살얼음판을 걷고 있는 수험생이거나 수년째 취업게시판 주위만 맴도는 대학원 졸업생일 수도 있다. 아니면 당장 창업이라도 해야 될 것 같은 명예퇴직자일 수 있다. 더 심한 경우에는 미혼모이거나 자녀를 책임져야 할 이혼녀일 수도 있고 남편이 외도하고 있거나 남편이 알코올 중독자인 중년 여성일 수도 있다. 호스피스 병동에 누워 시한부 인생을 살아가는 환자일 수도 있고 버림받은 고아나 가난한 과부일 수도 있다. 하지만, 우리가 처한 세상의 환경과 그 세상이 우리에게 붙인 꼬리표들은 우리를 결코 더럽히지 못한다.

반면에 "하나님이 주십니다!"는 진리를 잃어버리는 것은 나의 삶을 더럽힌다. "하나님이 주십니다!"는 진리에 굳게 서지 못하면 우리는 결국 세상의 진수성찬에 머리를 조아리는 초라한 인생으로 전락하고 만다. "여호와께서 이와 같이 말씀하시니라 무릇 사람을 믿으며 육신으로 그의 힘을 삼고 마음이 여호와에게서 떠난 그 사람은 저주를 받을 것이라"렘 17:5 "너희는 인생을 의지하지 말라 그의 호흡은 코에 있나니 셈할 가치가 어디 있느냐"사 2:22 그러므로 우리 무릎선교사들은 나의 지혜도, 나의 건강도, 주변 사람들의 마음도, 오직 하나님이 주시는 것을 믿어야 한다. 하나님이 주시면, 인간적인 수를 쓰지 않아도 사람들의 마음을 얻게 된다. 하나님이 주시면, 학원으로 뺑뺑이 돌리지 않아도 내 자녀들이 지혜롭게 된다. 하나님이 주시면, 값비싼 보양식품 일일이 챙겨먹지 못해도 내 몸이 건강해진다. 하나님이 주시면, 값비싼 피부 관리 받지 못해도 내 얼굴이 예뻐진다. 하나님이 주시면 내 모든 필요들이 가장 적합하게 채워진다. "나의 하나님이 그리스도 예수 안에서 영광 가운데 그 풍성한 대로 너희 모든 쓸 것을 채우시리라"빌 4:19 그렇다. "하나님이 주십니다!"는 진리가 우리의 삶을 거룩하고 능력 있게 만든다.

한국교회가 붙들 진리

현 시대를 살아가는 한국교회 역시 "하나님이 주십니다!"는 진리를 붙들어야 한다. 중동에 있는 동안 한국교회로부터 연이어 들려오는 참담한 소식들은 우리 선교사들의 가슴을 참 먹먹하게 했다. 그래서 우리는 질문하고 또 질문해야 한다. 세계의 역사를 통치하시고 한국교회의 형편을 주관하시는 분이 누구신가? 하나님이시다. 그렇다면 왜 한국교회가 이 지경에 이르렀는가?

중동에서 한국으로 철수한 직후, 기독신문에 실린 〈우산 쟁탈전〉이라는 기사를 읽게 되었다.[6]

2011년 전국목사장로기도회가 열리던 4월 26일, 저녁집회가 끝난 21시 47분 의정부 광명교회당 1층. 당시 밖에는 낙뢰를 동반한 강한 봄비가 내리고 있었고 집회 후 숙소로 돌아가려는 교단의 영적 지도자들은 우산을 구하지 못해 발을 동동 구르고 있었다. 때마침 광명교회 관계자들이 "우산을 준비했으니 현관 옆 식당에서 기다리면 차례대로 나눠드리겠다"고 말해 참석자들에게 큰 호응을 얻었다. 그러나 문제는 우산이 등장하면서부터 일어났다. "기다리고 있으면 차례대로 나눠 주겠다"는 말이 무색할 정도로 수백 명이 한꺼번에 몰려들어 우산 쟁탈전을 벌였다. 우산을 나눠주던 관계자가 "차례를 지켜 달라"고 목이 터져라 외쳐도 소용이 없었다.

안타까운 것은 이날 저녁집회에서 특별찬양을 했던 모 교회 찬양대의 반응이다. 찬양대도 우산이 없기는 마찬가지였다. 그러나 대부분 여성들인지라 건장한 남성들 틈을 비집고 들어갈 엄두를 내지 못하고 있었다. 그렇게 10여분을 넘게 바라만 보고 있다가 던진 한 마디. "아귀다툼이 따로 없네."

결국 그 자리에 있던 대부분의 참석자들이 우산을 챙겨서 나올 수 있었다. 물론 찬양대들도 맨 마지막에 우산을 건네받았다. 즉 우산이 넉넉했다는 뜻이며, 그렇게 소란을 피울 필요가 없었다는 것이다. 그러나 기자의 마음을 더 아프게 하는 것은 그날 저녁집회에서 나왔던 메시지다. 집회 강사로 나섰던 강남교회 송태근 목사는 "현재 한국교회의 문제는 99퍼센트 내부의 잘못이며, 특히 목회자의 잘못이 크다"고 지적했다. 이어 6명의 특별기도자들은 영적 지도자들의 크고 작은 죄를 고백하며 통곡의 기도를 드렸다. 그 시각이 21시 35분. 우산 쟁탈전이 회개의 기도 후 10여분 만에 벌어진 형국이라 안타까웠다.

다시 질문해보자. 한국교회가 왜 이 지경에 이르렀는가? 한국교회의 머리 되시는 주 예수님이 무능한 것인가? 한국교회가 선포하고 가르치는 성경말씀이 가짜인가? 그럼 무엇이 문제인가? 답은 분명하다. 한국교회가 주님의 몸이요 신부답게 하나님의 말씀에 순종하지 못했기 때문이다. 무엇보다도 한국교회의 지도자들이 음란하고 거짓되며 탐욕적인 삶을 살아왔기 때문이다. 심지어 이제는 하나님의 말씀을 듣고서 스스로 회개할 능력조차 상실했기 때문이다. 그래서 지금까지 한국교회가 자발적으로 회개하기를 기다리고 또 기다려오셨던 하나님께서, 이제는 더 이상 다른 방법이 없어서, 한국교회가 여태껏 감추어 왔던 죄악들을 하나씩 폭로하고 계신 것이다. 회개하라는 하나님의 말씀을 한국교회가 무시하고 또 무시하니까 이제는 하나님이 세상 사람들을 통해서 한국교회를 짓밟고 계신 것이다. "너희는 세상의 소금이니 소금이 만일 그 맛을 잃으면 무엇으로 짜게 하리요 후에는 아무 쓸 데 없어 다만 밖에 버려져 사람에게 밟힐 뿐이니라" 마 5:13 그러므로 우리는 한국교회의 비참한 현실을 보면서 결코 낙심하거나 실족해서는 안 된다. 오히려 이런 뼈아픈 모멸과 수치를 통해서라도 한국교회를 새롭게 하시려는 우리 주님의 능력을 신뢰하고 그분의 지혜를 찬양해야 한다. 이는 유다가 바벨론에 의해 멸망하는 상황에서 하박국이 취한 반응과 동일하다. 하박국은 유다의 멸망과 바벨론의 멸망 뒤에야 임하게 될 하나님의 나라를 바라보았다. 하나님의 나라가 임하려면 유다의 멸망이 선행되어야 했다. 그래서 하나님께 범죄 한 조국의 멸망에도 불구하고 하나님을 찬양할 수 있었다. 합 3:17~18

진리를 말하는 합당한 태도

끝으로 우리는 "하나님이 주십니다!"라는 진리를 다니엘이 "어떤 태도로" 말했는지를 주목해야 한다. 8절을 보면, 다니엘이 "자기를 더럽히지 아니하도록 환관장에게 구하니"8절라고 했다. "자신을 더럽히지 않게 해주시길 환관장에게 간청하였다."8절, 私譯는 말이다. "비록 신앙의 절개 문제로 마음은 사자獅子와 같이 굳센 다니엘이었지만, 인간관계에 있어서는 매우 온유하였다."[7] "다니엘은 조금도 광신적이거나 무례한 모습을 보이지 않는다."[8] 다니엘은 머리에 빨간 띠를 두르고 1인 시위를 하듯이 "하나님이 주십니다!"라고 외치지 않았다는 것이다. 사적인 자리에서 조용히, 정중하게, 부탁드렸을 뿐이다. 또한 자신의 청이 간접적으로 거절되자10절 잠시 한 발 물러선 후에 "환관장이 다니엘과 하나냐와 미사엘과 아사랴를 감독하게 한" 중간관리자에게11절 다시 한 번 더 간청했다.12절 다니엘은 그에게 자신들을 "열흘 동안 시험"해 보시라고 지혜롭게 제안했고12절 "보아서 당신이 보는 대로 종들에게 행하소서"라고 말함으로써13절 최종 결정권이 상대방에게 있음을 분명히 밝혔다. 하나님이 다 주신다는 주님의 주권을 믿었던 다니엘이 자기 주변 사람들의 마음에도 기쁨과 신뢰를 심어주었던 것이다. 그렇다. 바른 진리를 선포함으로써 하나님만 기쁘시게 하는 것으로는 충분하지 않다. 우리의 선한 메시지는 반드시 사람에게도 칭찬 받을만한 합당한 태도로써 증언되어야 한다.

서울 지하철에서 만난 두 사람

갑작스런 본국 사역 덕에 3년 만에 서울 지하철을 타보게 되었다. 역시 이번에도 지하철에서 큰 소리로 무언가를 외치시는 두 분을 만났다. 한 분은 전도자였고 또 한 분은 상인이었다. 전도자가 먼저 등장했다. 그는 앞 객차에서 내가 있는 객차로 들어와서는 "예수 천당, 불신 지옥"을 외쳤다. 나는 그분이 하고 싶은 말이 무엇인지를 알았다. 그분은 생명의 복음을 전하길 원했다. 하지만, 모든 사람들이 귀 기울여 들어야 할 메시지를 그분이 소유하고 있다는 기대감은 전혀 들지 않았다. 그분은 자신이 지나가는 길목에 비좁게 서 있는 승객들에게 아무런 양해의 말씀을 구하지 않았다. 승객들의 상황을 살펴보지 않았고 사람들의 마음도 읽지 못했다. 결국 그분의 복음메시지는 사람의 칭찬을 들을만한 것이 못되었다. 그분이 지나가자마자 내 옆에 서 있던 청년이 사람들이 들을만한 큰 소리로 한 마디 내질렀다. "믿으려면 너나 조용히 믿어~." 사람들은 왜 그 전도자가 불쾌했는가? 그 전도자의 메시지가 문제였는가? 물론 잘 표현된 복음은 아니었다. 하지만, 진짜 문제는 따로 있었다. 사람들이 그 전도자를 외면한 이유는 마치 1인 시위를 하듯이 하고 싶은 말만 외치고 지나가버린 그의 거만하고 무례한 태도에 있었다. 뒤 이어 상인 한 분이 바퀴 달린 가방을 끌고서 객차 안으로 들어왔다. 반팔 상의를 입고 다니는 여름철에 팔뚝이 그을리는 것을 막아주는 새하얀 토시를 파는 분이었다. 그는 먼저 승객들에게 고개를 숙여 정중하게 인사했다. 그리고 "승객 여러분, 제게 1분만 시간을 주십시오."라고 양해를 구하고선 자신의 메시지를 시작했다. 그리고 끝까지 예의 바르게 승객들을 대한 후에 자신의 가방을 끌고 다음 객차로 이동했다. 그 사람을 욕하는 서울 시민은 없었다. 물론 그 토시를 구입한 사람이 나중에 후회하지 않으리라는 보장은 없지만 말이다.

그러면 우리 스스로에게 물어보자. 우리가 소유한 복음이 지하철 상인의 상품보다도 못한 것인가? 결코 아니다. 하지만, 그 지하철 전도자의 태도는 분명 지하철 상인보다도 못했다. 그렇다면 우리가 "하나님이 주십니다!"라는 진리를 알고 있는 것이 전부가 아닌 것이다. 진리를 바른 태도로 말하지 못한다면 사람들은 우리의 복음에 지하철 상품만큼의 관심도 가지지 않을 것이다. 사실 이는 한국교회만이 아니라 전 세계에 흩어져 있는 주님의 몸 된 교회가 직면하고 있는 도전이다. 「세계기도정보」에 나온 다음과 같은 기도제목을 봐도 그렇다.[9]

> 지금도 남아시아 모든 나라에서 박해가 일어나고 있다. …기독교인은 주로 인도와 네팔의 힌두교도, 파키스탄과 방글라데시와 몰디브의 무슬림, 심지

어 스리랑카의 불교도에게도 박해를 받고 있다. 이러한 박해는 성장하는 교회에 대한 두려움과 반감에서 비롯된 반응으로, 피할 수 없는 현실이다. 그러나 어떤 경우는 기독교인들이 선교지 상황에 좀 더 민감하고 지혜롭게 다가가지 못해서 생긴 결과이기도 하다. 복음 전도자, 교회 개척자, 선교사가 사랑과 담대함으로 복음을 나눌 수 있을 뿐 아니라, 겸손하고 지혜롭도록 기도하자.

그렇다. 그리스도인이 핍박을 받는 것이 우리가 붙들고 있는 진리 때문만은 아니다. 우리는 우리가 그 진리를 전하는 태도에 어떤 문제는 없는지 늘 반성해봐야 한다. 참된 진리는 참된 태도로써 증언되어야 한다.

아버지와 나

오늘 말씀을 묵상하면서 20년 전의 일이 떠올랐다. 다니엘이 그랬듯이 참된 진리를, 참된 태도로써, 증언해야 한다는 말씀을 그 당시 누군가 나에게 가르쳐주었더라면 피할 수 있었을 죄였다.

고 2때 참석한 「청소년 선교횃불」이라는 집회에서 하나님이 나를 선교사로 부르셨다. 어느 누가 내게 선교사가 되라고 강권한 것은 아니었다. 그 집회 이전에는 말할 것도 없고 그 집회에 참석해서도 선교사가 되어야겠다는 생각을 해본 적이 없었다. 하지만, "주님 내가 여기 있사오니~"라는 찬양의 전주를 듣자마자 주체할 수 없는 눈물을 흘리며 나 혼자 두 손을 들고 일어나 서원을 했으니 선교사의 소명을 분명 하나님이 주신 것이었다. "하나님이 주십니다!" 아멘. 하지만, 과연 그 진리를 어떤 자세로 드러내고 어떻게 표현할지가 더 큰 문제였다.

서원기도를 마쳤을 때 근처에 계셨던 고등부 전도사님께 물었다. "어떻게 하면 선교사가 될 수 있습니까?" 선교사가 되려면 C대학 신학과를 진학해야 한다고 대답하셨다. 지금 생각해보면 그 길은 선교사가 되기 위한 천 개도 넘는 선택사항들 중 하나에 불과했지만 그때 나는 그 학교에 진학해야만 선교사가 될 수 있다고 믿었다. 하지만, 며칠 후 나를 안방으로 부르신 부친께서 단호하게 반대하셨다. 그분의 첫 마디는 "목사는 무식하면 안 되니 Y대 신학과나 C대 신학과가 아니면 보내줄 수 없다!" 하셨다. 하지만, "예, 저는 C대학 신학과에 가려고 합니다." 대답하자 "C대학도 안 된다. 목사 하다가 실패하면 다른 것으로 먹고 살 수가 없으니 신학대학은 다 안 된다!" 잘라 말씀하셨다. 그 거부의사는 사실 아버지의 한 맺힌 경험담이었다. 아버지는 마땅한 직업 없이 이일 저일 전전하시다 이제는 실업자로서 집에만 머물고 계셨다. 아버지의 책장에 이십 년 넘도록 보관되어 있던 먼지 쌓인 박윤선 주석들이 그분의 아픈 과거였다.

그때 나는 어떻게 반응해야 했을까? 지금 다시 그때로 돌아갈 수 있다면 나는 바른 선택을 했을 것이다. 하지만, 그때 나는 내 아버지의 반대를 그냥 무시하기로 결정했다. "그래도 저는 C대학에 갑니다!" 대꾸하고는 일어나 안방을 나와 버렸다. 나는 아버지가 내 진로에 관여할게 없다고 믿었다. 그것은 하나님의 부르심이었다. 더군다나 내 학비를 대실 분은 식당에서 일하시던 어머니였지 실업자인 아버지가 아니었다. 나는 "일반대학을 먼저 진학했다가 그래도 신학을 공부해야겠다면 그때 신학대학원을 가도 늦지 않다!"는 아버지의 합당한 권고를 무시했을 뿐 아니라 무능한 아버지의 존재 자체를 내 삶에서 밀어내기로 결정했다. 결국 고등학교를 졸업하기까지 1년 반 동안 아버지와의 냉전이 시작되었다. 아버지가 들어앉은 집에 홀로 들어갈 때마다 숨이 막혔다. 그 1년 반 동안 아버지와 나는 서로 말을 섞지 않았다. 어느 날 한 번 아버지와 내가 작은 밥상을 마주하고 점심을 먹게 되었다. 그러나 우리 두 사람은 고개를 들어 서로를 쳐다보지 않고 단 한 마디도 나누지 않았다. 집안 꼴이 말이 아니었다.

고3 모의고사 때마다 예비 지원을 해 보았던 C대학 신학과에 나는 늘 안정권 합격생이었다. C대학 진학은 자신 있었고 하루 빨리 그 지긋지긋한 집안을 벗어나고만 싶었다. 하지만, 결국 나는 불합격했다. 이해할 수 없는 상황이었다. 하지만, 그것은 나를 사람 만드시려는 하나님의 섭리였다. 아버지에게 인사도 없이 새벽에 도망치듯 서울로 올라간 나는 고등부 선배가 그의 친구들과 자취하고 있던 봉천동 반지하방에 들어갔다. 재수생활이 시작되었다. 그들이 모두 사랑의교회를 다니고 있었기에 나도 자연스레 매 주일 고做 옥한흠 목사님의 설교를 듣게 되었다. 5월의 어버이 주일 예배였다. "그리스도인은 자신의 아버지를 그분이 우리에게 무엇을 해 주셨기 때문이 아니라 하나님이 그분을 우리의 아버지로 주셨기 때문에 공경해야 한다!"는 메시지에 폭격을 맞고 예배가 끝나고서도 그 자리를 뜨지 못하고 울었다. 옥 목사님의 말씀을 통해 그제야 내가 하나님의 종이면서 동시에 아버지의 아들이었음을 깨닫게 되었다. 자취방으로 돌아가 아버지께 장문의 사죄편지를 올렸다. 2년 만에 아버지와 아들의 관계가 회복되었다. 아버지의 뜻을 존중하기 위해 일단 일반대학 영문과를 나온 후에 신학대학원을 가기로 마음을 고쳐먹었다. 합격 안정권이었던 K대학 영문과에 원서를 넣었다. 원서를 접수하던 날 안내봉사를 하던 그 대학 재학생이 나의 점수를 확인하더니 충분히 합격할 것 같다고 말해주었다. 기뻐하실 아버지를 생각만 해도 내 심장이 뛰었다. 합격자 발표 당일 K대학 영문과 게시판 앞에 섰다. 하지만, 나의 이름을 찾지 못했다. 내 귀로 그 소리를 들을 수 있을 만큼 평생에 그 순간처럼 내 심장이 쿵쾅거린 적이 없었다. 아버지는 실망하셨지만 최선을 다해 당신을 공경했던 나의 진심은 알아주셨다. 나는 C대학 신학과에 곧바로 입학했고 아버지도, 나도, 그것이 하나님의 뜻임을 알게 되었다.

그로부터 정확히 2년 후에 아버지는 하나님의 품으로 가셨다. 돌아가시기 열흘 전에 군복무 중이던 내게 보내신 그분의 짧은 친필을 지금까지 소중히 간직하고 있다. "○○아, 날씨가 춥다. 몸 건강히 군 생활 재미있게 보내기 바란다. 1997, 1/2, ○○이를 걱정하는 아버지가." 내 육신의 아버지께 "하나님이 주십니다!"는 진리를 증언하되 그분의 아들다운 겸손하고 합당한 자세로 행할 것을 뒤늦게라도 배우지 못했다면 결코 들을 수 없었을 선친의 유고遺誥였다.

예수님과 그의 부모

말씀을 맺겠다. 다니엘의 주님이신 우리 주 예수님은 열두 살이 되셨을 때에 그의 부모를 따라 예루살렘에 올라가셨다. 예루살렘에는 예수님의 하늘 아버지의 집이 있었고 예수님은 그 성전에 머물기를 너무나 좋아하셨다. 여러 선생들 가운데 앉아 하나님 아버지의 말씀을 논하는 것이 너무나 행복하셨다. 하지만, 요셉과 마리아는 사흘 넘게 그 아들을 찾아 헤맸고 마침내 찾았을 때 "아이야 어찌하여 우리에게 이렇게 하였느냐 보라 네 아버지와 내가 근심하여 너를 찾았노라"눅 2:48 말하며 그분을 나무랐다. 하지만, 더 당황스러워 한 쪽은 예수님이었다. "어찌하여 나를 찾으셨나이까? 내가 내 아버지 집에 있어야 될 줄을 알지 못하셨나이까?"눅 2:49 예수님은 자신이 하나님의 성전에 남아서 그분의 말씀을 묵상하고 나누는 것이 하나님의 뜻임을 명확히 알고 계셨다. 단지 그의 부모가 하나님이 주신 예수님의 그 소명을 제대로 이해하지 못하고 있었을 뿐이었다.눅 2:50 그래서 결국 예수님은 그 부모의 뜻을 거절하시고 계속 성전에 남으셨는가? 아니다. 우리가 잘 알고 있는 이 이야기는 이렇게 마무리 된다. "예수께서 그 부모와 함께 내려가사 나사렛에 이르러 그 부모를 순종하여 받드시더라 …예수는 지혜와 키가 자라가며 하나님과 사람에게 더욱 사랑스러워 가시더라"눅 2:51,52

그러므로 오늘 우리도 우리 주 예수님처럼 살아갈 것이다. 하나님이 나의 아버지시고 하나님의 나의 공급자이시며 그 하나님이 나를 당신의 도구로 부르셨다는 진리를 결코 포기하지 않을 것이다. 세상이 주는 것을 다 받아먹음으로써 결코 나 자신을 더럽히지 않을 것이다. "하나님이 주십니다!"는 진리를 결단코 양보하지 않을 것이다. 하지만, 하나님이 내게 허락하신 육신의 부모와 남편과 이 세상의 권위자들이 기쁘게 받아들일 겸손하고 합당한 태도로써 이 진리를 선포할 것이다. "그러므로 너희의 선한 것이 비방을 받지 않게 하라 … 이로써 그리스도를 섬기는 자는 하나님을 기쁘시게 하며 사람에게도 칭찬을 받느니라" 롬 14:16,18

❖ "주 예수님, 하나님 한 분으로 저는 만족합니다. 하나님 아버지의 공급하심으로 제 삶이 풍성합니다. 이 세상이 다 준다는 말에 속아 아등바등 탐하고 싸우다 낙심하는 바벨론의 삶에서 이제 돌아섭니다. 하나님이 주십니다. 지혜도 건강도 사람의 마음도 저의 미래도 오직 하나님이 주십니다. 주 예수님, 주의 종 다니엘에게 주신 믿음을 저희에게도 주십시오. 저희를 보내신 저희의 가정과 교회와 세상에서 하나님의 주권만을 힘 있게 선포하도록 저희의 생각과 말과 태도에 주님의 성품을 부어 주십시오."

❖ 내 모든 소원 기도의 제목 (찬 505 or 452)

❖ 하나님이 주십니다.
　이 세상 그 누구도 줄 수 없는
　하나님이 주십니다.
　나의 지혜 내 건강
　사람의 마음까지

　나 이미 내 뜻을 정했네.
　내 삶을 더럽힐 수 없네.
　나 이제 주 얼굴 향하네.

내 모든 것 주님께 있네.
하나님이 주십니다.
이 세상 그 누구도 줄 수 없는
하나님이 주십니다.
나의 미래 내 생명
예수님 성품까지

다니엘서 2장
누가 미래를 아는가

> 하지만, 비밀들을 드러내시는 하나님이 하늘에 계십니다. 바로 그분이 느부갓네살 왕에게 다가올 날들에 관하여 알려주셨습니다. 당신의 꿈, 곧 당신이 침상에 누웠을 때 당신의 머릿속에 임한 환상은 바로 이것이었습니다.(단 2:28, 私譯)

느부갓네살의 강렬한 꿈

2001년에 발생한 9.11 테러 이후로 미국 사람들이 꾸는 꿈의 영상이 한층 더 강렬해졌다고 한다. 꿈은 자신이 받은 감정적인 자극을 깊은 무의식 속에서 가공해 내는 것이기에 감정적인 문제들이 많아질수록 더 강렬한 꿈을 꾸게 될 것이다. 일례로 직장의 힘든 과제나 동료와의 어려운 관계 때문에 마음이 무거운 채로 잠자리에 들면 우리의 꿈이 복잡해진다. 자극적인 영화를 관람했거나 TV를 오래 시청한 후에 누울 때도 우리의 잠자리가 편하지 않다.

이번 2장의 느부갓네살도 아주 강렬한 꿈을 꾸었다. 그 꿈이 그의 영혼을 얼마나 뒤흔들어 놓았던지 "꿈을 꾸고 그로 말미암아 마음이 번민하여 다시 잠을 이루지 못"할 정도였다.[1절] 하지만, 이 꿈이 거대한 바벨론 제국의 안위를 염려하는 느부갓네살의 잠재적인 불안 때문에 생긴 것인지는 의문이다. 이 꿈은 한 개인이 감정적인 자극을 받고서 생산할 수 있는 일반적인 꿈의 스케일을 넘어선 것으로 보인다. 느부갓네살 자신도 이런 사실을 짐작했던 것 같다. 만약 이 꿈이 자신이 평소에 꾸던 꿈이었다면 느부갓네살은 그 꿈을 갈대아 술사들에게 쉽게 말해주었을 것이다. 하지만, 느부갓네살은 굳게 입을 다물어 버렸다. 꿈에 나타난 형상의 금 머리가 느부갓네살의 바벨론 제국으로 밝혀짐에도 불구하고 38절 이 꿈은 느부갓네살의 어떤 강렬한 경험과 관련된 것이 아니었다. 이 꿈은 이 세상의 어떤 운명에 관한 것이었다. 이 꿈은 이 세상의 미래에 관한 것이었다. 이 꿈은 이 세상 나라들의 허망한 운명에 관한 하나님의 계시였다. 28절 그래서 느부갓네살은 "꿈과 그 해석을 함께 내게 보이라"고 세 번이나 명령한 것이다. 5, 6절

따라서 다니엘서 2장의 질문은 이것이다. "누가 왕에게 그의 꿈과 그 해석을 보여줄 수 있는가?" "누가 미래에 관한 왕의 꿈을 정확하게 말해주고 바르게 해석할 수 있는가?" "과연 누가 미래를 아는가?"

바벨론 술사들의 무능과 거짓

다니엘서 2장은 먼저, 바벨론 지혜자들의 무능과 거짓을 폭로한다. 꿈을 꾸고는 다시 잠들 수 없었던 느부갓네살이 비상소집한 "박수와 술객과 점쟁이와 갈대아 술사"들 2절의 요청은 합당했다. "왕께서 그 꿈을 종들에게 이르시면 우리가 해석하여 드리겠나이다" 4절 이 요청은 7절에서도 반복된다. "왕은 꿈을 종들에게 이르소서 그리하시면 우리가 해석하여 드리겠나이다" 꿈을 말해줘야 해석해 줄 것이 아니냐는 이들의 요청은 매우 정당했다. 꿈을 꾼 사람이 그 꿈을 이야기 하면 듣는 사람이 그것을 해석하는 것이 꿈 해석의 불문율이기 때문이다. 창 41, 42장 하지만, 느부갓네살 왕은 이들의 태도 속에 숨어있는 거짓을 놓치지 않는다. "너희가 거짓말과 망령된 말을 내 앞에서 꾸며 말하여 때가 변하기를 기다리려 함이라" 9절

느부갓네살이 고발한 바벨론 술사들의 꿈 해석 수법은 단순했다. 먼저 꿈을 들어보고는 그에 맞는 그럴듯한 해석을 내려준다. 그러고는 시간을

벌면서 자신이 말한 것과 비슷한 상황이 찾아올 때까지 기다렸다가 이현령 비현령耳懸鈴鼻懸鈴 자신의 해석을 그 상황에 끼워 맞춘다.

한국 무당들의 무능과 거짓

우리는 한국 사회에 즐비한 무당들에 대하여 느부갓네살과 동일한 판단을 내릴 수 있어야 한다.

대학 1학년 여름방학 때다. 부모님이 계신 부산에 내려와 지내면서 몇몇 무당집을 찾았다. 괴정시장 안에 위치한 어떤 무당 아주머니는 예수님을 전하러 왔다고 말하니 손을 저으며 그냥 가라고 하면서 등 뒤로 소금을 뿌리셨다. 또 다른 동양철학관의 어떤 박수남자무당 아저씨는 "신학"을 공부하는 학생이라는 나의 말을 "신약"을 공부하는 학생약대생이라고 잘못 듣고서는 눈을 감고 가부좌를 틀고서 귀신의 음성이라도 듣는 냥 한쪽 귀를 몇 번 떠시면서 몇몇 점괘를 말해주셨다. 하지만, 내가 신학생이고 전도하러 왔다는 사실을 아시고는 업무방해죄로 경찰을 부르겠다며 당장 나가라고 하셨다. 그 호통이 얼마나 컸던지 진짜 경찰서에라도 잡혀 갈까봐 얼른 인사하고 그 집을 나왔다. 낙심이 되었다. 복음만 전하면 어느 누구라도 다 예수 믿을 줄 알았던 스무 살 청년의 이상과 필드의 현실은 많이 달랐다. 하지만, 마지막으로 한 번 더 시도해보기로 결심하고 그 옆에 있던 또 다른 무당집에 들렀다.

무낭 아주머니가 나의 나이와 띠와 생년월일을 묻더니 이런저런 점괘를 내었다. 그분이 점괘는 일반사람이 들으면 지레 겁먹기에 충분한 것이었다. 20대에 물에 빠져죽을 팔자이니 바닷가에서 놀지 말고 해군에도 가지 말고 10년간 몸조심하라는 것이었다. 그래서 기다렸다는 듯이 그분께 나는 예수 믿는 사람이기에 그런 점괘는 나의 미래와 아무런 상관이 없다고 말씀드렸다. 덧붙여서 오히려 아주머니께서 몸 조심하셔야 되는데 무당들 중에 영혼이 평안한 사람이 없고 그 집안이 잘 되는 일이 없기 때문이라고 말씀드렸다. 그 순간에 당장 쫓겨날 줄 알았다. 하지만, 그 무녀는 아주 대찬 분이셨다. 아주 태연하게 나에게 그 무당 집 전화번호를 적어주셨다. 언젠가 나에게 큰 문제가 생길 테니 그 때 다시 찾아오라는 것이었다. 나도 물러설 수 없었다. 우리 집 전화번호를 적어 드리면서 아주머니에게 재앙이 닥칠 때 내게 연락주시라고 말씀드렸다. 그렇게 우리는 매우 신사적으로 서로의 전화번호를 교환했고 서로 작별 인사를 나누었다.

대학 1학년을 마치고 곧바로 군대를 갔고 1년 4개월 만에 폐병을 얻어 10개월 일찍 전역했다. 집에 돌아오니 어머니께서 그 무당아주머니 얘기를 꺼내셨다. 무당이라는 여자가 집으로 전화를 했는데 그 때 자기 집에 찾아온 신학생과 통화 좀 할 수 있겠냐고 물었단다. 어머니께서 지금 내 아들이 군대에 가 있다고 말하니 그 무당은 알겠다고 말하며 그냥 전화를 끊었다는 것이다. 나는 그 무당에게 무슨 문제가 생겼고 그래서 나에게 도움을 요청한 것이라고 판단했다. 그래서 집에서 20여분 떨어진 그 무당집을 곧바로 찾아갔다. 하지만, 2년 전에 무당집이던 그 곳은 컴퓨터 부속품 가게로 바뀌어 있었다. 아쉬움을 안고서 집으로 돌아왔다.

어쨌든 나는 20대에 열심히 물에서 놀았지만 아무런 문제가 없었다. 왜 그 무당 아주머니가 내게 "물 조심" 하라고 했겠는가? 내가 부산 사람이었기 때문이다. 바다를 빼면 부산을 논할 수 없다. 부산에 바다가 없어진다면 부산 사람들은 죄다 거제도나 울산으로 이사 가버릴지 모른다. 더군다나 나는 남자 청년이었다. 부산에 사는 20대 사나이가 어찌 바다를 멀리하랴? 그분은 바로 이 점을 노리고서 "거짓말과 망령된 말을 내 앞에서 꾸며 말하여 때가 변하기를 기다리려" 했던 것이다. 9절

그로부터 십여 년 후에 한국 무당들의 거짓됨을 또 한 번 경험했다. 선교훈련에 집중하기 위해 1년간 전북 김제에 머물렀을 때다. 매주 토요일 오

후가 되면 지도하던 청년들과 함께 교회 인근 주택가에 축호 전도를 나갔다. 그러던 중에 목 좋은 주택가의 3거리 모퉁이에 무당집이 자리 잡고 있는 것을 보았다. 안으로 들어가 무당 아주머니를 만나서 인사드렸다. "안녕하세요? 저기 ○○교회에서 전도하러 나왔습니다." 그러자 그분이 대답하셨다. "아이고 열심 있는 청년이네. 우리 딸들도 서울에서 교회 다녀." "아이고 잘 됐네요. 이제 아주머니도 이런 것 다 그만두시고 예수님 믿으시면 좋겠네요." 하지만, 차분하게 내 말을 들어주실 마음이 없으셨다. 예전에 교회도 다 나가보고 이것저것 다 믿어보고 했지만 자기는 어쩔 수 없이 이 무당 일을 해야 한다고 하셨다. 그러면서 나에게 "청년, 보아하니, 앞으로 조금만 기다리면 결혼도 곧 하게 될 거야." 하셨다. 웃음이 빵 터질 뻔했다. 난 이미 오래전에 결혼해서 두 아이를 둔 가장이었기 때문이었다. 몇 말씀 더 나누고서 정중히 인사드리고 나왔다.

왜 그 무당이 나에게 앞으로 조금만 있으면 결혼할 것이라고 했는가? 내가 어려 보였기 때문이거나 마침 그 때 결혼반지를 끼지 않은 내 손을 얼핏 보고는 대충 짐작했던 것이다. 어쨌든 그분 역시 "거짓말과 망령된 말을 내 앞에서 꾸며 말하여 때가 변하기를 기다리려" 했던 것이다.9절

귀신이 미래를 알 수 있는가

하지만, 정말 용한 무당들은 미래를 알 수 있다고 생각하는 사람들이 우리 주변에 많다. 세습무世襲巫가 아니라 강신무降神巫인 사람들, 즉 무당 일을 배워서 무당이 된 사람이 아니라 귀신이 내려서 무당이 된 사람들은 귀신이 알려주는 정보를 받아서 정확한 점괘를 낼 수 있다고 생각하는 것이다. 그래서 선거철이 되면 유명한 역술인들에게 2류, 3류 정치인들이 대거 몰려드는 것이다.

정말 그런가? 다니엘은 분명히 "아니오!"라고 말한다. "왕이 물으신 바

은밀한 것은 지혜자나 술객이나 박수나 점쟁이가 능히 왕께 보일 수 없"습니다!27절 무당들과 박수들과 점쟁이들이 은밀한 영역에 속한 우리의 미래를 결코 알 수 없다. 귀신에게 영혼을 판 용한 무당들일지라도 결코 미래의 일을 알 수 없다. 이사야는 바벨론 무당들의 무능을 이렇게 고발했다. "12 이제 너는 젊어서부터 힘쓰던 주문과 많은 주술을 가지고 맞서 보라 … 13 … 하늘을 살피는 자와 별을 보는 자와 초하룻날에 예고하는 자들에게 일어나 네게 임할 그 일에서 너를 구원하게 하여 보라 14 보라 그들은 초개같아서 불에 타리니 그 불꽃의 세력에서 스스로 구원하지 못할 것이라 …"사 47:12~14

하나님은 미래를 아는 자가 자신뿐임을 분명히 말씀하셨다. "9 너희는 옛적 일을 기억하라 나는 하나님이라 나 외에 다른 이가 없느니라 나는 하나님이라 나 같은 이가 없느니라 10 내가 시초부터 종말을 알리며 아직 이루지 아니한 일을 옛적부터 보이고 이르기를 나의 뜻이 설 것이니 내가 나의 모든 기뻐하는 것을 이루리라 하였노라"사 46:9~10 그렇다. 오직 하나님만 시초부터 종말을 알리실 수 있다. 오직 하나님만 아직 이루어지지 아니한 것을 옛적부터 보이실 수 있다. 오직 하나님만 미래를 아신다. 그래서 다니엘도 이렇게 선포한다. "오직 은밀한 것을 나타내실 이는 하늘에 계신 하나님이시라"28절

무당이 미래를 아는가? 귀신들이 미래를 아는가? 아니다. 오직 하늘에 계신 우리 하나님만 미래를 아신다. 그러므로 우리는 다니엘과 함께 이렇게 찬양해야 한다. "20… 영원부터 영원까지 하나님의 이름을 찬송할 것은 예고할 지혜와 성취할 능력이 그에게 있음이로다 21그는 때와 계절을 바꾸시며 왕들을 폐하시고 왕들을 세우시며 지혜자에게 지혜를 주시고 총명한 자에게 지식을 주시는도다 22 그는 깊고 은밀한 일을 나타내시고 어두운 데에 있는 것을 아시며 또 빛이 그와 함께 있도다"단 1:20~22

하나님나라 꿈

미래를 아시는 분이 오직 하나님이심을 분명히 한 다니엘은 느부갓네살의 꿈과 그 해석을 말해주었다.

순금 머리 – 은 가슴과 팔 – 놋 배와 넓적다리 – 쇠 종아리 – 쇠·진흙 발로 구성 된 "크고 광채가 매우 찬란하며 그 모양이 심히 두려"운31절 형상은 바벨론의 느부갓네살로 시작되는 여러 제국·"여러 왕들의 시대"를 의미했다.44절 금 머리가 바벨론제국이라는 것 외에는 나머지 제국들이 각각 무엇을 의미하는지에 대해서 본문은 침묵한다. 다만 44절의 "이 여러 왕들의 시대"라는 표현은 그 네 제국이 세상의 모든 제국들을 다 함축하고 있음을 암시한다. 그런데 "아무도 돌을 떠내지 않았는데 돌 하나가 산에서 떨어져 나와"10) 거대한 제국들 형상의 끄트머리를 쳐서 그 모든 제국들을 박살내 버렸다. 결국 인간의 제국들은 "다 부서져 여름 타작마당의 겨 같이 되어 바람에 불려 간 곳이 없"게 되었다.35절 웅장하고 찬란했던 세상나라의 시대는 그렇게 끝나 버렸다. 하지만, "우상을 친 돌은 태산을 이루어 온 세계에 가득"하였다.35절 다니엘은 이 꿈을 하나님나라 꿈으로 해석했다. "이 여러 왕들의 시대에 하늘의 하나님이 한 나라를 세우시리니 이것은 영원히 망하지도 아니할 것이고 그 국권이 다른 백성에게로 돌아가지도 아니할 것이요 도리어 이 모든 나라를 쳐서 멸망시키고 영원히 설 것이라"44절

그렇다면 이 하나님나라 꿈은 예수님이 재림하셔서 "모든 통치와 모든 권세와 능력을 멸하시고 나라를 아버지 하나님께 바칠 때"고전 15:24 완전하게 성취될 것이다. 하지만, 이미 예수님의 초림 내에 이 꿈은 현실이 되었다. "… 예수께서 갈릴리에 오셔서 하나님의 복음을 전파하여 이르시되 때가 찼고 하나님의 나라가 가까이 왔으니 회개하고 복음을 믿으라 하시더라"막 1:14~15 "예수께서 이르시되 내가 다른 동네들에서도 하나님의 나라 복음을 전하여야 하리니 나는 이 일을 위해 보내심을 받았노라"눅 4:43 예

수님이 지금 전파하는 복음이 무엇인가? "하나님의 나라"에 관한 복음 즉 "하나님나라의 복음"이었다. 하나님이 정하신 때가 다 되어서 이제는 예수님의 등장과 함께 하나님의 나라가 이 땅에 임했다는 복음이었다. 지금까지 어둠과 죄와 죽음이 지배하던 사탄 나라에 속한 사람들에게 생명의 빛이 비추었다.마 4:16 이제 그들도 예수님을 믿고서 하나님이 통치하시는 하나님의 나라에 들어와 그분의 백성이 될 수 있었다. "율법과 선지자는 요한의 때까지요 그 후로부터 하나님 나라의 복음이 전파되어 사람마다 그리로 침입하느니라"눅 16:16 예수님의 부르심을 들은 사람은 너나 할 것 없이 무조건 세상을 버려두고 하나님나라로 들어와야 한다. 그것이 갈릴리 해변을 거닐던 예수께서 "나를 따르라" 하셨을 때 베드로와 그 형제 안드레, 야고보와 그 형제 요한이 보여준 반응이었다.마 1:16~20

하나님나라 복음

"하나님이 통치하시는 나라가 지금 임했다!"는 하나님나라 복음을 이사야는 이렇게 예고했다. "좋은 소식을 전하며 평화를 공포하며 복된 좋은 소식을 가져오며 구원을 공포하며 시온을 향하여 이르기를 네 하나님이 통치하신다 하는 자의 산을 넘는 발이 어찌 그리 아름다운가"사 52:7 이 말씀에서 과연 무엇이 복음인가? "네 하나님이 통치하신다"는 소식이다. 하나님이 통치하시는 하나님의 나라가 이 땅에 지금 임했다는 소식이 바로 복된 좋은 소식이다.

예수님의 제자들이 모든 민족에게 증언되어야 할 복음도 "천국 복음"이었다.마 24:14 하나님이 통치하시는 나라가 지금 이 땅에 임했다는 사실을 알지 못하여 지금도 여전히 이 세상의 사탄나라에 눌러앉아 있는 민족들에게 이 천국복음이 증언되어야 했다. 부활하신 예수님이 제자들을 위해 40일간 열어주신 세미나의 주제도 "하나님나라의 일"이었다.행 1:3 사실 그 하나님나라의 일은 예수님을 따라나설 때 자신들이 이미 체험했고, 예수님과 3년간 동행하며 수없이 목격한 것이었다. 하지만, 그들은 3년 내내 하나님나라는커녕 사람의 일이나 생각했고마 16:23 사람나라의 권세나 탐했다.마 20:21 하지만, 이제 곧 하늘 보좌로 승천해 올라가실 스승의 마지막 수업만은 놓칠 수 없었다. 예수님의 40일 세미나는 성공적이었다. 세미나를 수료하고 수료증으로 성령을 받은행 1:4~5 사도들은 주저 없이 주 예수의 통치하심을 선포했다. "그런즉 이스라엘 온 집은 확실히 알지니 너희가 십자가에 못 박은 이 예수를 하나님이 주와 그리스도가 되게 하셨느니라"행 2:36 십자가에서 죽은 예수님이 부활 승천하셔서 지금 주와 그리스도로서 하나님의 보좌에 앉아 이 세상을 통치하고 계셨다. 그렇다면 유대인들은 가만히 있을 수 없었다. 당장 회개하고 예수를 주로 믿어야 했다.행 2:37

다메섹으로 가는 길에서 바울이 체험한 복음도 동일했다.행 9, 22, 26장 그는 정오의 태양보다 더 밝은 신적인 빛에 의해 땅에 엎드려졌고 "사울아 사울아 네가 왜 나를 박해하느냐"는 하늘의 음성을 들었다. 그는 이렇게 외칠 수밖에 없었다. "주여 누구시니이까" 그가 들은 대답은 마른하늘의 날벼락보다 더 충격적이었다. "나는 네가 박해하는 예수라" 그 음성을 듣는 순간 바울의 심장은 쿵 하고 내려앉았을 것이다. 자신을 지탱했고 움직였던 유대교의 신학이 일순간에 무너져 내렸다. 예수는 저주받아 나무에 매달려 죽은 죄인이 아니었다. 예수는 하나님의 빛과 음성을 소유한 주님이셨다. 바울은 더 이상 교회를 핍박할 수 없었다. 그것은 하늘의 왕이신 주 예수를 대적하는 일이었다. 주 예수가 하늘보좌에 앉아 지금 통치하고 계신다면 자신도 그분 앞에 무릎 꿇어야 했다. 자신도 속히 주 예수의 종이 되어야 했다.

이처럼 다니엘서 2장의 하나님나라 꿈은 예수님과 사도들이 전파한 하나님나라 복음으로 성취되기 시작했다. 하나님께서 통치하시는 나라가 예수님을 통해서 지금 임했다는 천국복음이 선포될 때, 그 복음을 제대로 들은 자들은 세상나라에 그냥 남아있을 수 없게 된다. 그들은 주저 없이 세상을 포기하고 예수님을 따른다. 그래서 그들이 모여 구성하고 있던 "크고 광채가 매우 찬란하며 그 모양이 심히 두려"웠던 이 세상 나라들은31절 아무런 저항도 못하고 그냥 붕괴되는 것이다. 그렇다. 하나님나라의 복음을 통해 주 예수의 "빛이 어둠 속에서 비치니, 어둠이 그 빛을 이기지 못하였다."요 1:5, 새번역

따라 따라 예수 따라 가네

이 하나님나라 복음이 100여 년 전부터 조선 땅에도 전해졌고 조선 사람들 역시 세상을 버리고 하나님나라로 침입해 들어왔다. 그 감동적인 스토리가 〈따라 따라 예수 따라 가네〉에 담겨있다.[11]

열두 살인 "보배"는 돈이 급했던 아버지에 의해 팔려나가듯 시집을 가야했다. 그녀를 돈으로 산 시부모는 아주 냉정했고 남편 역시 아내에게 눈길 한 번 주지 않았다. 수년 동안 같이 살았지만 남편의 이름도 알 수 없었다. 열여덟 살에 첫 아이를 낳았는데 아들이 아니라 딸이었다. 아들을 낳아 대를 잇지 못하면 죽어서도 그 영혼이 쉬지 못하고 그 집안은 천벌을 받는다고 믿던 시절이었다. 6개월 후 술과 도박에 빠져있던 남편이 돌연사했다. 시집 식구들은 보배를 큰돈을 받고 팔아넘기기로 했다. 시아버지가 보배의 머리채를 잡아 짐승처럼 팔아버리던 날, 추운 날씨에 제대로 돌봄을 받을 수 없던 아기의 몸도 식어버렸다. 보배는 언 땅을 파서 아기를 묻었다.

보배를 산 "방만식"이라는 남자 역시 단 한 번도 보배에게 따뜻한 감정이나 연민의 정을 보이지 않았다. 담뱃대나 음식을 가져다 바칠 때면 이유 없이 보배를 주먹으로 때렸다. 그의 눈빛에는 증오심보다 더 끔찍한 표정

이 서려 있었다. 보배는 자신에게 왜 이런 가혹한 일들이 끊임없이 일어나는 것인지 누구라도 붙잡고 묻고 싶었다. 도망가 버릴까, 독약을 마실까, 집에 불을 질러버릴까, 강에 빠져 죽을까 하는 생각밖에 없었다. 그런데 어느 날 우연히 동네 사람들이 서양 선교사들을 조롱하는 말을 듣게 되었다. 서양인들이 서양의 새 교리를 가르치면서 그것을 믿기만 하면 마음의 평안을 얻는다며 사람들을 홀린다는 것이었다. 보배는 그 말에 귀가 솔깃했다. 읍내에 있다는 교회당을 찾아갔다.

그곳에서 보배는 "수고하고 무거운 짐 진 자들아 다 내게로 오라 내가 너희를 쉬게 하리라"마 11:28는 말씀을 들었다. 집으로 돌아오는 길은 캄캄했다. 늦은 밤인데다 달빛조차 없었다. 하지만, 예수님이 보배 곁에서 함께 걷고 계셨다. 그날 밤, 평화와 기쁨의 눈물이 이불을 적셨다. 피를 말리는 것 같았던 남편에 대한 증오심이 사라졌다. 남편은 여전히 보배를 때렸지만 그 남편이 불쌍하기만 했다. 보배가 변한 모습을 이상하게 생각하던 남편 방만식도 어느 날 선교사를 통해 복음을 듣고서 천국백성이 되었다. 그가 보배에게 말했다. "여보, 나도 구세주를 만났소! 내가 얼마나 짐승 같은 놈이었는지 깨닫게 되었소. 내 꼭 약속하오. 절대 손찌검 안 하고 따뜻한 손길만을 주겠소." 사랑받지 못했고 사랑하지 못했던 보배 가슴의 응어리들이 다 녹아내렸다. 보배도 그의 남편도 이제는 더 이상 짐승 같은 이 세상에 속한 사람이 아니었다.

성경: 계시된 하나님나라의 비밀

이 이야기를 듣고서 우리는 한 가지 놀라운 사실을 생각해야 한다. 어떤 인간도 밝혀낼 수 없었던 다니엘서 2장의 하나님나라 꿈이 결국 조선 사람들에게까지 전해진 사실이다. 다니엘서 2장의 하나님나라 꿈은 분명 하나님만 아시는 비밀이었다. "왕께서 물으신 것은 어려운 일이라 육체와 함께 살지 아니하는 신들 외에는 왕 앞에 그것을 보일 자가 없나이다"라는 11절 바벨론 술사들의 말은 사실이었다. 하지만, 다니엘의 하나님은 육체인 다니엘과 함께 사시는 분이셨다. 그래서 "우리 하나님 여호와께서 우리가 그에게 기도할 때마다 우리에게 가까이 하심과 같이 그 신이 가까이 함을 얻은 큰 나라가 어디 있느냐"신 4:7는 모세의 말과 같이 다니엘과 세 친구들은 그 "은밀한 일"을 보여 달라고 합심으로 기도했고 18절 하나님은 그들의 간구에 응답하셨다. "이 은밀한 것이 밤에 환상으로 다니엘에게 나타나" 보였고 19절 다니엘은 그 참된 꿈과 확실한 해석을 다니엘서 2장에 기록했다. 그리고 결국 다니엘서를 비롯한 신구약성경을 통해 조선 사람들에게까지 하나님나라 복음이 알려지게 된 것이다.

이 사실은 우리가 읽고 있는 이 성경이 얼마나 놀라운 책인지를 다시금 확인시켜 준다. 우리가 꾸는 모든 꿈이 다 참된 것이 아니다. 그 꿈에 대한 모든 해석도 다 확실한 것이 아니다. 하지만, 성경으로 기록된 이 꿈은 확실하고 성경으로 기록된 이 해석은 정확하다. 아무도 미래를 알 수 없다. 하지만, 하나님나라 꿈에 대한 다니엘서의 기록과 하나님나라 복음에 대한 성서의 기록은 참되고 정확하다. 그러므로 "다니엘이 받은 계시와 같은 것은, 오늘날 우리 손에 있는 성경이다. 그러므로 우리는 성경을 받아 쥔 일에 대하여 극히 감사해야 된다."12) 참으로 그렇다. 우리 손에 있는 성경이 하나님이 주신 미래에 대한 참된 꿈이고 확실한 해석이다. 우리가 가지고 있는 성경이 우리에게 계시된 하나님나라의 비밀이다.

성경으로 해석하기

성경만이 미래에 대한 하나님의 참된 계시라는 이 사실은 사적인 꿈과 환상, 또는 예언을 대할 때 결정적으로 중요하다. 내가 받은 꿈·환상·예언이 아무리 그럴듯해도 그것이 성경말씀과 다르다면 하나님이 주신 것이 아니다. 또한 꿈·환상·예언에 대한 해석이 아무리 설득력 있을지라도 그것이 성경의 전체적인 가르침과 다르다면 절대 받아들이지 말아야 한다.

11년 전의 일이다. 제자였던 한 자매가 제주 열방대학에 가서 훈련을 받다가 열 살이나 많은 형제를 만났다. 두 사람은 결혼하기 원했지만 자매 집안의 반대가 심했다. 반대 이유는 형제의 나이와 학력과 집안에 관한 것이었다. 형제의 신앙이나 인격에 관한 반대는 형제가 세례 받은 지 몇 년 안 되었다는 것 외에는 없었다. 자매와 자매의 부모가 동시에 내게 중재를 요청했다. 그래서 그 형제를 자매와 함께 집으로 초청하여 식사를 대접하며 형제를 만나보았다. 형제의 신앙과 인격은 자매와 결혼하기에 부족함이 없어 보였다. 그러던 차에 권사님인 자매의 어머니가 꿈을 꾸셨다. 꿈속에서 어머니는 딸의 팔목을 잡고서 딸을 어느 한쪽 길로 이끌고 가려는데 딸은 계속 다른 쪽으로 가려고 했다. 그러는 중에 어머니에게 손목이 잡힌 딸은 점점 새하얗게 말라 갔다. 꿈에서 깨어난 자매의 어머니는 나에게 전화를 걸어 그 꿈이 하나님이 주신 것이라고 했다. 나는 동의했다. 하지만, 자매 어머니의 해석에는 동의하지 못했다. 자매의 어머니는 그 꿈이 자매가 지금 자신의 반대에도 불구하고 잘못된 길로 계속 가고 있는 것을 보여준다고 믿었다. 하지만, 나의 해석은 정반대였다. 내가 보기에 그 꿈은 하나님 나라의 기준으로 결혼하려는 딸을 세상의 기준으로 막아서려는 어머니의 욕심에 대한 하나님의 경고였다.

또 다른 예가 사도행전 21장에 등장한다. 사도바울이 예루살렘으로 가기 위해 가이사랴에 머물렀을 때였다. "아가보라 하는 한 선지자가 유대로부터 내려와 … 바울의 띠를 가져다가 자기 수족을 잡아매고"10~11절 이렇게 말했다. "예루살렘에서 유대인들이 이같이 이 띠 임자를 결박하여 이방인의 손에 넘겨주리라"11절 그러자 바울의 모든 동료들이 울면서 바울에게 "예루살렘으로 올라가지 말라"고 권했다.12절 그들이 왜 이런 권유를 했을까? 하나님이 아가보를 통해 바울의 결박을 예고하신 것은 바울의 예루살렘 행을 돌이키시기 위함이었다고 해석했기 때문이다. 그런데 바울의 반응은 그들의 기대와 달랐다. 바울도 분명 그 사적인 예언이 하나님으로부터 온 것으로 생각했다. 하지만, 바울이 볼 때에 자신이 예루살렘으로 올라가면 안 된다는 그들의 해석은 순전히 그들의 감정에 기인한 것이었다. "여러분이 어찌하여 울어 내 마음을 상하게 하느냐"13절a 바울의 해석은 그들과 정 반대였다. "나는 주 예수의 이름을 위하여 결박당할 뿐 아니라 예루살렘에서 죽을 것도 각오하였노라"13절b 바울이 볼 때 하나님이 아가보를 통해 그런 예언을 주신 것은, 그의 예루살렘 행을 막기 위해서가 아니라, 예루살렘으로 올라가야 할 자신이 곧 닥치게 될 결박과 핍박을 준비해야 한다는 메시지였다. 다행히 이런 해석의 불일치가 그들의 관계를 깨뜨리지는 못했다. 바울의 동료들이 "주의 뜻대로 이루어지이다"하고는 한 발 물러섰기 때문이다.14절 그렇다면 과연 누구의 해석이 옳았는가? 주 예수님은 바울의 해석이 옳았다고 인정하셨다. "그 날 밤에 주께서 바울 곁에 서서 이르시되 담대하라 네가 예루살렘에서 나의 일을 증언한 것 같이 로마에서도 증언하여야 하리라"행 23:11 바울이 결박과 죽음을 각오하고서라도 예루살렘으로 올라가는 것이 주의 뜻이었다. 그리고 바울의 그 결단을 통해 로마에까지 복음이 전해지는 것이 주의 뜻이었다.

우리는 예레미야 선지자를 통해 주신 하나님의 경고를 잊지 말아야 한다. "내 이름으로 거짓을 예언하는 선지자들의 말에 내가 꿈을 꾸었다 꿈을 꾸었다고 말하는 것을 내가 들었노라 … 여호와의 말씀이니라 꿈을 꾼 선지자는 꿈을 말할 것이요 내 말을 받은 자는 성실함으로 내 말을 말할 것이라 겨가 어찌 알곡과 같겠느냐"렘 23:25,28 하나님은 자신의 꿈을 하나님이 주신 계시라고 함부로 말하는 자들에게 경고하셨다. 그런 꿈은 "겨"일 뿐이다. 하지만, 정말 하나님의 입에서 나온 말은 "알곡"이다. 그렇다면 신구약 성경은 모두 하나님의 입에서 나온 알곡이다.딤후 3:16 그러므로 겨인지 알곡이지 구분하기 힘든 모든 사적인 꿈·환상·예언은 반드시 하나님의 말씀인 성경의 검증을 통과해야만 한다. 하나님이 사용하시는 꿈·환상·예언이 분명히 있다. "예언을 멸시하지 말"아야 한다.살전 5:20 하지만, "범사에 헤아려 좋은 것"만 취해야 한다.살전 5:21 성경말씀의 명백한 가르침에 부합하는 좋은 꿈과 환상과 예언만을 취해야 하는 것이다. 성경은 100% 하나님의 말씀이지만 꿈이나 환상이나 예언은 그렇지 않기 때문이다. 성경의 내용이나 성경의 해석과 다른 것들은 주저 말고 버려야 할 "겨"일 뿐이다. 따라서 그리스도인의 가정과 하나님의 교회는 "알곡"과 같은 하나님의 말씀을 사모해야 한다. 하나님의 공동체는 꿈·환상·예언이 아니라 하나님의 말씀으로 세워진다.딤후 3:13~4:5

칼릴 이야기

무슬림 선교에서도 하나님의 말씀이 핵심이다. 무슬림을 위한 전도 자료로 유명한 "More than Dreams"라는 영상들을 보면 이집트와 이란, 터키, 나이지리아, 그리고 인도네시아에서 꿈을 통해 예수님을 만난 무슬림들의 간증을 만날 수 있다. "다섯 편의 실화에 나오는 공통점은 이것이다." 그 무슬림들이 꿈을 통해 예수님을 만나긴 했지만 실재로 그리스도인이 되는 것은 성경읽기를 통해서였다.

이집드의 길릴의 경우도 그랬다.13) 칼릴은 베일을 쓰지 않은 여성이니 턱수염을 기르지 않은 남성은 진짜 무슬림이 아니라고 여길 정도의 극단 무슬림 청년이었다. 그는 기독교인과 교회를 공격하는 일에 가담했고 이집트의 급진 무슬림 단체가 그를 발탁하여 그 단체의 지역 책임자가 되었다. 그 후 그 단체가 저지른 납치사건으로 인해 칼릴은 2년간 이집트에서 수감생활을 했고 다른 급진 무슬림들과 함께 예멘으로 건너갔다. 하지만, 예멘에서도 그들의 테러활동이 발각되어 결국 이집트로 돌아와야 했다. 세력이 약해진 칼릴의 단체는 지적 투쟁으로 노선을 수정했다. 무함마드가 하나님의 진정한 사도이고 기독교인의 성경은 왜곡된 책이라는 것을 밝혀주는 연구서를 내기로 했다. 단체의 지도자는 칼릴을 그 일의 적임자로 선택했다.

성경과 이슬람 책들의 비교연구를 진행한 칼릴은 충격을 받았다. 성경에는 틀렸거나 왜곡된 내용이 전혀 없었다. 오히려 예수의 삶과 말씀들에 담긴 용서와 무조건적인 사랑의 메시지가 너무나 놀라웠다. 특히 칼릴은 예수가 "그"의 추종자들이 자신 때문에 박해 받게 될 것을 경고했고 그 박해가 이천년이 지난 지금에도 이집트에서 그대로 일어나고 있는 것을 깨닫고서는 정신이 아찔했다. 두려움에 빠진 칼릴은 더 이상 성경을 읽지 않으려고 노력했지만 그럴수록 성경은 더욱 매력적인 책이 되어갔다.

칼릴은 일단 자신의 작업을 완성하기로 했다. 예수가 하나님이 아니고 십자가에 못 박히지도 않았다는 것을 증명하려고 꾸란에 나온 하나님의 속성들과 예수에 속성들을 연구했다. 꾸란에 의하면 하나님은 창조주, 치유자, 공급자, 죽은 자를 살리는 유일한 자, 기적을 행하는 유일한 자, 완벽하게 심판하는 유일한 자였다. 그런데 충격적이게도 이 모든 속성들은 꾸란이 예수^{이사}에 대해 묘사하는 속성들과 동일했다! 그것은 예수와 하나님이 실로 한 분이라는 것을 의미했다. 칼릴은 혼란스러웠다. 만약 예수와 하나님이 한 분이라면 무함마드는 누구이며 천국으로 가는 길은 무엇이란 말인가?

그 후 칼릴은 카페의 공중전화를 사용하다가 그의 가방을 도둑맞았다. 그 가방에는 「예수의 신성」, 「꾸란은 하나님의 말씀이 될 수 없다」 등과 같은 그가 만든 문서들과 성경, 게다가 그의 신분증까지 들어있었다. 그는 자신이 쓴 글들이 공개되어 자신이 신성모독 죄로 처벌받게 될까 두려웠다. 또한 자신이 감히 무함마드가 하나님으로부터 보냄 받지 않았고 꾸란이 하나님의 말씀이 아니라고 생각한 것에 대해 하나님이 자신을 벌주실까봐 두려웠다. 집에 돌아온 그날 밤 두려움 가운데 이렇게 울부짖었다. "하나님, 당신은 제가 당신을 사랑하는 것을 아십니다. 저는 당신이 제가 바른 길을 가기를 원하시는 것을 압니다. 하나님, 저는 더 이상 저항할 수 없습니다. 제가 한 모든 것은 당신을 기쁘게 하기 위함이었습니다. 제발 저를 이 어둠에서 건져 주십시오."

그날 밤 칼릴은 깊이 잠들었다. 수년간 자보지 못한 단잠이었다. 꿈속에서 그는 자신에게 걸어와서 말을 하는 한 사람을 보았다. 그분은 자신이 칼릴이 찾던 바로 그라고 말했다. 그분은 칼릴에게 그 책(성경)을 읽으라고 말했다. 칼릴은 그 책을 잃어버렸고 대답했다. 그러자 그는 다시 말했다. "그 책은 결코 없어지지 않는다. 일어나서 너의 옷장을 열면 그 책을 찾게 될 것이다." 꿈에서 깨어난 칼릴은 옷장을 열었다. 자신이 잃어버렸던 성경이 바로 그곳에 놓여 있었다! 칼릴은 곧바로 어머니의 방으로 달려가서 잠자는 어머니를 깨워 지난 수년 동안 가족들을 가혹하게 괴롭힌 것을 용서해달라고 빌었다. 또한 그날 해가 뜨자마자 거리로 나가서 만나는 모든 사람들에게 반갑게 인사했다. 또한 자신이 강도질하고 학대했던 그리스도인 사업가를 찾아가서 용서를 구했다. 이후에 칼릴은 세례를 받고 지역교회의 지체가 되었고 자신의 생명을 위협하는 무슬림들의 모든 육체적인 공격들을 주님을 위해 치러야 할 작은 내가로 여겼다.

이 신화는 다니엘서 2장의 메시지를 잘 요약해준다. 꿈에 나타난 예수님이 칼릴에게 어떤 새로운 비밀을 알려주신 것이 아니었다. 예수님은 오직 칼릴에게 성경을 읽으라고 하셨고 결코 없어지지 않는 그 성경을 칼릴의 손에 다시 쥐어 주셨다. 구원의 진리가 성경에 이미 다 기록되어 있기 때문이었다. 미래의 비밀이 성경에 다 담겨있기 때문이었다. 성경말씀만이 하나님이 주신 참된 꿈이요 그 꿈의 확실한 해석이기 때문이었다.

누가 미래를 아는가

이제 우리 자신을 돌아보자. 카를 융$^{C.G. Jung}$을 전공하고 현대 신경과학을 연구한 학자의 말이다. "궁극적으로 꿈은 아주 비밀스러운 영역으로 남아 있으며, 우리는 되풀이해서 거기에 몰두한다. 하지만, 우리가 이해할 수 있는 것은 언제나 일부일 뿐이다."[14] 누가 미래를 아는가? 무당들도 모른다. 학자들도 모른다. 귀신들도 모른다. "오직 은밀한 것을 나타내실 이는 하늘에 계신 하나님"이시다.단 2:28 그런데 하늘에 계신 우리 하나님은 다니엘과 함께 사셨고 다니엘에게 알려 주셨다. 그리고 다니엘서를 비롯한 모든 성경을 통해서 우리에게도 복음의 비밀을 알게 하셨다. 열방에 흩어져 세상나라에 속해 있는 자들이 어떻게 하나님나라의 백성으로 나아오게 될지, 하나님나라에 속한 자들이 세상으로부터 어떤 박해를 받게 될지, 예수님이 다시 오실 때까지 교회가 어떻게 인내로써 믿음의 경주를 해야 할지를 이미 다 알려주셨다. 그래서 우리는 오늘도 성경을 읽을 때마다 하나님의 비밀을 깨달아 우리의 삶 속에 일어나는 모든 일들을 하나님의 안목으로 이해하고 기도하고 선포할 수 있게 되었다.

그러므로 우리 중에 누가 미래를 아는가? 하나님의 말씀을 아는 사람이다. 우리 중 누가 자기 인생의 비밀을 풀어낼 수 있는가? 성경말씀에 정통한 사람이다. 우리 중 누가 이 세상에 속한 불신자들과 무슬림들의 잠 못 이룰 고민을 풀어줄 수 있는가? 하나님의 말씀을 제대로 읽고 해석할 수 있는 사람이다. 우리 중 누가 이 세상 나라를 산산조각내시는 하나님나라의 복음을 능력 있게 선포할 수 있는가? 오직 하나님이 보여주신 참된 꿈이요 정확한 해석인 66권 성경을 즐거워하여 그 말씀을 주야로 묵상하는 사람이다. 그렇다면 이제 우리도 다니엘과 그의 세 친구처럼 "하늘에 계신 하나님이 이 은밀한 일에 대하여 우리를 불쌍히 여기사"단 2:18 하나님의 말씀인 성경을 깨닫게 해 주시길 간구해야 할 것이다. "찬송을 받으실 주 여호와여 주의 율례들을 내게 가르치소서."시 119:12 "내 눈을 열어서 주의 율법에서 놀라운 것을 보게 하소서."시 119:18

❖ "선지자들과 사도들을 통해 하나님의 참되고 확실한 미래를 성경으로 알려 주신 주 하나님을 찬양합니다. 하나님나라 복음을 알게 하시어 가루처럼 흩어져버릴 이 세상에서 우리를 건져 내신 주 예수님을 찬양합니다. 주께서 세상의 모든 권세와 영광을 멸하시고 영원한 나라를 아버지 하나님께 바치실 그날까지 성경을 묵상하고 성경으로 기도하며 성경을 전하는 일에 전념하게 하소서."

❖ 주 예수 크신 사랑 (찬 236 or 205)

❖ 빛 가운데
   광명을 주시는
   창조가 없는
   영원한 빛이여!

   지혜에게
   명철을 주시는
   배움이 없는
   영원한 지혜여!

   오늘도 우리 심령에
   말씀하시니
   계시와 해석이
   주님의 것입니다.

오늘도 우리 기도에
응답하시니
창조와 구원이
주님의 것입니다.

다니엘서 3장
우리 하나님이 건지신다

> 16 사드락, 메삭, 그리고 아벳느고가 느부갓네살 왕에게 대답하며 아뢰었다. 우리가 이것에 대해서라면 답변을 드릴 필요도 없습니다. 17 보십시오. 우리가 섬기고 있는 우리의 하나님이 계신데 그분께는 타오르는 용광로에서 우리를 구해주실 능력이 있습니다. 따라서 그분이 왕이신 폐하의 손에서 우리를 구해주실 것입니다. 18 하지만 만약 그리되지 않을지라도, 왕이신 폐하께서 알게 되길 바랍니다. 우리가 폐하의 신을 섬기는 일은 없을 것이며 폐하께서 세우신 금 형상에 절하지도 않을 것입니다.(단 3:16~18, 私譯)

다니엘과 멀리 떨어진 세 친구

다니엘과 세 친구 이야기를 뮤지컬로 만들어 무대에 올린다고 가정해 보자. 그 네 사람이 서로를 향해 노래를 한 곡 부른다면 천강수님이 만든 〈기대〉라는 축복송이 좋을 것이다. "주 안에 우린 하나 모습은 달라도 예수님 한 분만 바라네"라는 가사가 다니엘서 1장과 2장이 보여준 네 친구의 우정을 잘 담아내고 있기 때문이다. 다니엘과 그의 세 친구는 항상 함께 생활했고 하나님을 경외하는 마음도 동일했다. 1장에서 그 넷은 다 함께 바벨론에 끌려와 다 같이 환관수업을 받았다. 그리고 다 함께 왕이 음식과 포도주를 거절했으며 결국 다 함께 왕의 자문관으로 채용되었다. 또한 2장에서도 네 친구가 한 팀으로 사역했다. 느부갓네살의 꿈 사건을 계기로 어느 한 날 다 함께 죽어야 할 위기를 맞았을 때 그 넷은 생사를 건 합심기도에 들어갔고 팀장 격인 다니엘에게 하나님의 응답이 임했다. 그 결과 네 명 모두 바벨론의 고위관리로 채용되었다.

그런데 하나님이 네 청년에게 주신 은사의 차이 때문에[단 1:17] 그들의 정치적 지위와 근무 지역에 차이가 생겼다. 팀장 다니엘은 "바벨론 모든 지혜자의 어른"이라는[단 2:48] 바벨론 중앙정부의 요직에 앉았고 세 명의 팀원들은 "다니엘의 요구대로 … 바벨론 지방의 일을 다스리게" 되었다.[단 2:49] "바벨론 온 지방을 다스리게"[단 2:48] 된 다니엘은 왕의 최측근으로서 국가정보원장이나 청와대 비서실장급이었지만 그의 세 친구는 멀리 떨어진 지방의 도지사나 군수급이었다.[단 3:2] 따라서 당연히 "다니엘은 왕궁에 있었"지만[단 2:49] 다니엘의 세 친구들은 바벨론 제국의 각 지방에서 근무했다. 네 친구들의 이러한 생활환경 차이가 다니엘서 3장의 배경 중 하나였다.

충성을 맹세하는 우상숭배

느부갓네살이 중앙정부의 "사람을 내려보내어 … 각 지방 모든 관원을" 불러내고서[2절] 자신이 세운 금 신상에 절하게 한 이유가 무엇이었는가? 느부갓네살에게 그 신상은 "내 신"이고 "내가 세운 금 신상"이었다.[14절] 따라서 그 신상에 절하는 것은 곧 느부갓네살에 대한 충성을 맹세하는 행위였다. 사람들도 이를 정확하게 파악하고 있었다. 느부갓네살 "왕의 신들을 섬기지 아니하며 왕이 세우신 금 신상에게 절하지 아니하"는 행위는 곧 느부갓네살 "왕을 높이지 아니하"는 행위였다.[12절] 그렇다면 느부갓네살이 거대한 신상을 만들어 절을 시킨 목적은 종교적인 것 보다는 정치적인 것이었다. 느부갓네살이 만든 그 신상에 절해야 하는 이유는 자신들의 종교심을 증명하는 것이 아니라 왕에 대한 그들의 충성심을 확증하는 것이었다. 금 신상 경배는 분명 종교행위이지만 그 속에는 정치적인 목적이 더 크게 작용하고 있었던 것이다. 이는 일제가 우리 선조들에게 신사참배를 강요한 것과 그 맥락이 같은 사건이었다. 금 신상 경배가 일종의 정치 공작이었기에 다니엘서 3장에는 다니엘이 등장하지 않는다. 다니엘은 중앙정부의 핵심참모로서 왕에 대한 충성심이 분명한 소수의 무리들왕비들, 왕자들, 최측근들 중 하나였다. 이들을 구지 신상 낙성식에 불러낼 필요는 없었다. 반면에 다니엘의 세 친구는 먼 지방에 거주하면서 언제든 역모를 꾸밀 수 있는 지방 권력가들에 속해 있었다. 그들은 금신상의 낙성식에 나와 왕의 금신상에 절함으로써 느부갓네살에 대한 자신들의 충성심을 보여줘야 했다.

또한 이 신상은 "바벨론 지방의 두라 평지에"1절 세워졌다. 느부갓네살이 자신의 왕궁을 비워두고 바벨론 인근의15) 두라 평원으로 내려와야 했다. 왕궁을 지킬 사람이 필요했다면 다니엘만한 사람이 없었을 것이다.16) 결국 다니엘의 세 친구는 다니엘이 없는 가운데 "풀무불 시험"을 통과해야 했다. 신앙고백적 거절에서나1:8, 은사에서나1:17, 상황을 분별하며 대처하는 지혜에서나2:14, 신앙적인 리더십에 있어서나2:18 항상 주도적이었고 탁월했던 다니엘이 빠진 채 그의 세 친구만 시험대에 올랐다. 사드락과 메삭과 아벳느고는 다니엘 없이도 풀무불 시험을 통과할 수 있겠는가? 그들은 과연 금 신상 경배 대신에 풀무불 형벌을 택할 것인가? 벼랑 끝까지 내몰린 이 세 친구를 그들이 섬기는 하나님이 과연 어떤 식으로 도와줄 것인가? 이것이 3장의 질문이다.

압도적인 우상숭배의 유혹

사드락과 메삭과 아벳느고를 포함힌 모든 "백'성들과 나리들과 긱 인이로 말하는 자들"4절에게 요구된 금 신상 경배에는 그 신상에 절할 수밖에 없도록 만드는 강박적인 요소들이 발견된다.

첫째로, 그 신상의 외형이다. 그것은 예나 지금이나 인종과 국가를 초월해서 모든 사람들이 흠모하고 숭배하는 황금이었다. 게다가 그 금덩이의 크기가 엄청났다. "높이는 육십 규빗이요 너비는 여섯 규빗"이었다.1절 한 규빗이 사람의 팔꿈치에서 손가락 끝까지의 길이니까 높이가 27m에 이르는 금 신상이었다. 고대인들의 중공업 제품으로는 실로 어마어마한 규모였다. 이전에는 구경도 못한 크기였다. 그 앞에 사람이 서면 고개를 들어서 그 신상을 우러러봐야 했다. 평양 만수대 언덕의 김일성 우상이나 홍콩 뽀우린 사원의 좌불상坐佛像처럼 느부갓네살의 금 신상이 내뿜는 포스는 그 발밑에 집결한 사람들의 영혼을 쪼그라뜨리기에 충분했을 것이다.

둘째로, 성전 낙성식에는 고대인들이 사용하던 모든 악기들이 동원되었다. "나팔과 피리와 수금과 삼현금과 양금과 생황과 및 모든 악기 소리를 들을 때에" 엎드려 절해야 했다.5절 음악에는 사람의 영혼을 매료시키는 힘이 있다. 음악으로 사람의 영혼을 치료할 수도, 미혹할 수도 있다. 우리가 살고 있는 중동의 그 황폐한 땅에는 놀이터나 극장, 공원이나 문화시설, 깨끗한 거리나 공중화장실 등이 전혀 없다. 치안이 불안정해 도시를 벗어나면 납치를 각오해야 했고 이후에는 정치적 대립까지 겹치면서 도심 한복판에서도 총격전이 벌어지고 신경가스가 살포되었다. 아이들의 정서가 메마르지 않도록 가끔 바로크 클래식 모음집을 틀어주었다. 어느 날 보니 5살 된 딸이 음악을 따라 춤을 추고 있었다. 바흐의 〈예수, 나의 기쁨〉이 흐를 때는 물 흐르듯이 춤을 추고 라깡의 〈뻐꾸기〉가 흘러나올 때는 깡충깡충 뛰면서 춤을 추었다. 아무도 딸에게 춤을 가르친 적이 없지만 영감 넘치는 고전음악이 딸을 춤추게 했다. 비슷한 경우를 또 한 번 보았다. 한국으로 일시 철수한 직후 처가가 있는 부산으로 향했다. 부산대 정문 앞에서 수많은 젊은이들이 록음악을 따라 몸을 흔들고 있었다. 〈청년이여 怒·No 하라〉는 구호를 봐서는 문화축제보다는 반정부집회 같았다. 어쨌든 그들은 자신들의 투쟁을 음악으로 하고 있었다. 밴드가 연주하는 큰 볼륨의 록 음악이 그들의 영혼을 사로잡았다. 이처럼 본문에서도 모든 악기들이 다 동원되어 사람들을 금 신상 경배로 몰아갔다. 오케스트라 급의 웅장한 화음이 그들의 심장을 관통할 때 그들은 쓰러지듯 그 선율에 제 몸을 맡겨야 했다.

셋째로, 본문에는 지루할 정도로 긴 명단들이 열거된다. 느부갓네살 왕이 "총독과 수령과 행정관과 모사와 재무관과 재판관과 법률사와 각 지방 모든 관원"을 불러 모았다.2절 이 명단들이 3절에도 한 번 더 반복된다. "총독과 수령과 행정관과 모사와 재무관과 재판관과 법률사와 각 지방 모든 관원"이 다 신상 앞에 섰다. 바벨론의 떡을 먹는 관료들은 전부 다 절해야 한다. 예외는 없다. 우리는 하나다. 배신은 곧 죽음이다. 장엄한 음악이 시작될 때 다 같이 엎드려야 한다. 중동에서 위성 TV를 보면 이슬람 채널들이 대부분이다. 노래같이 감미로운 꾸란 구송과 함께 하루 종일 메디나와 메카만 보여주는 채널들도 많다. 메카 채널에서는 메카순례를 위해 전 세계에서 몰려 든 수많은 무슬림들이 등장했다. 그들은 흰 수건을 걸치고서 하얀 대리석 위를 경건하게 걸어 다녔고 카바 신전을 천천히 돌고 있었다. 그 장엄한 볼거리는 "너희도 어서 와서 이 특권을 누리라!"는 초대 같았다. 메디나 채널에서 비추는 메디나 모스크도 메카만큼 거대하고 아름다웠다. 높은 미나렛첨탑들의 눈부신 조명 밑에서 모든 사람들이 메카를 향해 일시에 절을 했다. 예외가 없었다. 새하얀 수건을 몸에 두른 채 동시에 절하고 동시에 일어서는 그들의 일체성이 인상 깊었다. 중동에서 목격하는 무슬림들의 일상도 동일했다. 식당에서도 학교와 직장에서도 매일 집단적인 쌀랏기도이 반복되있다. 어느 한 무슬림이 주님의 은혜로 목음을 듣게 된다 할지라도 이 거대한 이슬람 움마공동체를 등지기란 불가능에 가까워 보였다. 사드락과 메삭과 아벳느고를 압박한 고립감도 이와 비슷했을 것이다.

마지막 압권은 6절이었다. "누구든지 엎드려 절하지 아니하는 자는 즉시 맹렬히 타는 풀무불에 던져 넣으리라" 이 협박이 15절에서는 다니엘의 세 친구를 지목한 채 반복되었다. "너희가 만일 절하지 아니하면 즉시 너희를 맹렬히 타는 풀무불 가운데서 던져 넣을 것이니" 신상과 가까운 장소에 있었던 풀무였으니 그 풀무는 그 거대한 금 신상을 만들어낸 풀무였을 것이다. 그래서 네 사람을 던져 넣을 수 있을 정도로 그 크기가 엄청났던 것이다. 다니엘의 세 친구는 거대한 신상이나 거대한 풀무 중에 하나를 택해야 했다. 황금 신상을 향해 딱 한 번만 절하면 사는 것이지만 끝까지 거절한다면 시퍼런 풀무불에 던져져야 했다. 과연 사드락·메삭·아벳느고는 금 신상 숭배를 끝까지 거부할 수 있겠는가? 나 같으면 이 불 시험 앞에서 과연 어떤 선택을 하겠는가?

중2 학생의 변절

중학교 2학년 때 내 신앙을 저버렸던 그 밤을 잊을 수 없다. 나는 당시 2년째 교회를 떠나 세상 친구들과 어울려 지냈지만 내가 기독교인인 것을 한 번도 부인하지 않았다. 추석과 구정마다 일가친척들이 제사상 앞에 동시에 절할 때 내 선친과 형님과 나는 항상 바른 자세로 서 있었다. 어느 날 할아버지가 돌아가셨다는 소식을 듣고 교복을 입은 채로 거제도로 내려갔다. 고향 마을에 도착하니 밤이었다. 버스에서 내려 태어나 7살 때까지 할아버지와 함께 살았던 큰집으로 들어섰다. 대문가에 걸린 초상집의 누런 등과 집 뜰에 가득 세워진 만장들, 그리고 "아이고, 아이고" 하는 낮은 곡소리들… 그 순간 초상집의 슬픔이 밀려들면서 합천 이씨 가문의 혈과 육이 나를 사로잡았다. 누런 삼베 같은 죽은 전통의 기습을 받은 나의 신앙이 무장해제 되었다. 할아버지의 관을 등진 병풍과 그 앞에 놓인 할아버지의 영정을 보자마자 그대로 털썩 무릎을 꿇고 시신을 향해 두 번 절을 올렸다. 나에게 왜 그랬냐고 따져 묻는 사람은 없었다. 하지만, 무거운 실패감이 밤새 지속되었다. 하나님께 죄송한 마음, 왜 그랬을까 하는 자책감이 나를 사로잡았다.

세 친구의 믿음

하지만, 사드락과 메삭과 아벳느고는 달랐다. 이들 셋은 금 신상 경배를 끝까지 함께 거부했고 결국 느부갓네살 앞으로 끌려나오게 되었다. 왕은 세 사람에게 한 번 더 기회를 주고 싶었다. "이제라도 너희가 준비하였다가 … 엎드려 절하면 좋거니와 너희가 만일 절하지 아니하면 … 능히 너희를 내 손에서 건져낼 신이 누구이겠느냐"15절 하지만, 그따위 기회는 불필요했다.16절 오히려 그들은 "내 손에서 건져낼 신이 없다"는 왕의 마지막 말에 신앙적인 이의를 제기했다. 17절 말씀이다. "보십시오. 우리가 섬기고 있는 우리의 하나님이 계신데 그분께는 타오르는 용광로에서 우리를 구해주실 능력이 있습니다. 따라서 그분이 왕이신 폐하의 손에서 우리를 구해주실 것입니다."私譯 사드락과 메삭과 아벳느고가 볼 때 느부갓네살은 아직도 하나님을 모르고 있었다. 느부갓네살은 2장 47절에서 "너희 하나님은 참으로 모든 신들의 신이요 모든 왕의 주재시로다"라고 고백했었다. 하지만, 느부갓네살에게 하나님은 "은밀한 것을 나타내시는"단 2:47 지혜자일 뿐이었다. 이 땅의 절대 권력자가 휘두르는 철권통치에는 무관심한 신이었다. 하지만, 사드락과 메삭과 아벳느고의 하나님은 미래의 비밀을 아시는 초월적인 지혜자일 뿐 아니라 자신의 백성을 풀무불에서 건지시는 내재적인 능력자였다. 바로 여기에서 사드락과 메삭과 아벳느고가 얼마나 철저한 말씀교육을 받았는지가 드러난다. 그들이 어린 시절에 부모로부터 배우고 익혔을신 6.7 율법서모세오경에서 모세는 이렇게 증언했다. "여호와께서 너희를 택하시고 너희를 쇠 풀무불 곧 애굽에서 인도하여 내사 자기 백성을 삼으신 것이 오늘과 같아도"신 4:20

하나님이 사드락·메삭·아벳느고를 느부갓네살의 손에서 건져내실 수 없다고? 무식하고도 망령된 말이었다. 그들이 믿는 하나님은 당신의 백성 이스라엘을 풀무불 이집트에서 이미 건져내신 분이셨다. 그렇다면 사드락·메삭·아벳느고는 지금 하나님이 자신들을 어떻게든 구원해주시리라고 막연하게 기대하고 있는 것이 아니었다. 그들의 믿음은 역사 속에서 하나님이 행하신 명백한 사실에 근거하고 있었다. 다니엘의 믿음도 동일했다. 다니엘의 마음에도 출애굽기에 기록된 하나님의 구원역사가 또렷하게 각인되어 있었다. 그래서 그도 하나님을 "강한 손으로 주의 백성을 애굽 땅에서 인도하여 내시고 오늘과 같이 명성을 얻으신 우리 주 하나님"이라고 불렀다.단 9:15 출애굽 사건은 분명 다니엘과 세 친구들이 직접 체험한 구원이 아니었다. 하지만, 출애굽기에 기록된 하나님이 바로 다니엘과 세 친구가 섬기는 하나님이었다. 그래서 그들은 풀무불에서 능히 건져내시는 하나님의 구원 능력이 출애굽 때나 지금이나 변함없다고 확신할 수 있었다.

바로 여기서 우리는 믿음이 무엇인지를 배운다. 믿음은 성경 속에서 선배들이 건짐 받은 구원사건을 나의 예비체험으로 수용하는 것이다. 믿음은 선지자들과 사도들이 증언한 성경의 하나님을 나의 하나님으로 신뢰하는 것이다. 믿음은 66권 성경으로 기록된 하나님의 말씀에 "아멘"하는 것이다. 이 참된 믿음을 우리도 소유해야 한다. 이 참된 믿음을 우리의 자녀들에게도 가르쳐야 한다. 성경말씀을 스스로 읽고 그 말씀을 따라 자신의 언어로 기도할 수 있는 자녀로 키워내야 한다.

중3 학생들의 믿음

최근에 읽은 책에서 만난 중3 학생들 일곱 명도 이런 믿음을 소유하고 있었다. 그 일곱 중 하나의 이름은 손봉호였다. 그의 회상이다.[17]

우리 교단은 율법을 철저히 지키기로 유명했다. … 주일을 엄격하게 지키는 것을 매우 강조했다. 그런데 1954년 경주고등학교 신입생 선발 과정에서 신체검사 받는 날이 하필이면 주일이었다. 다른 교회 학생들은 별 어려움 없이 신체검사를 받았으나 경주읍교회에 다니던 일곱 명의 학생은 모두 신체검사를 거부했다. 그때 나는 경주중학교를 2등으로 졸업하고 경주고등학교 입학시험에도 2등으로 합격했는데 신체검사를 받지 않으니 중학교와 고등학교에서 모두 난리가 났다. 중학교 담임선생님이 얼굴이 파래져서 "이 자슥아, 니는 떨어졌어!" 하고 꾸지람을 했다. 경주고등학교에서도 우리 문제로 교사회가 열렸다. 오랫동안 의논한 결과 2등 한 놈도 끼어 있으니, 다시 한 번 기회를 주자는 결론이 내려졌다. 우리 일곱 명만 다른 날 신체검사를 받고 전원 합격했다. 모두들 교회에 몰려가서 감사기도를 드렸다.

이 실화의 이슈는 기독교인이 고등학교 입학을 위한 신체검사를 주일에 받을 수 있느냐 없느냐의 문제가 아니다. 주목해야 할 교훈은 "이 자슥아, 니는 떨어졌어!"라는 말에 있다. 손봉호를 비롯한 중3 학생 일곱 명은 고등학교 입학을 좌우할만한 압도적인 유혹 앞에서도 주일에는 노동하지 않는다는 자신들의 신앙전통을 끝까지 고수했다. 그것 때문에 "분이 가득하여 사드락과 메삭과 아벳느고를 향하여 얼굴빛을" 바꾼19절 느부갓네살처럼 그의 중학교 담임선생님의 얼굴이 파래졌고, "능히 너희를 내 손에서 건져낼 신이 누구이겠느냐"고 선언한 느부갓네살처럼 그 선생님도 "이 자슥아, 니는 이미 떨어졌어!"라고 선언했다. 그 선생님의 눈에는 일곱 명의 학생을 구원할 하나님의 손이 전혀 보이지 않았다. 하지만, 일곱 명의 청소년들은 결국 하나님의 놀라운 구원을 경험했고 "모두들 교회에 몰려가서 자신들의 하나님께 감사기도를 드렸다." 다니엘의 세 친구들처럼 손봉호와 그의 친구들도 불 시험 속에서 성경의 하나님을 나의 하나님으로 붙들었다. 그러자 하나님은 이미 떨어진 것과 다름없었던 그 어린 종들을 건져내심으로써 그들의 믿음이 옳았다고 인정하셨다.

세 친구의 구원

마찬가지로 하나님은 "결박된 채 맹렬히 타는 풀무불 가운데에" 떨어진 세 친구를 구원하심으로써 그들의 믿음이 옳았음을 선언하셨다.[23절] 그 하나님의 구원을 느부갓네살 리포터가 생중계했다. "우리가 결박하여 불 가운데에 던진 자는 세 사람이 아니었느냐 … 내가 보니 결박되지 아니한 네 사람이 불 가운데로 다니는데 상하지도 아니하였고 그 넷째의 모양은 신들의 아들과 같도다"[24~25절] 기겁할만한 볼거리가 느부갓네살 눈앞에 펼쳐졌다. 세 사람을 던진 풀무에 네 사람이 들어가 있었다. 셋의 결박은 오간 데 없고 옷과 모자를 다 걸쳤던[21절] 그들의 외관도 멀쩡했다. 불에 타기는 커녕 불을 즐기고 있었다. 특히 그들과 같이 놀고 있는 넷째 사람의 모습은 "신들의 아들" 같았다. 느부갓네살은 보좌에서 벌떡 일어날 수밖에 없었다. 26~27절 말씀이다. "느부갓네살이 맹렬히 타는 풀무불 아귀 가까이 가서 불러 이르되 지극히 높으신 하나님의 종 사드락, 메삭, 아벳느고야 나와서 이리로 오라 하매 사드락과 메삭과 아벳느고가 불 가운데에서 나온지라 … 이 사람들을 본즉 불이 능히 그들의 몸을 해하지 못하였고 머리털도 그을리지 아니하였고 겉옷 빛도 변하지 아니하였고 불 탄 냄새도 없었더라"

하나님이 행하신 이 놀라운 구원의 중심에는 "신들의 아들" 같은 이가 있었다. "신들의 아들"이라는 표현은 마치 그 존재가 하나님의 아들인 성육신 이전의 예수님이 아닐까 하는 기대를 불러일으킨다. 하지만, 이런 추측은 본문의 지지를 받지 못한다. "신들의 아들"은 하나님의 천사를 의미하는 구약적 표현일 뿐이다.[e.g. 창 6:2,4; 욥 1:6; 2:1] 따라서 이 존재를 하나님의 천사로 이해한 느부갓네살의 해석은 옳았다.[28절] "신들의 아들"이 하나님의 천사라는 해석은 다니엘서 6장과도 부합한다. 다니엘서 3장이 세 친구의 구원 이야기라면 다니엘서 6장은 다니엘의 구원 이야기로서 3장과 짝을 이룬다. 다니엘서 6장에서도 다니엘을 구원한 존재가 하나님의 천사였다. 하나님의 아들 같은 인자는 다니엘서 7장에 가서야 등장할 것이다.

우리의 구원

그럼에도 불구하고 다니엘의 세 친구들과 함께 풀무불 속으로 들어온 "신들의 아들" 같은 이의 구원사역은 우리에게 예수님의 구원사역을 연상시킨다.[18] 하나님은 그분의 초자연적인 능력으로 그 거대한 풀무를 깨뜨려 버리시거나 극렬히 타오르는 풀무불을 꺼뜨려 버리심으로써 세 친구를 구원하지 않았다. 하나님의 구원 방법은 세 친구가 풀무불 속으로 던져질 때 그분의 천사를 그들과 함께 그 불구덩이 속으로 집어넣는 것이었다. 그래서 당신의 종들을 느부갓네살의 풀무불 심판으로부터 완벽하게 보호하셨다. 이것이 바로 예수님의 십자가와 동일한 구원방식이었다.

하나님은 죄를 다 눈감아주시는 방식으로 우리를 구원하지 않으셨다. 또한 죄인에 대한 의로운 심판을 모두 다 말소하는 방식도 택하지 않으셨다. 세례자 요한의 증언처럼 하나님의 공의는 영원히 살아 있었고 죄인의 불 심판은 시간 문제였다. "내 뒤에 오시는 이는 … 성령과 불로 너희에게 세례를 베푸실 것이요 … 알곡은 모아 곳간에 들이고 쭉정이는 꺼지지 않는 불에 태우시리라"마 3:11~12 알곡은 성령세례를 받겠지만 쭉정이죄인의 운명은 불세례였다. 쭉정이들이 꺼지지 않는 지옥 불에 던져질 것이 요한에게 물 보듯 뻔했다. 그런데 요한 뒤에 오신 예수님이 충격적인 말씀을 하셨다. "내가 불을 땅에 던지러 왔노니 이 불이 이미 붙었으면 내가 무엇을 원하리요 나는 받을 세례가 있으니 그것이 이루어지기까지 나의 답답함이 어떠하겠느냐"눅 12:49 요한의 말처럼 예수님은 불을 땅에 던지러 오셨다. 하지만, 그 불을 예수님 자신에게 붙이길 원하셨다. 예수님은 분명 심판의 불세례를 주실 것이었다. 하지만, 그 불을 죄인들에게 던지지 않고 예수님 자신이 받길 원하셨다. 물론 예수님에게 이것은 결코 쉬운 선택이 아니었다. 하나님의 진노의 손에서 부어질 그 불세례를 생각만 해도 예수님의 마음이 답답해졌다. 하나님의 진노의 잔을 다 받아 마시게 될 그 불세례를 놓고 기도할 때는 예수님의 "땀이 땅에 떨어지는 핏방울 같이" 되었다.눅 22:44 하지만, 예수님은 이 압도적인 고뇌 속에서도 결코 뒤로 물러서지 않으셨다. "내 아버지여 만일 내가 마시지 않고는 이 잔이 내게서 지나갈 수 없거든 아버지의 원대로 되기를 원하나이다"마 26:42

결국 하나님의 심판의 불이 십자가에 달린 예수님의 영혼과 육체에 쏟아졌다. 예수님은 사람들이 보는 앞에서 속옷 하나 걸치지 못한 벌거숭이가 되어 높이 매달리셨다. 주 예수님이 수치덩어리 죄인이 되셨다. 하지만, 벌거숭이가 된 수치와는 비교할 수도 없는 엄청난 수치심이 그 분의 영혼을 쥐어짰다. 그것은 이 세상 어떤 인간도 경험해보지 못한 어마어마한 죄책감이었다. 주 예수님은 죄책감 덩어리로 십자가에 못 박혔다. 예수님의 육체도 머리부터 발끝까지 성한 곳이 없었다. 살과 뼈를 꿰뚫은 쇠못의 고통이 예수님의 전신을 불태웠다. 많은 피를 쏟으며 타는 갈증으로 입안이 말랐고 심호흡 한 번 제대로 할 수 없었다. 양 팔을 벌린 채 십자가에 달렸기에 몸이 아래로 쏠렸고 숨을 들이마시려면 몸을 밀어 올려야 했지만 대못이 박힌 두 발로는 몸을 밀어 올릴 수 없었다. 결국 끊어질 듯 말 듯 한 호흡이라도 이어가기 위해서는 온 몸을 비틀어 올리며 신음해야 했다. 이 같은 영혼과 육체의 고통을 더 이상 견디지 못한 예수님이 "나의 하나님, 나의 하나님, 어찌하여 나를 버리셨나이까"마 27:46 부르짖었지만 하나님은 예수님을 외면하셨다. 하나님의 존귀하신 아들 예수는 십자가에 매달린 그 순간만큼은 하나님의 진노가 남김없이 쏟아져야 할 죄 덩어리에 불과했다. 그 옛날 자식 이삭을 향해 내리치던 아브라함의 칼을 붙잡았던 그 하나님이 자기 자식을 향한 심판의 칼은 결코 거두지 않으셨다. 예수님의 십자가에 붙은 하나님의 심판의 불은 예수님의 목숨이 끊어질 때까지 맹렬히 타올랐다. 결국 하나님의 아들 예수는 지옥 불에 떨어지듯 울부짖으며 숨을 거두었다.^마 27:50 우리의 죄를 하나도 남김없이 다 짊어지신 예수님이 그렇게 십자가의 불 심판을 받으셨다. 하지만, 그 무서운 불세례를 받아야 할 진범인 나는 머리카락 하나 심판의 불에 타지 않았다. "하나님이 죄를 알지도 못하신 이를 우리를 대신하여 죄로 삼으신 것은 우리로 하여금 그 안에서 하나님의 의가 되게 하려 하심"이었다.^고후 5:21

그러므로 예수님의 십자가를 나의 십자가로 경험한 사람, 예수님의 불세례 안에서 함께 불 심판 받음으로써 더 이상 정죄함이 없는 사람은, 우리를 구원하실 하나님의 능력을 결코 의심할 수 없다. 하나님이 당신의 독생자 예수님을 십자가에 내어주시기까지 우리를 사랑하셨는데 내가 무슨 증거를 더 바란단 말인가.

오늘날의 유혹과 협박

오늘날 우리 그리스도인들이 처한 상황은 본문의 사드락·메삭·아벳느고의 처지와 동일하다. 하나님의 구원하시는 능력도, 주 예수님의 십자가도, 알지 못하는 세상의 권력자들은 오늘도 우리에게 자기 조직의 금 신상을 들이대며 그것에 절할 것을 요구한다. 배신은 죽음이다. Open Doors 선교회는 2012년에도 가장 극심하게 교회를 박해하는 열두 나라를 발표했다. 북한과 아프가니스탄, 사우디아라비아, 소말리아, 이란, 몰디브, 우즈베키스탄, 예멘, 이라크, 파키스탄, 에리트리아, 라오스 순이었다. 이들 나라에서는 주님의 몸 된 교회를 향한 약탈과 테러가 가장 극렬하다. 이곳의 그리스도인들은 국가종교에 충성하든지 풀무불에 던져지든지 둘 중 하나를 택해야 한다.

조직의 유혹과 협박은 한국에서도 현실이다. 대기업의 황금에 절하길 거부하고 기업윤리를 들먹이는 크리스천은 직장에서 매장될 것이다. 자신이 속한 정당의 비성경적인 정책을 비판하는 정치인은 윗분의 눈 밖에 날 것이다. 군부대 내의 가혹행위를 간부에게 보고하면 동료 병사들의 집단따돌림으로 보상받을 것이다. 사립학교의 간부가 요구하는 부정한 재정 관리를 거절한 계약직 교사는 내후년의 계약연장을 포기해야 한다. 하지만, 더 빈번한 우상숭배는 우리 안에서 일어난다. "탐하는 자"는 "곧 우상숭배자"다.엡 5:5 "네가 가져야 해!" "너도 네 살 길을 찾아야 돼!" 하며 나의 자아가 끊임없이 자아 숭배를 부추긴다. 때론 거짓된 협박으로 나의 마음을 사로잡기도 한다. "이런 보험과 연금에 가입하고 저런 펀드에 투자하지 않으면 네 노후가 불행하고 쓸쓸할 거야." "그 돈을 통장에 넣어두지 않고 당장 그것이 필요한 형제에게 줘버린다고? 이게 얼마나 귀한 돈인데?" "이번 시험에 부정행위를 안 해? 너만 바보 되는 거야." "정직하게 세금 내면 남는 게 없어. 자리가 잡힐 때까지는 무조건 이를 악물고 버는 거야." "너 있는 모습 그대로를 보여주면 사람들이 널 좋아하지 않아. 다들 가면 쓰고 사는 거야." "네 자식을 이 시골에, 이 선교지에, 처박아 놓을 거라고? 아이들 바보 만들고 싶어? 아이들이 무슨 죄가 있어?" "믿음 없는 청년이라서 결혼 안 한다고? 아직 인생을 몰라서 그래. 신앙이 돈 벌어 줘?" 이 모든 세상과 자아의 목소리들을 한 마디로 요약하면 이것이다. "너희들 능히 건져 낼 하나님은 없다!"

하나님은 능히 건지신다

따라서 우리는 세상과 자아의 금 신상 앞에 설 때마다 우리 자신에게 똑바로 물어봐야 한다. 나는 무엇을 믿는가? 나의 하나님이 나를 능히 건지실 것을 믿는가? 하나님을 믿는다고는 하지만 실재로는 세상과 자아의 거짓된 속삭임을 따르고 있는가? 과연 나는 무엇을 믿고 있는가?

다니엘서 전체에서 가장 아이러니한 장면인 3장 22절 말씀에 그 답이 있다. "왕의 명령이 엄하고 풀무불이 심히 뜨거우므로 불꽃이 사드락과 메삭과 아벳느고를 붙든 사람을 태워 죽였고" 이 얼마나 어처구니없는 현실인가. 사드락·메삭·아벳느고를 붙든 그들은 왕의 명령을 따르면 살 줄 알았다. 하지만, 그들의 결국은 죽음이었다. 그것도 가장 의미 없는 불쌍한 죽음이었다. 이들의 비참한 종말은 하나님 말씀이 아니라 세상의 유혹과 자아의 탐심을 신뢰하는 이들의 최후를 보여준다. 반면에 왕의 명령을 거절하고 하나님의 말씀을 신뢰했던 사드락·메삭·아벳느고는 죽음의 풀무 속에서도 살아나왔다. "자기의 목숨을 사랑하는 사람은 잃을 것이요, 이 세상에서 자기의 목숨을 미워하는 사람은, 영생에 이르도록 그 목숨을 보존할 것이다."요 12:25 그러므로 우리는 느부갓네살의 조서에 기록된 대로 우리를 구원하신 하나님께 대하여 경솔히 말하지 말아야 한다. "이같이 사람을 구원할 다른 신이 없"기 때문이다.29절 그렇다. 하나님만이 우리의 구원이시다. 우리의 하나님은 우리를 능히 건지시는 분이시다.

파티마 자매의 순교

끝으로 3년 전에 일어난 파티마 자매의 죽음은 "우리 하나님이 건지신다"는 다니엘서 3장의 진리를 우리의 삶에 어떻게 적용해야 할지를 가르쳐준다. 2008년 8월 12일에 중동에서 발행하는 두 신문이 사우디아라비아에서 죽임 낭한 26살 된 여성의 이야기를 전했다.[19] 그녀의 이름은 파티마 Fatima Al-Mutairi였고 "Arab Christians Forum"이라는 기독교 웹 사이트의 회원이었다. 어느 날 파티마는 사랑하는 자신의 가족들에게 그리스도의 도道가 가장 순결하고 거룩한 길이라고 말했다. 그러자 그녀에 대한 가족들의 혹독한 핍박이 시작되었다. 어느 날 그녀의 오빠가 파티마가 기독교로 개종했다는 증거를 찾아내기 위해 파티마의 방에 들어갔고 그녀가 쓴 복음적인 글들과 그녀의 개인컴퓨터 스크린에 그려진 십자가 문양을 발견했다. 파티마의 가족은 그녀를 죽이기로 마음먹었다. 파티마는 자신의 방에 4시간동안 감금되었고 인터넷을 통해 자신의 생애 마지막 글을 남겼다. 사우디 종교경찰이었던 그녀의 아버지가 자신들에게 예수의 복음을 전한 파티마의 혀를 자른 후 그녀를 불에 태워 살해했다.

다니엘서 3장을 적용하면서 우리는 물어야 한다. 세 친구를 풀무불에서 건져내신 하나님이 왜 파티마는 불에 타 죽게 하셨는가? 파티마를 능히 건지실 수 있었던 하나님이 왜 그녀의 죽음을 가만히 지켜보기만 하셨는가? 사드락·메삭·아벳느고는 이 어려운 질문에 대한 답을 "그렇게 하지 아니하실지라도"라는 말로 표현했다. "그렇게 하지 아니하실지라도 왕이여 우리가 왕의 신들을 섬기지도 아니하고 왕이 세우신 금신상에게 절하지도 아니할 줄을 아옵소서"단 3:18

그렇다. 하나님이 능히 구원하실 수 있지만 그 구원을 실행하시는 것은 하나님의 신비하고도 주권적인 뜻에 달려 있음을 세 친구는 알았다. 만약 하나님께서 당신의 완전한 뜻 가운데 세 친구를 풀무불에서 건져주지 아니하실지라도 사드락·메삭·아벳느고는 하나님께 끝까지 충성하는 종으로 죽을 것이었다. 파티마 자매도 자신이 죽는 것이 하나님의 뜻임을 알고 있었다. 그녀의 주님께서 이렇게 말씀하셨기 때문이다. "형제가 형제를, 아버지가 자식을 죽는 데에 내주며 자식들이 부모를 대적하여 죽게 하리라 또 너희가 내 이름으로 말미암아 모든 사람에게 미움을 받을 것이나 끝까지 견디는 자는 구원을 받으리라"막 13:12,13

파티마 자매의 시詩

형제와 아버지에 의해 순교할 상황으로 내몰린 파티마 자매가 인터넷에 마지막으로 남긴 글은 한 편의 시詩였다. 그 시에는 그리스도인으로서 죽기까지 견디려는, 죽기까지 하나님께 충성하려는, 그녀의 결심과 동족들에 대한 그녀의 안타까움이 가득 담겨 있었다.[20]

> 아 무슬림이여, 주 예수가 당신들을 인도해주시길 바랍니다
> 타인들을 사랑하도록 당신들의 마음을 교화하시길 원합니다
> ……
> 우리는 십자가를 경배하지 않으며 우리는 미치지 않았습니다
> 다만 우리는 세상의 빛이신 주 예수를 예배합니다
> 우리는 무함마드를 떠났으며 그의 길을 따르지 않습니다
> 우리는 선명한 진리이신 예수 그리스도를 따릅니다
> 분명 우리는 우리의 조국을 사랑하기에 우리는 반역자가 아닙니다
> ……
> 모든 사람에겐 어떤 종교든지 선택할 자유가 있습니다
> 우리가 예수를 믿는 신자들이 되도록 내버려두십시오
> 우리 시대가 가기 전에 은혜 안에서 살게 해 주십시오
> 눈물이 내 뺨을 흐르고 아! 마음이 슬픕니다
> 그리스도인이 된 사람들에게 어떻게 이토록 잔인할 수 있습니까
> 메시아는 "핍박받는 자가 복되다" 말씀하셨습니다
> 우리는 그리스도를 위해 모든 것을 참습니다
> ……
> 당신들의 칼은 나에 대해서나 악에 대해서나 불명에 관한 것이 아닙니다
> 당신들의 협박은 나를 괴롭히지 못하며 우리는 두려워하지 않습니다
> 하나님에 의해, 나는 참으로 한 명의 그리스도인으로 죽을 것입니다

파티마 자매는 가족들에 의해 자신이 곧 죽게 될 것을 알고 있었다. 그

녀는 거대한 무슬림 조직의 금 신상으로부터 등을 돌렸고 남은 선택은 가족들에 의해 풀무불에 던져지는 것뿐이었다. 하지만, 그녀는 끝까지 자신의 믿음을 포기하지 않았다. 하나님은 파티마를 그 풀무 속에서 구해주지 않으셨지만 파티마는 하나님의 구원을 의심하지 않았다. "예수께서 이르시되 나는 부활이요 생명이니 나를 믿는 자는 죽어도 살겠고 무릇 살아서 나를 믿는 자는 영원히 죽지 아니하리니 이것을 네가 믿느냐"요 11:25,26 파티마는 "하나님에 의해" "참으로 한 명의 그리스도인으로" 죽었다.

죽기까지 충성하기

우리의 선택은 무엇인가? 사드락·메삭·아벳느고처럼 우리도 죽기까지 하나님 백성으로 남을 것이다. 우리는 하나님께서 성경말씀을 통해서 주시는 참된 믿음으로써 이 세상과 우리 자아의 금 신상 숭배를 끝까지 거절할 것이다. 하나님은 그때 우리를 기뻐하시며 우리를 풀무불에서 건져주실 것이다. 그래서 주님을 위해 나의 소유를 나누고 또 나누어도 나는 여전히 부요할 것이다. 많은 돈, 넓은 땅, 좋은 집이 없어도 하나님이 나의 노후를 책임지실 것이다. 정직하게 운영하는 나의 기업을 하나님이 지키시고 믿음으로 키우는 내 자식을 가장 아름답게 만드실 것이다. 늑대 소굴에 들어온 어린양 같은 우리를 이곳에서 안전하게 지키실 것이다. 하나님이 우리를 능히 건지실 것이다.

하지만, 우리도 파티마 자매처럼 한 명의 그리스도인으로 죽을 것이다. 우리는 핍박받는 자가 복된 줄로 믿고마 5:10~12 하나님이 허락하신다면 언제라도 이 중동 땅에서 죽임당할 것이다. 하나님이 천사를 보내주지 않으셔도 하나님을 향한 우리의 믿음과 충성을 포기하지 않을 것이다. 하나님께서 "이제는 나 곧 내가 그인 줄 알라 나 외에는 신이 없도다 나는 죽이기도 하며 살리기도 하며 상하게도 하며 낫게도 하나니 내 손에서 능히 빼앗을 자가 없도다"신 32:39 말씀하셨으니 오직 하나님만 신뢰할 것이다. 예수께서 "몸을 죽여도 영혼은 능히 죽이지 못하는 자들을 두려워하지 말고 오직 몸과 영혼을 능히 지옥에 멸하실 수 있는 이를 두려워하라"마 10:28 하셨으니 오직 하나님께만 충성할 것이다. 우리는 살아도 주를 위해 살고 죽어도 주를 위해 죽을 것이다. 사나 죽으나 우리는 주님의 것이다.

❖ 아들 예수의 십자가로 우리를 능히 구원하신 하나님을 찬양합니다. 우리가 받아야 했던 불세례를 십자가에 매달려 홀로 다 받아내신 주 예수님을 찬양합니다. 예수님과 함께 십자가에서 죽고 부활 생명으로 함께 살았으니 매일 매순간 세상과 자아의 금 신상에 등 돌리게 하십시오. 오늘도 열방의 바벨론에서 예수님 때문에 풀무불에 내몰린 우리의 형제자매들이 그들을 능히 건져내실 하나님을 신뢰하며 죽기까지 충성하게 하소서.

❖ 하나님의 크신 사랑 (찬 55 or 15)

❖ 내가 심판의 불을
   이 땅에 던지러 왔으니
   이 불이 이미 붙었으면
   나 얼마나 기쁠까
   내가 받아야 할 불세례
   내 앞에 있으니
   저 진노의 불세례를
   내가 어찌 감당할까

   그러나 아버지여
   이것이 저의 잔이라면
   아버지의 뜻대로 마시렵니다.

   이 땅에 던지신 심판의 불
   주님의 십자가로 타 오르네.

이 땅에 떨어진 진노의 불
주님이 십자가에 못 박혔네.

끝까지 너희가
내 신을 섬기지 아니하고
내가 세운 금 신상에
절하지 않겠느냐
너희를 던져버릴 풀무불
너희 앞에 있으니
이 진노의 용광로를
너희 어찌 감당하랴

능하신 예수님이
우릴 건지지 않으셔도
우리 주 예수님만 섬기렵니다.

이 땅에 떨어진 진노의 불
주님이 십자가에 못 박혔네.
교회에 떨어진 세상의 불
주님이 우릴 품에 안으시네.

다니엘서 4장
짐승의 하늘보기

> 그렇게 되면 폐하께서는 사람들로부터 쫓겨나서 들판의 짐승들과 함께 거하게 될 것이고 폐하께서 소처럼 풀을 뜯어먹으며 폐하께서 하늘의 이슬에 젖을 것입니다. 절대자께서 인간의 왕국들을 다스리시며 그분이 기뻐하시는 누구에게든 그것을 주심을 폐하께서 깨닫게 되시도록 폐하에게 일곱 때가 지나갈 것입니다.(단 4:25, 私譯)

느부갓네살 모노드라마

다니엘서 4장은 왕이 꿈을 꾸고 다니엘이 그 꿈을 해석한다는 점에서 다니엘서 2장과 유사하다. 차이가 있다면 이번 4장의 꿈은 느부갓네살 개인에 관한 것이고 그 성취도 당대에 이루어졌다는 점이다.

그럼에도 불구하고 4장은 독특하다. 이야기를 풀어가는 화법부터 다른 장들과 차별적이다. 4장의 이야기는 일부분만19~27절 3인칭 저자의 시각으로 설명되었고 나머지는 모두 느부갓네살의 1인칭 고백으로 전개되었다. 느부갓네살의 인사말과 찬양1~3절으로 시작해서 느부갓네살의 간증4~18절; 28~36절으로 이어진 후 다시 느부갓네살의 결론적 찬양37절으로 끝난다. 또한 천사의 외침14절; 31~32절과 다니엘의 해석19~27절이 들어있음에도 불구하고 다니엘서 4장의 주연 배우는 느부갓네살이다. 느부갓네살이 먼저 등장해서 독백을 이어가다가 천사와 다니엘을 잠시 조연으로 출연시킨 후 다시 자기 혼자 마무리하는 모양새다. 다니엘서 4장은 마치 '느부갓네살 모노드라마' 같다.

느부갓네살의 독무대라 부를만한 4장의 스토리가 다니엘서에 포함된 이유가 무엇인가? 그것은 느부갓네살이 체험한 기괴한 사건을 통해 다니엘서의 메시지가 정확하게 선포되었기 때문이다. 다니엘서의 핵심메시지는 "다니엘"하나님, 나의 심판자이라는 세 글자에 요약되어 있다. 그것은 "주권적인 심판자이신 하나님이 이 세상을 통치하신다!"는 진리다. 지금껏 보았듯이 주권자 하나님은 자신의 뜻대로 주신다.1장 또한 홀로 미래를 아신다.2장 그리고 충성스러운 당신의 종들을 능히 구원하신다.3장 그리고 이어지는 이번 4장에도 하나님의 그 주권이 다시 한 번 선포된다. "교만하게 행하는 자를 그가 능히 낮추"신다.단 4:37

느부갓네살 거울보기

그렇다면 다니엘서 4장은 단순히 느부갓네살의 독특한 개인사를 알려주기 위해 기록된 말씀이 아니다. 짐승처럼 구르다가 제정신이 돌아온 고대의 제왕을 흥미롭게 관람하라고 허락된 말씀이 아닌 것이다. 하나님은 이번 4장의 실화를 통해 이 세상의 모든 개인과 공동체를 감찰하시고 심판하시는 당신의 주권을 선포하신다. 느부갓네살의 고백대로 "그는 땅의 모든 거민을 없는 것 같이 여기시며 하늘의 군대와 이 땅의 모든 거민에게 뜻대로 하시지만, 아무도 그가 하시는 일을 막지 못하고, 무슨 일을 이렇게 하셨느냐고 그에게 물을 사람이 없다."단 4:35, 새번역

그렇다. 하나님의 이 절대적 주권을 사실로 받아들이느냐 아니냐는 둘째 문제다. 늘 감찰당하고 결국 심판당하는 이런 독재적 세상이 어디 있냐고 불평하는 것도 일단 둘째 문제다. 늘 보호받고 결국 공정하게 상 받을 것을 확신할 수 있는 이런 완벽한 우주적 시스템을 허락하신 하나님께 감사하는 사람도 우리 주변에 많기 때문이다. 우리가 진지하게 대면해야 할 다니엘서의 메시지는 우리 중에 하나님의 주권적 통치를 벗어날 수 있는

자는 아무도 없다는 것이다. 인간사에 대한 하나님의 주권은 오늘도 실재한다. 그리고 느부갓네살 같은 인간의 끝없는 교만이 오늘도 변함없다. 그래서 이번에 살펴볼 다니엘서 4장의 느부갓네살 드라마는 주인공만 바뀐 채 우리 삶에서 언제든 재현되는 것이다. 느부갓네살 스토리는 하나의 시범케이스에 불과했다. 지극히 교만한 자는, 돌이킬 수 없을 정도로 교만해진 자는, 언제든지 짐승처럼 내던져질 것이다. 그것이 그 멸망할 자를 낮추시어 돌이키시고 결국 구원하시려는 하나님의 집요한 사랑이다.

따라서 지금 다니엘서 4장을 읽고 있는 우리는 느부갓네살을 거울삼아 우리 각자의 얼굴을 자세히 살펴봐야 한다. 혹시 내가 느부갓네살 아닌가? 다니엘서 4장 말씀의 빛으로 나의 깊고 어두운 내면을 샅샅이 비춰봐야 한다. 혹시 내 속에 느부갓네살이 살고 있는 것 아닌가? 우리는 다니엘서 4장을 읽으면서 줄곧 나의 삶을 돌아보고 나의 주변을 분별해야 한다. 온 땅을 순찰하는 천사들의 눈과 직결된 하나님의 눈이 지금 나의 시대와 나의 삶을 주목하고 계시기 때문이다.

하늘까지 닿은 나무

바벨론의 제왕 느부갓네살의 부와 권세는 고대사에 큰 흔적을 남겼다. 오늘날로 말하자면 그의 영토는 좌우로는 이집트부터 이란까지, 위아래로는 시리아부터 사우디아라비아까지 뻗어 있었다.[21] 수도 바벨론은 그 길이가 27킬로미터나 되는 견고한 성벽으로 둘러싸여 있었는데 그 성벽 위에서는 네 미리의 말이 끄는 진차가 달릴 수 있었다.[22] 메내Media의 아름다운 산지에서 바벨론 평원으로 시집 온 그의 아내 아미티스Amytis가 고향 산천을 그리워하자 느부갓네살은 그녀에게 온갖 나무들과 꽃들로 가득한 "하늘 정원"Hanging gardens을 만들어 주었다. 고대 세계의 7대 불가사의들Seven Wonders 중에 두 개바벨론 성벽, 하늘 정원가 느부갓네살의 작품이었다.[23]

느부갓네살이 꾼 꿈은 하나님이 느부갓네살에게 허락하신 세계적인 권세를 아름답게 그려주었다. "땅의 중앙에 한 나무가 있는 것을 보았는데 높이가 높더니 그 나무가 자라서 견고하여지고 그 높이는 하늘에 닿았으니 그 모양이 땅 끝에서도 보이겠고 그 잎사귀는 아름답고 그 열매는 많아서 만민의 먹을 것이 될 만하고 들짐승이 그 그늘에 있으며 공중에 나는 새는 그 가지에 깃들이고 육체를 가진 모든 것이 거기에서 먹을 것을 얻더라" 10~12절 다니엘의 해석도 하나님이 느부갓네살에게 허락하신 풍성한 은혜를 확인해준다. "왕이여 이 나무는 곧 왕이시라 이는 왕이 자라서 견고하여지고 창대하사 하늘에 닿으시며 권세는 땅 끝까지 미치심이니이다" 22절 느부갓네살 나무는 세상의 중심에 서 있었다. 그 나무의 위상과 규모는 세상의 모든 사람들이 인정할 정도였고 그가 생산하는 부요는 온 세상을 먹여 살릴 정도였다.

다만 한 가지 매우 심각한 문제가 있었다. 높아지고 또 높아진 느부갓네살 나무가 하늘까지 닿았다. 아름답게 빛나던 그 그림이 불길하게 일그러졌다. 흉하게 변질된 그 나무의 꼬락서니가 태고적 바벨탑의 모습 그대로였다. 꼭대기가 하늘을 찌르도록 쌓아올리던 바벨탑처럼창 11:4 하늘 높이 솟은 느부갓네살의 교만도 하나님을 업신여기고 있었다. 결국 그를 감시하고 있던 순찰 천사가 고함을 질러야 했다. "그 나무를 베고 그 가지를 자르고 그 잎사귀를 떨고 그 열매를 헤치고 짐승들을 그 아래에서 떠나게 하고 새들을 그 가지에서 쫓아내라"14절 피고 느부갓네살을 향한 심판자 하나님의 불호령이 떨어졌다. "저 교만한 나무를 찍어버려라! 그 가지들도 모조리 꺾어버려라! 그 잎사귀를 다 벗겨내고 그 열매도 다 흩어버려라!" 무섭고도 끔찍한 꿈이었다.

무엇이 심판받을 교만인가

여기서 우리는 중요한 질문 하나를 하고 넘어가야 한다. 느부갓네살이 하나님의 심판을 자초할 정도로 교만했다는데 그것이 과연 어떤 종류의 교만이었는가? 그가 과연 어떤 모습으로 교만했기에 순찰 천사가 고함을 질러야 했는가? 하나님이 그냥 넘기실 수 없었던 그의 교만이란 구체적으로 무엇을 의미했는가?

하나님의 마음을 지녔던단 2:17; 4:9 다니엘은 그 심판받을 교만이 무엇이었는지 쉽게 설명해준다. 27절 말씀이다. "공의를 행함으로 죄를 사하고 가난한 자를 긍휼히 여김으로 죄악을 사하소서" 다니엘이 지금 무슨 말을 하는 것인가? 선행을 통해 자신의 죄를 용서받을 수 있다는 로마교회의 보속교리를 가르치는 것인가? 아니다. 다니엘은 지금 느부갓네살의 교만 죄의 구체적인 실상을 지적하고 있다. 다니엘에 의하면 그의 교만이란 공의를 행하지 않은 죄요 가난한 자를 긍휼히 여기지 않은 죄였다. 느부갓네살의 교만은 "그의 불의" 곧 "가난한 자에 대한 그의 학대"였다. 자기 위에 하나님이 계신 것을 무시한 느부갓네살의 교만이 자기 아래에 있는 약자들에 대한 학대로 드러난 것이다. 잠언 14장 31절 말씀대로 "가난한 사람을 학대하는 자는 그를 지으신 이를 멸시하는 자"이지만 "궁핍한 사람을 불쌍히 여기는 자는 주를 공경하는 자"다. 가난하고 약한 사람들에 대한 태도가 그들을 창조하신 하나님에 대한 마음과 직결되어 있는 것이다.렘 22:16 하지만, 느부갓네살은 바벨론의 약자들을 억압함으로써 창조주 하나님을 멸시했다. 이것이 바로 심판받아 마땅한 그의 교만이었다.

하나님에 대한 마음가짐이 약자에 대한 행동거지로 표출되는 것이고 그것이 곧 우리가 하나님을 대하는 태도라면 우리 중에 교만한 자가 누구인지가 아주 분명해진다. 부부싸움 중에 아내를 완력으로라도 굴복시키려는 남편이 교만자다. 분이 날 때마다 파업하고서 남편과 자식을 여러 날 굶기는 가정주부가 교만자다. 어린 자녀에게 함부로 소리 지르는 엄마가 교만자요 연약한 자녀를 지나치게 매질하는 아동학대 아빠도 교만자다. 더 많은 이윤을 얻으려고 기름을 짜듯 부하 직원들을 무자비하게 몰아붙이는 스티브 잡스 같은 CEO가 교만자다. 스티브 잡스의 경영원칙 중 하나는 "A급 직원들로 구성된 팀을 구축하려면 무자비해야 한다는 것이었다."24) "〈비지니스 위크〉가 왜 직원들을 가혹하게 다루느냐고 묻자 잡스는 그래야 회사가 발전한다고 대답했다."25) 수억의 연봉을 받는 CEO급 담임목사도 교만자다. 그들은 비서들에게 둘러싸인 채 교회의 하급 직원들이나 무명의 성도들에겐 눈 한 번 따뜻하게 맞춰주지 않는다. 뿐만 아니라 겉으로는 매우 경건해 보일지라도 주중에 말씀연구와 기도에 사활을 걸지 않는 목사도 교만자다. 주리고 목마른 심령으로 주일 예배에 나와 앉은 성도들을 또다시 공허하고 허탈한 마음으로 돌려보내게 될 것이 불을 보듯 뻔하기 때문이다. 교회 집사고 장로라 할지라도 새터민·이주노동자·다문화가정의 자녀들·장애우·일용직이나 비정규직 근로자 같은 사회적 약자들의 편에 서지 않는 정치인들 역시 심판받을 교만자다. 지금 하나님이 그 사회적 약자들의 피눈물과 신음소리를 보고 듣고 계시기 때문이다. 요즘 대한민국의 가정·직장·교회·사회에서 어렵지 않게 만날 수 있는 이들이 모두 자신보다 약하고 가난한 사람들을 지으신 주권자 하나님을 멸시하고 있는 느부갓네살 급의 교만자인 것이다.

그렇다. 하나님이 진노하시는 교만은 결코 추상적인 개념이 아니다. 약자를 대하는 태도가 교만의 척도다. 아무도 자기 속내를 감출 수 없고 그 누구도 하나님의 눈을 속일 수 없다. "너희 죄가 반드시 너희를 찾아낼 줄 알라"민 32:23 우리의 감추어진 정체가 우리의 삶으로 드러난다.

죄가 폭로될 때

느부갓네살의 선명한 꿈과 다니엘의 분명한 해석은 하나님의 엄중한 경고장이었다. 그는 이제라도 근신하며 자신의 삶을 돌이켜야 했다. 공의를 행하고 가난한 자를 긍휼히 여김으로써27절 하나님 앞에서 자신을 낮추어야 했다. 하지만, 안타깝게도 느부갓네살은 심야에 그의 침상으로 조용히 발송되었던 하나님의 경고장을 끝까지 무시했다. 그가 처음부터 자신의 죄목에 대해 오리발을 내밀었는지 아니면 처음에는 잠시 근신하는 척 하다가 다시 그 죄악으로 빠져들었는지는 잘 모르겠다. 어쨌든 그는 하늘까지 높아진 자신의 교만을 끝내 버리지 않았다. 회개할 기회를 충분히 주셨던 자비로운 하나님의 경고장은 그렇게 짓밟히고 말았다.

결국 "열두 달이 지난 후에"29절 하나님의 옐로카드가 검붉게 물들었다. "이 큰 베벨론은 내가 능력과 권세로 건설하여 나의 도성으로 삼고 이것으로 내 위엄의 영광을 나타낸 것이 아니냐"30절는 신성모독적인 자아숭배를 그 입으로 내뱉는 순간 날벼락이 떨어지듯 하나님의 레드카드가 그의 심장에 꽂혔다. "느부갓네살 왕아, 너에게 선언한다. 왕권이 너에게서 떠났다. 너는 사람 사는 세상에서 쫓겨나서 들짐승과 함께 살면서 소처럼 풀을 뜯어먹을 것이다."31~32절, 새번역 하나님을 멸시하던 인간이 짐승처럼 고꾸라졌다. 제국의 황제가 일순간에 짐승으로 추락했다. 선명한 꿈과 분명한 해석으로 누차 경고하신 하나님을 끝까지 멸시하면서 악행을 멈추지 않은 결과였다.

여기서 우리는 중요한 사실 하나를 발견한다. 옐로카드라 할 수 있는 하나님의 "개인적인" 경고를 무시하면 레드카드 같은 그분의 "공개적인" 경고가 뒤따른다. 하나님의 개인적인 경고는 조용히 신사적으로 임한다. 하지만, 그분의 공개적인 경고는 우리의 삶에 과격하게 내리꽂힌다. 온 교회와 세상을 발칵 뒤집어놓을 대형 스캔들이 그 때 터진다. 양의 탈은 찢겨나가고 존경받던 그분의 인면수심人面獸心이 폭로된다.

두 분의 J 목사님

대학생 때 두 분의 J 목사님을 알게 되었다. 첫 번째 J 목사님을 만난 것은 1995년 봄, 신학과 전체 MT에서였다. 저녁집회 강사로 서신 그분은 S여대 인근의 작고 오래된 S교회의 담임으로 부임한지 일 년 정도 되셨다고 자신을 소개하셨다. 비가 오면 본당 바닥에 빗물이 떨어지는 낡은 교회당에 젊은 생명을 불어넣을 청년들을 찾고 있다는 말씀에 감동하여 그 교회를 찾았다. 어른 성도들이 백 명 정도였고 청년들까지 다 합쳐도 이백 명이 조금 넘는 작은 공동체였다. 그해 말까지 S교회에서의 짧은 신앙생활을 마친 후 군대를 갔다. 2년 후에 복학을 해서 보니 S교회는 더 이상 작은 교회가 아니었다. 오백 명이 넘는 청년들과 또 그만큼의 어른들이 모이는 천 명의 공동체였다. 예배 후 발 디딜 틈 없이 교회 마당을 가득 채운 교인들을 보면서 만족스런 마음으로 대학 기숙사에 돌아왔고 그 후로는 S교회를 찾지 않았다.

일꾼이 없는 교회로, 주일학교 교사가 필요한 교회로, 보내주시길 기도한지 6일째 되던 토요일 오후였다. 학교 앞 식당에서 식사를 하고 있었는데 처음 보는 형제가 대뜸 내게 어느 교회를 나가는지 물었다. 나의 이야기를 들은 그가 자신이 다니는 교회를 소개했다. 목동의 한 상가건물에서 시작된 교회인데 어른 성도들은 4백 명 가까이 모이지만 청년들이 너무 적다고 했다. 주님의 기도응답이었다. 그 목동 J교회를 찾아간 주일은 마침 그 교회가 오목교역 인근에 새로 교회당을 짓고서 입당하는 날이었다. 그 교회 담임목사님도 J 목사님이었다. 그분은 입당예배 설교에서 교회당을 건축하며 체험한 자신의 간증을 전했다. 입당예배가 있는지도 모르고 참석한 나는 큰 감동을 받았다. 2년간 그 교회에서 초등부 교사로서, 대학부 리더와 학생회장으로서, 봉사했고 전도사 사역을 시작하기 위해 1999년 말에 그 J교회를 떠나게 되었다.

짧게나마 두 분의 J 목사님과 연이어 조우한지 15년 쯤 지났다. 그동안 그분들의 교회는 양적으로 놀라운 성장을 이루었다. 인간적인 요인들이 있었겠지만 분명한 사실 하나는 하나님이 그 두 교회에 큰 성장을 허락하셨다는 것이다. 다니엘서 1장의 메시지로 말하자면 그분들 스스로 교회성장을 이룬 것이 아니다. 하나님이 그들에게 교회성장을 주신 것이다. 하나님이 주십니다! 세례요한의 말대로 "하늘이 주시지 않으면, 사람은 아무것도 받을 수 없다."요 3:27, 새번역 다니엘서 4장 17절 말씀 그대로 "지극히 높으신 이가 교회를 다스리시며 자기의 뜻대로 그것을 누구에게든지 주시며 또 지극히 천한 자를 그 위에 세우"셨기 때문에 그 두 교회가 양적으로 성장한 것이었다. 하지만, 15년이 지난 어느 날 두 J 목사님의 교만이 하늘을 찌르고 있었음이 드러났다. 두 분 다 "이 큰 교회는 내가 능력과 권세로 건설하여 나의 도성으로 삼고 이것으로 내 위엄의 영광을 나타낸 것이 아니냐"단 4:30는 태도로써 더러운 죄를 탐닉했다. 그분들이 자신들의 은밀한 죄악에 대한 하나님의 경고를 오랜 시간 무시했을 때 그들이 감추고 또 감추어둔 그들의 죄가 하나님에 의해 폭로되었다. 두 J 피고인을 "돌이키시기" 위한 하나님 아버지의 불호령이 떨어졌다. "저 교만한 나무를 찍어버려라! 그 가지들도 모조리 꺾어버려라! 그 잎사귀를 다 벗겨내고 그 열매도 다 흩어버려라!"

두 J 목사님의 남은 선택

예전엔 순수해 보였던 두 분의 얼굴이 보기 민망하도록 변해 있었다. 그 교회들에 남아 있던 옛 친구들이 걱정되었다. 더 큰 일은 신앙이 연약한 지체들이었다. 이 사건들이 일어나기 몇 년 전 우연히 만나게 된 그 교회 청년에게 권유했었다. "H 목사님이나 L 목사님 같은 한국교회의 참된 선생들에게 배우는 데도 우리의 시간이 부족하지 않니?" 그가 교회를 옮길 것을 조심스레 권한 것이다. 하지만, 그 친구는 끝까지 J 목사님만 흠모했다. 그는 결국 큰 충격을 받고 몇 달이나 영적 폐인으로 살아야 했다.

우리는 그분들의 죄가 언제 시작되었는지 묻지 말아야 한다. 하나님이 드러내지 않으시고 그냥 참으셨다면 우리도 그냥 넘겨야 한다. 하지만, 우리는 그분들이 자신의 정욕에 노예가 되도록, 그 죄에 중독되도록, 하나님의 자비로운 권면을 왜 그토록 오랜 시간 무시해왔는지를 안타까워해야 한다. "주님께서 진노하신 것은 우리가 오랫동안 죄를 지었기 때문"이다. 사 64:5, 새번역 따라서 목회자의 수치스러운 죄가 세상에 폭로되었다면 그것은 분명 하나님이 이미 수차례 경고하셨음에도 그가 끝까지 그것을 무시하면서 그 범죄를 지속한 결과인 것이다. 하지만, 또 한편으로 우리는 하나님이 그들의 죄악을 폭로하신 것은 하나님이 그들을 여전히 사랑하시고서 그들에게 마지막 기회를 주신 것임을 간과하지 말아야 한다. 그렇다면 우리도 주님의 마음을 품어야 한다. 우리는 다 찍히고 꺾이고 벌거벗겨진 두 분이 이제라도 하나님께 순종할 수 있기를 기도해야 한다. 다니엘서 4장에 의하면 그분들의 바른 선택은 "7년"을 의미하거나 "하나님의 충분한 시간"을 의미하는 "일곱 때"16, 25, 32절 동안 짐승처럼 낮아지는 것이다. 물론 이 낮아짐은 여론의 압박에 의한 칩거생활이나 법원의 선고에 의한 수감생활로 이미 시작되었다. 하지만, 이런 비자발적 근신으로는 충분하지 않을 것이다. 두 분의 바른 선택은 하나님이 낮추신 환경을 스스로 벗어나려하지 말고 하나님을 모욕했던 그 교만이 다 빠질 때까지, 약자들의 육체와 재물을 착취했던 그 더러운 음욕과 탐심이 뿌리 채 뽑힐 때까지, 무작정 기다리는 것이어야 한다. 그렇다. 두 J 목사님은 이제라도 "하나님이 다스리시는 줄을" 깨달아26절 마침내 "하늘을 우러러" 볼 수 있을 때까지34절 낮아지고 또 낮아져야 한다.

짐승처럼 낮아졌던 느부갓네살이 하나님이 정하신 "일곱 때"를 다 채우고 하나님을 경외하는 사람으로 회복된 증거가 무엇이었는가? 그것은 "천하에 거주하는 모든 백성들과 나라들과 각 언어를 말하는 자들에게"1절 "지극히 높으신 하나님이 자신에게 행하신 이적과 놀라운 일을"2절 스스로 공개하기를 기뻐하는 것이었다. 그것은 "그의 일이 다 진실하고 그의 행하심이 의로우시므로 교만하게" 행한 자신을 능히 낮추셨다고 공개적으로 자백하는 것이었다.37절 과연 두 J 목사님이 그 교회의 피해자들과 한국교회, 그리고 세상 앞에서 자신들의 죄를 숨김없이 자백하며 사죄할 것인가? 아니면 계속 변명이나 일삼으며 법정에 상고하거나 은근슬쩍 넘어가며 새로운 야심을 불태울 것인가? 사람으로 돌아올 것인가? 짐승으로 남을 것인가? 이제라도 두 분이 바른 선택을 하실 수 있도록 한국교회가 주님의 이름으로 기도해주어야 할 때다.

2007년 여름 강원도 덕천리

이제는 나 자신이 "느부갓네살 거울" 앞에 설 차례다. 2005년부터 3년간 선교목사로서 전국의 미자립 교회들과 군부대들에서 복음을 전했고 강남 직장인들을 위한 수요 정오예배와 여직장인들을 위한 제자훈련 담당자로 일했다. 2007년 여름, 샘물교회 지체들의 아프간 피랍으로 준비하고 있던 해외사역들이 다 취소되면서 강원도 덕천리교회 사역에만 집중하게 되었다. 선교사 훈련에 집중하기 위해 그해 말에 교회를 사임하고 지방으로 내려갈 계획이었기에 덕천리는 나의 마지막 여름사역이 될 것이었다. 30여명으로 팀이 구성되었다. 팀원들 중 몇몇은 처음 만난 성도였지만 나머지는 모두 가장 가까운 동지들이었다. 지난 3년간 나를 신뢰하며 섬겨주신 그분들에게 마지막으로 가장 좋은 선물을 드리고 떠나고 싶었다. 그래서 나흘

간 오전과 낮에는 의료사역과 전도사역을 하되 아침과 저녁에는 사경회를 열기로 했다.

주님의 은혜는 기대 이상이었다. 성령께서 주님의 말씀으로 마음껏 역사하고 계심을 매 설교마다 느꼈다. 그냥 평범한 설교들이었는데도 설교할 때마다 눈물이 차올라서 성경 본문을 읽기조차 어려웠다. 이제 마지막 밤 집회를 남겨두고 있었다. 본문은 사도행전 2장으로 이미 정해져 있었다. 골방에 들어가 기도로 준비했다. 그런데 내 속에서 들리는 주님의 음성이 너무나 당혹스러웠다. 주님은 내게 "너의 간음죄를 말하라" 하셨다. "나는 너희에게 이르노니 음욕을 품고 여자를 보는 자마다 마음에 이미 간음하였느니라"마 5:28 어렸을 때부터 지은 나의 모든 간음죄가 생각났다. 하지만, 그것들은 이미 그 때마다 사람들과 주님 앞에 다 고백되고 처리된 문제였다. 더 이상 숨기고 있는 간음죄도, 은밀히 즐기고 있는 간음죄도 없었다. 하지만, 주님은 물러서지 않으셨다. 내가 과거에 불량자였는데 오직 주님의 은혜로 지금 이 모습이 된 것임을 사람들에게 다 말하라고 하셨다. 내가 진실해야 주님께서 역사하시겠다고 했다. 한참을 기도한 후에도 주님은 양보하지 않으셨다. 핑계거리라도 찾으려고 어두운 골방에서 서울에 있던 아내에게 전화를 했다. "여보, 오늘 밤에 주님이 내 과거의 죄들을 다 말하라고 하시는데?" 아내는 나를 도와주지 않았다. "주님이 시키는 대로 하세요." 너무 당황스러워서 저녁식사 없이 계속 골방에 머물렀다. 주님이 주시는 마음은 동일했다. 나는 항복했다. 저녁집회에서 사도행전 2장을 강해한 후에 하나님이 기뻐하시는 진정한 부흥은 회개를 통해 온다고 결론지었다. 그리고 어린 시절부터 시작해서 기억나는 나의 모든 간음죄들을 하나씩 다 나누었다. 나는 누구였는가? 나는 어렸을 때에도, 청소년과 청년 시절에도, 심지어 목사후보생 때도 간음자였다. 하나님이 그분의 은혜로써 나를 붙들어 주지 않으셨다면 더 큰 간음죄에 떨어졌을 것이다. 성령께서 내 마음에 감동하지 않으셨다면 그 크고 작은 간음죄들을 그 때마다 형제 자매들 앞에서 빛 가운데 토해낼 수도 없었을 것이다. 더 큰 죄악으로부터 도망치고 제때에 그 죄악들을 고백하는 은혜가 없었더라면 그 감추어진 죄악들이 내 삶에 마음껏 뿌리내렸을 것이고 결국 나는 짐승 같은 자로 추락했을 것이다. 제자들과 동지들의 신뢰를 받는 선교사로 살아가는 이 큰 행복은 결코 내 삶에 찾아오지 못했을 것이다.

강원도 덕천리에서의 그 날 밤, 지난 수년간 나를 사랑하고 아끼고 또 존경해 주셨던 그분들 앞에서 나의 부끄러운 과거를 기억나는 그대로 다 말씀드렸다. 설교가 마쳤고 기도가 시작되었다. 주님은 나의 고백을 숨죽이며 듣고 있던 그분들에게 당신이 원하시는 방법으로 찾아오셨다. 그날 밤의 집회는 자정이 넘도록 이어졌다. 집회를 다 마친 우리는 밖으로 나와 모닥불 주위에 둘러앉았다. 한 지체가 내게 고백했다. "오늘 밤에 저는 빛이신 주님을 인격적으로 만났습니다. 주님께서 저의 해묵은 모든 더러운 죄악들과 피해의식에 사로잡힌 저의 콤플렉스 등 저의 모든 죄악을 깊이 용서해주셨음을 깨닫게 되었습니다. 제 입술에서 '오직 주님만 반석이십니다! 오직 주님만 우리의 고백이시며 산성이십니다. 오직 주님만이 주님이십니다!'라는 고백들이 끊임없이 쏟아져 나왔습니다. 저는 성령으로 충만해졌습니다. 이제 빛이신 주님이 제 안에 거주하심을 처음으로 믿게 되었습니다." 한 사람 또 한 사람 각자가 받은 은혜를 서로에게 고백했다. 참 행복한 밤이었다.

죄를 자백할 때

주님께서 말씀하신다. "너희 죄를 서로 고백하며 병이 낫기를 위하여 서로 기도하라"약 5:16 우리의 죄를 왜 서로에게 고백해야 하는가? 아무도 모르게 살짝 주님께만 고백하면 안 되는가? 왜 안 되겠는가? 우리의 죄를 주님께만 고백하고 용서받을 때도 있다. 하지만, 어떤 죄는 형제자매들 앞에서도 고백해야 한다. 그 죄가 나를 사로잡으려고 할 때, 그 죄에 중독성이 있을 때, 그 죄가 너무 깊어져 나의 몸과 영혼에 병이 될 때, 우리에게는 교회의 도움이, 형제자매들의 도움이 필요하다. 그들에게 고백하고 교회 앞에 고백함으로써 그 죄를 빛 가운데 드러내야 한다. 그래야 나의 병이 낫는다.

물론 그 일은 쉽지 않다. 참으로 수치스럽고 또한 그만큼 두렵다. 하지만, 때론 그 공개적인 죄 자백에 내 구원이 달려 있다. 짐승으로 남을 것인지 사람으로 회복될 것인지가 나의 죄 고백으로 판가름 난다. 죄를 토해내는 작은 수치를 두려워한다면 그 죄를 계속 삼키고 살아야 하는 더 큰 수치가 남을 것이다. 형제자매들 앞에서 자신의 죄악을 고백함으로써 개인과 공동체의 오랜 질병을 치유할 기회가 왔는데도 자기 체면을 위해 그 진지한 분위기를 애써 외면하는 자만큼 어리석고 불쌍한 사람이 없다. 죄고백의 수치가 내 삶을 구원할 수 있다면 우리는 결코 그 복된 기회를 놓치지 말아야 한다. "자기의 죄를 숨기는 자는 형통하지 못하나 죄를 자복하고 버리는 자는 불쌍히 여김을 받으리라"잠 28:13 그렇다. 행복은 항복에서 온다. 주님께 항복해야 행복하다. 하나님의 말씀에 순종하여 자기 죄를 자백하는 자에게 하나님의 은혜가 임한다. 지난 120년 한국교회사에서 가장 진실한 선배들 중 하나였던 박윤선 목사의 말이다.[26]

> 성경에 계시된 이 생명의 길은 단순해요. 그 길은 죄를 자복하는 것과 버리는 것입니다. 이 둘 밖에 없습니다. 죄를 자복하는 것이 얼마나 귀한 일인지 모릅니다. … "내가 잘못했습니다." 이 한마디 말을 하는 것이 뭐 아무것도 아닌 것 같아도 이것이 아주 중요합니다. "나는 이런 죄를 범했습니다." 하는 이것이 아주 귀합니다. 왜냐하면 그것은 죄악에 대한 선전포고이기 때

문입니다. … 그러니 이것은 전쟁의 시작입니다. 그 말을 하기까지는 상당한 비용이 듭니다. 무슨 비용입니까? 명예에 손상이 있겠지요. "내가 이런 죄를 범한 놈입니다" 할 때에 사람들이 성경대로 인정해 주나요? 물론 성경을 깊이 아는 사람들은 인정해 주지요. …하지만, 대중은 잘 알아주지 않습니다. 하지만, 그 대중도 차차 알게 됩니다. … 실로 이 죄 고백은 자신의 명예의 손상을 각오하기까지 뛰어나가는 것입니다. '죄에 대한 이 선전포고를 함으로써 나에게 어떤 물리적인 손해가 올 수도 있겠구나.' 예상하고서 뛰쳐나오는 것입니다. … "명예의 손상을 각오하고라도 나는 여기서 나가야겠다! 나는 이 죄와의 관계를 끊어야 되겠다! 나는 이 죄 편에 설 수 없다!" 하면서 뛰쳐나올 때 나의 명예에 손상이 되는 것 같지만 하나님께서 주시는 그 은혜는 참 신비합니다. … "나 이랬다가는 큰일 나지 않을까? 내가 무슨 죄를 지었다고 선포하면 어떠한 위험이 오지 않을까? 또 누군가 나를 향한 정을 떼버리지 않을까? 누군가 나에 대한 우정을 버리지 않을까? 물질적으로 무슨 손해가 나지 않을까?" 뭐 이 모양 저 모양으로 해석해 가면서 많은 계산을 합니다. 그러나 "죄를 자복하고 버리는 자는 불쌍히 여김을 받으리라"고 하신 하나님의 이 단순한 말씀 한 마디를 우리가 용감스럽게 지킬 때 하나님이 주시는 복이 막 터지는 거지요. 그 무엇보다도 우리 심령에 받는 은혜가 말할 수 없이 신비롭고 위대한 것입니다.

그렇다. 죄를 자복하여 끊어냄으로써 하나님으로부터 불쌍히 여김을 받는 것만이 우리의 살 길이다. 그러므로 이제 우리 각자의 모습을 정직하게 돌아보자. 나는 과연 누구인가? 나는 "내 주변 사람들이 아는 나"와 정말 같은 사람인가? 나의 아내는, 나의 남편은, 정말 "나"를 알고 있는가? 나를 사랑하고 믿어주는 나의 친구들이 알고 있는 내 모습이 정말 "나"인가? 남편으로서, 아내로서, 아빠로서, 목사와 장로로서, 칭찬 듣는 성도로서, 나는 정말 사람들이 아는 그 사람인가? 사람들을 속이기는 쉽다. 하지만, 온 세상을 감찰하시는 하나님의 눈을 피할 수는 없다.

만약 지금 주님이 나를 주목하시며 나의 마음에 사랑으로 권고하고 계신다면 지금이 바로 형제자매들 앞에서 나의 은밀한 죄악을 자백함으로써 그 죄악을 끊어낼 때다. 체면 때문에, 자존심 때문에, 하나님의 이 복된 초대를 끝내 거절할 것인가? 이 복된 기회를 외면하고서 여전히 죄와 그로 인한 수치와 고통에 사로잡혀 살아갈 것인가? 결코 그럴 수 없다. "우리가 스스로 우리의 행위들을 조사하고 여호와께로 돌아가자"애 3:40 그리하면 "주께서 나의 슬픔이 변하여 내게 춤이 되게 하시며 나의 베옷을 벗기고 기쁨으로 띠 띠우"실 것이다. 시 30:11

하나님의 이적을 선포할 때

은밀하게 죄를 즐기고 있는 그리스도인이 선포할 수 있는 본문은 성경에 없다. 나 자신이 거역하고 있는 하나님의 말씀을 무슨 양심으로 남에게 전한단 말인가. 그러므로 세상에 선포할 수 있는 죄인의 메시지는 오직 죄 고백뿐이다. 하지만, 놀랍게도 이 죄 고백에 이적이 있고 능력이 있다. 성령의 감동을 따라 나의 죄악을 숨김없이 드러내는 순간 나의 수치스러운 과거가 "지극히 높으신 하나님이 내게 행하신 이적과 놀라운 일"2절의 한 부분으로 변화되기 때문이다. "세계 7대 불가사의" 운운하는 현대인들과는 달리 짐승처럼 구르다가 사람으로 돌아온 느부갓네살은 바벨론 성벽과 하늘정원 따위를 더 이상 이적Wonder·불가사의이라 여기지 않았다. 사람들을 짓밟으며 하나님을 멸시했던 자신의 교만과 그것의 비참한 결과를 숨김없이 세상에 고백할 만큼 놀랍게 변화된 자신의 삶이 진짜 이적이었기 때문이다.

내게는 과연 무엇이 자랑할 만한 이적인가? 나의 좋은 직업이나 나의 명예로운 직함인가? 내가 지어올린 큰 교회당인가? 내가 모은 것으로 착각하는 수많은 회중인가? 아니다. 내가 선포해야 할 이적은 사람들이 아는 나의 겉모습이 아니다. 진짜 이적은 짐승이었던 내가 사람 된 것이다. 돈밖에 모르던 내가, 술 밖에 모르던 내가 불량자요 죄 덩어리였던 내가 주님의 은혜로 용서받고 사람 구실하게 된 것이다. 거듭나고 변화된 나 자신이 바로 세상에 선포해야 할 하나님의 이적이다.

세상은 지금 건물과 재산과 학위 같은 가짜 이적들을 자랑하는 한국교회에 실망한 지 오래다. 이제라도 우리가 참 이적을 선포하자. 짐승 같았던 나의 옛 사람이 예수님의 십자가에 못 박혀 죽은 것을 나의 죄 고백으로 선포하자. 소망 없었던 내가 이제는 예수님의 부활생명으로 살아가고 있음을 예수님 닮은 나의 삶으로 선포하자. 이것이 더 이상 추락할 곳이 없을 정도로 연약해진 한국교회가 이 세상에 담대하게 선포할 수 있는 십자가와 부활의 복음이다.

나는 누구 편인가

다니엘서 4장 말씀을 맺으면서 주님은 우리가 종말을 내다보길 원하신다. 교만하게 행하던 바벨론의 왕을 "하늘의 왕"이 능히 낮추셨던 것처럼 단 4:37 "만주의 주시요 만왕의 왕"이신 어린양 예수께서계 17:14 "땅의 음녀들과 가증한 것들의 어미"인 "큰 바벨론"계 17:5을 능히 이기실 것이기 때문이나. 따라서 이제 우리는 선택해야 한다. 나는 어린양 예수님과 "함께 있는 자들 곧 부르심을 받고 택하심을 받은 진실한 자들"계 17:14 중 하나로서 "성도들의 피와 예수의 증인들의 피에 취한"계 17:6 음녀 바벨론에 짓밟히면서까지 주님을 향한 나의 순결을 지킬 것인가? 아니면 세상의 권력과 부와 쾌락으로써 교회를 유혹하고 세상의 압박과 따돌림과 불이익으로써 교회를 핍박하는 짐승 바벨론의 편에 설 것인가? 나는 과연 누구 편인가?

기독교인이라는 외모는 나를 속일 수 있다. 하지만, 내가 진짜 누구 편인지는 오직 나의 삶이 말해준다. 지금 내가 나의 영혼과 가정과 교회를 좀먹는 은밀한 죄악을 즐기고 있는가? 그렇다면 나는 바벨론의 편이다. 내가 즐기고 있는 그 죄악 때문에 교회가 무너지고 있기 때문이다. 내가 즐기고 있는 그 죄악들로써 음란한 짐승 바벨론이 부흥하고 있기 때문이다. 반대로 지금 내가 하나님의 말씀에 순종함으로써 내 삶을 드리며 주 예수의 복음을 위해 고난 받고 있는가? 그렇다면 나는 분명 바벨론을 심판하시고 교회를 구원하러 다시 오실 주 예수님 편에 서 있는 자다.

그렇다. 나는 주 예수님의 편이다. 그러므로 주님의 몸 된 교회를 좀먹는 바벨론의 죄악에 더 이상 동참하지 않을 것이다. 나는 이미 죄와 사탄의 왕국에서 구원받은 하나님의 백성이다. 그러므로 더 이상 나의 "지체를 불의의 무기로 죄에게 내주지" 않을 것이다.^{롬 6:13} 혹시 넘어질지라도 나의 죄를 빛 가운데 드러냄으로써 내 안팎에 도사리는 죄악에 끝까지 선전포고할 것이다. 결국 주 예수께서 바벨론을 이기실 것이고 주 예수께만 충성한 그분의 교회도 이길 것이기 때문이다. 그러므로 나도 오직 주 예수님께 충성할 것이다. 핍박받는 교회를 위해 기도하고 연약해진 교회에 복음을 선포하며 잃어버린바 된 열방의 교회를 일으키는 일에 나의 생명을 낭비할 것이다. 주여, "우리의 연수가 칠십이요 강건하면 팔십이라도 그 연수의 자랑은 수고와 슬픔뿐이요 신속히 가니 우리가 날아가나이다 누가 주의 노여움의 능력을 알며 누가 주의 진노의 두려움을 알리이까 우리에게 우리 날 계수함을 가르치사 지혜로운 마음을 얻게 하소서"^{시 90:10~12}

❖ 죄와 사망에 묶여 사탄 왕국의 종 되었던 저희를 아들 예수의 보혈로 구원해 내신 주 하나님을 찬양합니다. 어리석고 연약하여 주 하나님을 멸시하는 교만에 떨어질 때마다 주 성령의 감동대로 나의 죄악들을 토해내고 끊어내겠습니다. 유혹과 핍박으로 교회를 파괴하려는 음녀 바벨론의 편에 결단코

서지 않겠습니다. 저희를 불쌍히 여기사 만왕의 왕 주 예수님을 뵈올 날이 가까운 것을 알게 하소서.

❖ 하늘에 가득 찬 영광의 하나님 (찬 53 or 9)

❖ 세상을 살아가는 모든 백성이여
   너희에게 큰 평강이 있을지어다
   지극히 높으신 하나님이 베푸신
   이적과 기사를 내가 선포하리라

   하늘까지 높아질 때
   무너지리라
   하나님을 앙망할 때
   회복되리라

   크도다 주님의 이적이여
   능하도다 주의 은혜여
   주의 권세 영원한 권세
   주님은 의롭고 진실하도다
   주님의 나라 영원한 나라
   주님이 내안에 사시도다

다니엘서 5장

말씀의 사람

22 그럼에도 그분의 후손이신 벨사살 전하께서는 이 모든 것을 알고 계시면서도 전하의 마음을 낮추지 않으셨습니다. 23 오히려 자신을 하늘의 주님 위에 높이고서 그분의 집에 속한 그릇들을 전하 앞으로 가져나오게 하여 전하와 전하의 귀족들과 전하의 부인들과 전하의 후궁들이 함께 그것들로 술을 담아 마시며 보지도 못하고 듣지도 못하고 알지도 못하는 은, 금, 동, 쇠, 나무, 그리고 돌로 만든 잡신들에게는 전하가 찬양하면서 전하의 호흡과 전하의 모든 삶을 주장하시는 하나님 그분께는 전하가 영광 돌리지 않았습니다. 24 결국 그분 앞에서부터 그 손이 보냄을 받아 이 글이 기록되었습니다. 25 기록된 글은 바로 이것입니다. 「메네 메네 데겔」 그리고 「바르신」(단 5:22~25, 私譯)

느부갓네살에서 벨사살까지

개역개정성경은 위와 같이 다니엘서 5장 22절 말씀을 "벨사살이여 왕은 그의 아들이 되어서 …"라고 번역했다. 여기서 "그"는 느부갓네살을 가리킨다. 벨사살이 느부갓네살의 아들이라는 것이다. 또한 같은 의미에서 느부갓네살은 줄곧 벨사살의 "부친"으로 번역되고 있다.단 5:2,11,13,18

다니엘서 5장의 아람어 "바르 בַּר"와 "아브 אַב"의 1차적 의미가 "아들"과 "아버지"라는 점에서 벨사살을 느부갓네살의 아들로, 또 느부갓네살은 벨사살의 아버지로 생각하기가 쉽다. 하지만, "바르 בַּר"가 "아들"만이 아니라 "손자"나 "자손"을 의미할 수도 있고스 5:1; 7:23 "아브 אַב" 또한 "아버지" 뿐 아니라 "할아버지"나 "조상"을 의미하기도 한다.단 2:23; 스 4:15 한국어에서 "아이고, 예쁜 내 새끼" 할 때, 여기 "새끼"라는 단어가 상황에 따라서 자녀나 손주 혹은 증손을 다 지칭할 수 있는 것처럼 아람어 "바르 בַּר"와 "아브 אַב"의 의미도 그 단어가 사용된 문맥에 따라 달라지는 것이다. 벨사살이 느부갓네살의 "손자"나 "후손"으로 번역될 수도 있다는 말이다. 그래서 NLT 2판은 벨사살을 느부갓네살의 "계승자"successor로 번역했고, 개역성경처럼 "아들"로 번역한 새번역과 ESV, TNIV는 난외주에 「'후계자' 또는 '자손' 그리고 「(descendant; or) successor」라고 표기해 두었다.

사실, 바벨론 역사에 대한 성경의 다른 기록이 이런 번역을 지지한다. 느부갓네살의 뒤를 이어 바벨론의 왕이 된 자는 "에윌므로닥"이지 벨사살이 아니었기 때문이다.왕하 25:27 게다가 세속역사의 기록들도 왕하 25:27 말씀에 부합한다. 역사적으로 밝혀진 바벨론 왕실계보에 의하면 느부갓네살과 벨사살 사이에는 에윌므로닥을 비롯한 네 명의 왕들이 더 존재했다.27)

　　1대 – 느부갓네살 562 BC 사망 – 47년 통치
　　2대 – 에윌므로닥 562~560 BC – 2년 통치
　　3대 – 네리글리살 560~556 BC – 4년 통치
　　4대 – 나바시마르둑 556 BC – 몇 달간 통치
　　5대 – 나보니두스 555~539 BC & 벨사살? ~539 BC – 16년 통치

섭정왕자 벨사살

벨사살은 1대 왕 느부갓네살에 의해 시작된 70년 바벨론 제국의 마지막 통치자였고 그의 아버지는 느부갓네살이 아니라 5대 왕 나보니두스였다. 나보니두스는 바벨론의 마지막 왕으로서 자신의 16년 통치의 마지막 몇 년을 그의 아들 벨사살과 함께 통치했다.28) 나보니두스가 바벨론 제사장들과의 종교적 갈등 때문에 아라비아 반도에 물러나 있었기 때문이다. 따라서 벨사살은 그의 아버지와 바벨론을 함께 통치한 섭정 왕자로서 바벨론의

2인자에 불과했다.

물론 벨사살은 바벨론 왕궁의 최고지도자로서 사실상의 왕이었다. 그래서 다니엘서는 벨사살도 왕으로 인정하고 있는 것이다.^나보니두스를 베벨론의 마지막 왕으로 생각하는 세속역사와는 달리 하지만, 벨사살 위에는 진짜 왕인 그의 아버지가 멀리서나마 존재하고 있었다. 그래서 그는 이렇게 말해야만 했다. "누구를 막론하고 이 글자를 읽고 그 해석을 내게 보이면 자주색 옷을 입히고 금 사슬을 그의 목에 걸어 주리니 그를 나라의 셋째 통치자로 삼으리라"^단 5:7 벨사살 자신이 바벨론의 둘째 통치자였기에 "셋째 통치자" 자리는 그가 내릴 수 있는 가장 큰 상이었다.

말씀모독 vs 말씀신앙

어쨌든 다니엘서 4장과 5장 사이에는 이렇게 20~40년이나 되는 긴 시간이 흘러갔다. 하지만, 그럼에도 다니엘서의 저자인 성령님과^딤후 3:16 다니엘은^마 24:15 수십 년이나 떨어져 발생한 두 사건을 다니엘서 4장과 5장으로 나란히 배치함으로써 우리가 이번 5장을 지난 4장과 비교하면서 읽도록 의도했다. 이를 위해 지난 4장의 내용이 한 번 더 요약적으로 제시되기도 한다.^단 5:18~21

따라서 우리는 이번 5장의 벨사살을 4장의 느부갓네살을 염두에 두고 살펴보아야 한다. 느부갓네살과 벨사살은 둘 다 심판 받을 교만자였다. 하지만, "짐승의 하늘보기"를 통해 사람으로 돌아온 느부갓네살과는 달리 5장의 벨사살은 그의 교만이 정죄된 "그 날 밤에 … 죽임을 당하였"다.^단 5:30 느부갓네살과 달리 벨사살은 회개할 기회를 얻지 못했다. 그것은 하나님의 말씀과 신성을 모독하는 그의 망령된 태도 때문이었다. 하나님의 말씀과 하나님의 선지자를 멸시하는 자의 파국적 종말에 비하면 4장의 스토리는 예고편에 불과했다. 5장에서 하나님의 주권은 하나님의 말씀을 모독하는 자에 대한 돌이킬 수 없는 심판으로 선포될 것이다.

다만, 이번 5장이 비극적인 심판이야기로만 흐르지 않는 것은 흔들림 없는 말씀신앙을 보여주는 다니엘 덕분이다. 바벨론 제국이 시작될 때 10대 소년으로 바벨론 생활을 시작해서 이제는 70년 바벨론 제국의 종말까지 살아왔으니 다니엘은 벌써 80대 노인으로 늙어 있었다. 하지만, 10대 후반 혹은 20대 초반에 "하나님이 주십니다!" 선포했던 다니엘서 1장의 순수한 신앙이 조금도 쇠하지 않았다. 오히려 10대와 20대의 그 깨끗함이 무르익고 숙성되어 80대 원로의 맑은 경건을 빚었다. 그 덕에 우리도 하나님의 말씀을 온전히 간직하고 정확하게 해석하여 거침없이 선포하는 참 경건을 맛본다. 다니엘서 5장을 읽는 기쁨이 여기에 있다.

다니엘의 컴백

"사람의 손가락들이 나타나서" 글자를 기록하고 사라졌다.[5절] "왕의 지혜자가 다" 불려 나왔다.[8절] 하지만, 그들 중에 다니엘은 없었다. 과거에는 "바벨론 모든 지혜자의 어른"이었던 다니엘이[단 2:48; 5:11] 이제는 그 지혜자들 틈에 끼지 못했다. 그때까지 다니엘이 바벨론 왕궁의 덜 중요한 직책을 맡고 있었을 수도 있다.[단 8:27] 하지만, 새롭게 정권을 잡은 왕들이 볼 때 다니엘은 느부갓네살의 총애를 받던 인물이었다. 구시대의 실세였던 다니엘은 별로 달갑지 않은 인물이었다. 그는 권력의 주변부로 밀려나야 했다. 다니엘은 이제 무명이었다.

그런데 벨사살과 함께 술사리에 앉아있던 왕비들[2,3절]과는 구별 되는 또 다른 왕비[10절] 한 명이 등장했다. 그녀는 발칵 뒤집힌 잔치판에 서슴없이 끼어들어 그 혼란한 상황을 단숨에 수습해 냈다. 놀라운 카리스마가 아닐 수 없다. 또한 그녀는 어린아이 다루듯 벨사살을 가르쳤다. "왕의 나라에 거룩한 신들의 영이 있는 사람이 있으니 곧 왕의 부친 때에 있던 자로서 명철과 총명과 지혜가 신들의 지혜와 같은 자니이다 왕의 부친 느부갓네살 왕이 그를 세워 박수와 술객과 갈대아 술사와 점쟁이의 어른을 삼으셨으니"11절 그렇다. 그녀는 20여 년 전 느부갓네살 시대에 활동했던 늙은 태후였다. 이 늙은 태후가 잊혀 진 다니엘의 존재를 사람들의 기억에서 되살려낸다. 이로 인해 무명의 구시대 인물이요 제국정치의 비주류였던 다니엘이 다시 바벨론 제국의 심장부에 복귀하게 되었다. 비록 하루도 안 가서 그 주인이 바뀌게 될 제국이었지만 말이다.

성경은 역사다

벨사살 앞에 선 다니엘은 먼저 그에게 느부갓네살 시대의 역사를 브리핑했다.18~21절 이어서 벨사살이 정죄 받은 이유가 바로 그 역사와 관련되어 있다고 선언했다. "벨사살이여 왕은 그의 아들이 되어서 이것을 다 알고도 아직도 마음을 낮추지 아니하고"22절 무슨 말인가? 다니엘이 브리핑 한 역사를 벨사살도 이미 알고 있었다는 것이다. 벨사살은 선왕 느부갓네살의 역사를 이미 알고 있었다. 지극히 높으신 하나님이 자기의 뜻대로 세상 나라를 다스리신다는 진리를 들어 알고 있었다. 하지만, 그냥 그렇게 알고만 있었다. 그것이 전부였다. 다니엘의 정죄는 이것이다. 벨사살은 그 역사를 다 알면서도 그 역사의 교훈을 무시했다.

2011년 가을, 선교사 숙소에서 온 가족이 잠자리에 들었는데, 어둠 속에서 초등학교 2학년 아들이 입을 열었다.

"아빠."

"왜?"

"성경은 「읽기」에요?"

"무슨 말이야? 「읽기, 리딩Reading」? 아니면 「일기, 다이어리Diary」?"

"다이어리요. 성경이 「일기」냐고요"

"왜 성경이 「일기」라고 생각했어?"

"언제 뭐 하고 또 언제 뭐 했다는 얘기가 많이 나와서요."

"맞아. 성경에 그런 얘기가 많지. 그런데 그것을 「일기」라고 말하지 않고 「역사」라고 해. 성경 내용의 절반 이상이 역사이야기야. 그리고 나머지 40% 정도가 율법, 지혜, 시, 예언, 묵시, 비유, 편지거든. 그러니 성경이 「일기」처럼 느껴지는 게 당연하지. 하지만, 이제부터는 「역사」라고 말하는 게 낫겠지?"

"네."

아들의 질문과 나의 답변은 역사에 대한 벨사살의 심판받을 태도와 관련된 것이었다. 성경의 대부분은 '역사'history 혹은 '이야기'narrative다. 유진 피터슨의 말대로 "이야기는 하나님의 계시가 주어지는 가장 주된 통로"이고 "성령님이 가장 좋아하시는 문학 장르"다.29) 다른 문학 장르들도 많지만 하나님은 주로 '역사'를 통해서 말씀하셨다. 그래서 성경에는 역사 속에서 일하신 하나님의 이야기로 가득하다. 그러니 역사를 읽을 줄 모르는 사람은 성경을 읽을 줄 모르는 사람이다. 또한 그 역사를 무시하는 사람은 그 속에 담긴 하나님의 말씀을 무시하는 사람이다. 벨사살이 바로 그런 자였다. 그는 역사를 통해 자신에게 알려진 하나님의 말씀을 무시했다. 그는 하나님의 말씀 속에 담긴 심판자요 구원자이신 하나님의 존재와 행위를 멸시하고 있었다.

선지자가 말씀이다

벨사살의 말씀멸시는 여기서 그치지 않는다. 다니엘을 하대하는 벨사살의 태도를 유심히 살펴보자. 백발이 성성했을 80대의 다니엘에게 벨사살은 이렇게 말한다. "네가 나의 부왕이 유다에서 사로잡아 온 유다 자손 중의 그 다니엘이냐"13절 벨사살은 다니엘을 만나자마자 그의 슬픈 과거를 들추어낸다. "야, 너는 유다에서 잡혀온 포로였지? 너는 죄수에 불과했어. 그런데 나는 너 같은 놈을 지금까지 살려준 바벨론의 통치자라고." 다니엘은 바벨론제국 최고의 석학이요 그 일꾼으로 평생을 봉직한 원로였다. 하지만, 젊은 섭정왕자의 말은 무례하기 짝이 없다. 과거에 느부갓네살 대왕은 다니엘의 능력에 너무 감탄하여 그 앞에 절까지 했었다.단 2:46 반면에 왕의 칭호도 제대로 받지 못한 젊은 벨사살은 그 다니엘을 멸시하고 있다. "유다에서 사로잡아 온 유다 자손"이라는 벨사살의 경멸적인 말은 그에게 다니엘을 소개했던 태후의 말과도 대조된다. 그녀는 다니엘을 "왕의 부친 때에 있던 자로서 명철과 총명과 지혜가 신들의 지혜와 같은 자"11절라고 높이 평가했다. 하지만, 다니엘을 바라보는 벨사살의 마음은 멸시와 조롱으로 뒤틀려 있다. 그는 아직도 다니엘을 전쟁노예 출신으로 대한다. 역사에 담긴 하나님의 말씀을 멸시해 온 벨사살이 이제 그 말씀을 선포해 온 선지자도 멸시하고 있다.

하나님의 말씀과 그분의 종을 멸시하는 자가 하나님의 또 다른 말씀을 간절히 기대할리 없다. 그래서 벨사살은 항상 "내가 네게 대하여 들은즉"이라는 말로 입을 연다.14,16절 그는 다니엘을 신뢰하지 않는다. "내가 안다"고 말하며 다니엘의 능력을 100% 확신했던 느부갓네살 대왕과 대조적이다.단 4:9 늙은 태후는 확신에 찬 목소리로 "이제 다니엘을 부르소서 그리하시면 그가 그 해석을 알려 드리리이다"12절 하며 다니엘을 추천했다. 하지만, 다니엘에 대한 벨사살의 기대는 함량미달이다.

말씀모독자 벨사살

교회가 받은 여러 은사들 중에서 가장 중심 되는 은사가 무엇인가? 가르침의 은사다.30) 그래서 신약성서는 말씀을 맡은 자를 존중하라고 반복해서 명한다. "잘 다스리는 장로들은 두 배로 존경을 받아야 합니다. 특히 말씀을 전파하는 일과 가르치는 일에 수고하는 장로들은 더욱 그러하여야 합니다."딤전 5:17, 새번역; 갈 6:6; 살전 5:12~13 초대교회의 장로는 오늘날의 목사직과 장로직을 함께 수행한 사람이니 "잘 다스리는 장로"는 "목양을 잘하는 목사"를 의미하기도 한다. 이런 장로/목사/감독을 두 배로 존경하라는 것이다. 그런데 말씀을 잘 가르치는 설교자는 목양을 잘하는 그 장로/목사/감독보다도 더 큰 존경을 받아야 한다는 것이다.

교회가 말씀사역자를 대하는 태도에 관하여 목사 스스로 언급하는 것은 민망한 일이다. 말씀을 빙자하여 하나님이 주신 권위를 오용·남용하는 자들에게 실망한 성도들이 우리 주변에 많기 때문이다. 하지만, 하나님이 말씀사역자가 가장 중요하다고 하시니 그것을 말하지 않을 수도 없다. 그렇다면 왜 하나님은 설교하는 목사가 주목받을 수밖에 없는 이런 위험한 구조로 교회를 세우셨는가? 그것은 하나님의 말씀에 의해서만 교회가 바로 서기 때문이다.딤후 3:17 말씀을 바르게 선포하고 가르치는 일이 교회의 생명을 좌우하기 때문이다.딤후 4:2 그래서 우리는 말씀을 맡아 수고하는 자들의 안정된 생활을 책임지는 것이다. 또한 예배의 자리에 모일 때마다 말씀을 맡은 이들이 하나님의 말씀을 제대로 선포해주길 기대하는 것이다.

그런데 벨사살 시대의 다니엘이 누구였는가? 그는 기록된 하나님의 말씀을 강해하는 오늘날의 목사들 이상의 인물이었다. 다니엘은 그 시대 사람들에게 선포되는 하나님의 말씀을 거의 독점하고 있었다. 다니엘은 벨사살을 향한 하나님의 말씀의 유일한 전달자였다. 다니엘이 입을 열면 하나님의 말씀이 열렸고 다니엘이 입을 닫으면 하나님의 말씀이 닫혔다. 그렇다면 벨사살은 오늘날의 교회가 말씀사역자를 대하는 것 이상으로 다니엘을 존중해야 했다.대하 20:20 하지만, 벨사살은 다니엘을 멸시함으로써 다니엘의 하나님을 멸시했다.출 16:8 그는 하나님의 말씀을 우습게 여기고 또 그 말씀의 대언자를 조롱하는 심판받을 말씀모독자였다.

말씀모독이 신성모독

그 말씀모독자가 결국 신성모독에 떨어졌다.22~23절 그는 하나님의 성전 그릇으로 술을 부어 마셨다. 뿐만 아니라 그는 하나님의 그릇으로 우상들을 찬양했다. 술이 담긴 성전 그릇을 들어 금속과 나무와 돌에 불과한 우상들에게 건배사를 올린 것이다. 그것은 인간이라면 결코 범해선 안 될 마귀적인 죄악이었다. 그의 신성모독이 얼마나 끔찍했던지 하나님의 진노의 손가락이 곧바로 나타나 그의 멸망을 선고했다. 지울 수 없는 사형선고가 벽에 새겨졌다. 그의 멸망은 시간 문제였다. 여기서 말씀모독과 신성모독의 불가분의 관계가 드러난다. 벨사살은 먼저 역사에 담긴 하나님의 말씀을 멸시했다. 그래서 하나님의 그릇으로 술을 마시며 우상들을 찬양했다. 이어서 하나님의 말씀의 종인 다니엘을 멸시했다. 말씀모독이 신성모독을 낳았고 그것이 다시 말씀모독으로 되돌아갔다. 벨사살의 망령된 인격 속에 말씀모독과 신성모독이 하나의 뿌리를 틀고 있었다.

오늘날에는 구약시대의 신성모독이 존재하지 않는다. 예수님이 하나님의 불 심판을 한 몸에 다 받으셨기 때문이다. 예수님의 숨이 끊어진 바로 그 순간 성소와 지성소를 구별하던 성소 휘장이 찢어졌기 때문이다.마 27:50~51 그 휘장은 위에서 아래로 찢어졌다. 더 거룩하고 덜 거룩한 것의 구분을 하나님이 직접 폐하셨다는 의미다. 그 결과로 "여호와의 전에 있는 모든 솥이 제단 앞 주발과 다름이 없을"슥 14:20 시대가 임했다. 이제는 더 이상 특정한 물건이나 건물이나 사람만이 거룩한 것이 아니다. 하나님의 영광을 위해 먹는 모든 음식이 거룩하다.딤전 4:3~5; 고전 10:31 주님을 위해 살아가는 모든 날이 거룩하다.롬 14:5~6; 골 2:16 모든 이가 성령으로 기름부음 받은 성직자다.고후 1:21~22; 벧전 2:9 우리의 모든 세속적인 삶이 하나님께 드리는 거룩한 예배다.롬 12:1

하지만, 말씀모독은 지금도 유효한 죄다. 가톨릭 신학자 한스 큉은 "그리스도교의 관점에서 볼 때도 이슬람은 구원에 이르는 길이 될 수 있다"고 주장했다.31) 기독교 복음의 유일성을 포기한 것이다. 또한 우리 주변의 여러 기독교 이단들은 성경공부 하자면서 지옥자식을 만들어낸다. 하나님의 말씀을 가르치는 자들이 하나님의 말씀을 부인하는 것이다. 그렇다면 우리 복음주의 그리스도인들은 말씀모독의 죄에서 자유로운가? 성경말씀을 하나님의 말씀으로 100% 믿으면서도 그 말씀을 계속 멸시하며 자기 욕망대로 살아가는 교인은 말씀모독자가 아니란 말인가? 설교 준비할 때 외에는 성경을 거의 읽지 않는 목사의 직업주의는 또 어떤가? 하나님의 말씀을 가볍게 다루는 것으로서 자신의 생계를 유지하는 자는 이 세상에서 가장 위태로운 인생들 중 하나일 것이다.

예수님은 말씀모독자를 향해 이렇게 경고하신다. "27⋯ 구하노니 나사로를 내 아버지의 집에 보내소서 28 내 형제 다섯이 있으니 그들에게 증언하게 하여 그들로 이 고통 받는 곳에 오지 않게 하소서 29 아브라함이 이르되 그들에게 모세와 선지자들이 있으니 그들에게 들을지니라 30 이르되 그렇지 아니하니이다 아버지 아브라함이여 만일 죽은 자에게서 그들에게 가는 자가 있으면 회개하리이다 31 이르되 모세와 선지자들에게 듣지 아니하면 비록 죽은 자 가운데서 살아나는 자가 있을지라도 권함을 받지 아니하리라 ⋯"눅 16:27~31 그렇다. 하나님의 말씀을 멸시하는 자들에게는 남은 소망은 없다.※ 왕하 7:2; 렘 28:16 성경말씀을 듣지 아니하는 자는 그 어떤 엄청난 기적을 체험할지라도 결코 예수 믿지 못한다. 죽은 자가 살아나는 일을 봐도 구원받지 못한다. 짐승으로 내던져졌다 사람으로 돌아오는 체험을 해도 끝까지 회개하지 않는다. 말씀을 멸시하는 자에게는 소망이 없다. "22그

날에 많은 사람이 나더러 이르되 주여 주여 우리가 주의 이름으로 선지자 노릇 하며 주의 이름으로 귀신을 쫓아내며 주의 이름으로 많은 권능을 행하지 아니하였나이까 하리니 23 그 때에 내가 그들에게 밝히 말하되 내가 너희를 도무지 알지 못하니 불법을 행하는 자들아 내게서 떠나가라 하리라"마 7:22~23

말씀을 간직하기

다음으로 우리는 말씀의 사람 다니엘을 살펴볼 차례다. 먼저, 다니엘의 마음에는 하나님의 역사가 선명했다. "18 왕이여 지극히 높으신 하나님이 왕의 부친 느부갓네살에게 나라와 큰 권세와 영광과 위엄을 주셨고 19 그에게 큰 권세를 주셨으므로 백성들과 나라들과 언어가 다른 모든 사람들이 그의 앞에서 떨며 두려워하였으며 그는 임의로 죽이며 임의로 살리며 임의로 높이며 임의로 낮추었더니 20 그가 마음이 높아지며 뜻이 완악하여 교만을 행하므로 그의 왕위가 폐한 바 되며 그의 영광을 빼앗기고 21 사람 중에서 쫓겨나서 그의 마음이 들짐승의 마음과 같았고 또 들나귀와 함께 살며 또 소처럼 풀을 먹으며 그의 몸이 하늘 이슬에 젖었으며 지극이 높으신 하나님이 사람 나라를 다스리시며 자기의 뜻대로 누구든지 그 자리에 세우시는 줄을 알기에 이르렀나이다"18~21절 다니엘의 이 브리핑은 다니엘서 4장의 정확한 요약이었다. 다니엘이 지금 다니엘서를 펴놓고 읽고 있는 것인가? 아니다. 한 번 선포된 하나님의 말씀을 수십 년간 묵상하고 또 묵상하여 그 말씀을 자기 마음에 새겨 넣은 것이다.

실재로 다니엘은 벨사살 정권 내내 하나님의 말씀을 묵상하고 기도하는 데 전념했다. "바벨론 벨사살 왕 원년에 다니엘이 그의 침상에서 꿈을 꾸며 머리 속으로 환상을 받고 그 꿈을 기록하며 그 일의 대략을 진술하니라"단 7:1 "나 다니엘에게 처음에 나타난 환상 후 벨사살 왕 제 삼년에 다시 한 환상이 나타나니라"단 8:1 하나님의 말씀은 그 말씀을 간절히 사모하는 자에게 임한다.단 2:17~19 세상 즐거움에 사로잡힌 영혼에는 하나님의 말씀이 희미하다. 밤늦도록 영화나 TV에 몰입하다 잠든 영혼에는 온갖 세속영상의 찌꺼기만 선명하다. 하지만, 다니엘은 하나님의 말씀을 자신의 영혼에 가득 채웠다. 그는 "거룩한 책들을 공부"하면서단 9:2, 새번역 그 말씀을 묵상하고 그 말씀으로 기도하며 하루하루를 살았다. 아마 다니엘은 평생을 그렇게 살았을 것이다.겔 14:14,20

말씀을 분별하기

다니엘은 과거에 선포된 하나님의 말씀을 묵상했다. 또한 미래에 성취될 하나님의 묵시를 간직했다. 결국 현재를 향한 하나님의 말씀도 정확하게 읽어냈다. 하나님의 손가락이 벽에 새긴 글자들을 "메네 메네 데겔 그리고 바르신 מְנֵא מְנֵא תְּקֵל וּפַרְסִין"으로 읽은 것이다. 이 짧은 문장은 J. R. R. 톨킨의 〈반지의 제왕〉에 나오는 기괴한 요정 언어가 결코 아니다. 이 네 단어들은 바벨론 사람들이 일상적으로 사용하는 아람어였다. 그렇다면 아람어를 모국어로 사용하는 바벨론의 지혜자들은 왜 "능히 그 글자를 읽지 못하"였는가?8절 모음과 띄어쓰기가 없는 자음덩어리였기 때문이다.32) 영어로 표기해 보면 "mnmntqprs"이고 한국어로 표기하자면 "ㅁㄴㅁㄴㄷㄱㅂㄹㅅ"인 셈이다.

글을 읽을 때에 띄어쓰기가 얼마나 중요한지 깨달은 적이 있다. 중동 한 구석에서 한국어로 된 책을 읽고 있었다. 어느 동지가 소포로 보내 준 것이었다. 술술 재미있게 읽어 가는데 어느 순간 한 문장에 걸렸다. 더 이상 읽어 나갈 수가 없었다. "갓난 아기들은 궁전 안에 흔하디흔했다. 노예의 아이들과 아버지의 사생아들로 득실거렸으니까."라는 문장이었다.33) "흔하/디흔"했다니? 도대체 무슨 말일까? 읽고 또 읽어도 도무지 이해가 되질 않았다. 참 당황스러웠다. 한국어가 한국어로 읽히질 않았다. 한국인에게 한국어가 이해되지 않았다. 출판사의 실수일까 했지만 책을 대충 찍어낼 출판사도 아니었다. 1분 가까이 나의 한국어 인식기능에 마비가 왔다. 너무나 당황스러웠다! 한참을 멍하니 그 글자들을 보다가 결국 띄어쓰기를 다시 하자 비로소 그 글자가 내게 "한국어"로 읽혔다. 그 문장은 "흔하디/흔했다."로 읽어야했다! 잠깐 바보가 되었다 다시 정상인으로 돌아온 느낌이었다.

하나님이 벽에 쓰신 글자들도 마찬가지 경우였다. "ㅁㄴㅁㄴㄷㄱㅂㄹㅅ"라고? 도대체 이 자음들을 어떻게 끊어 읽을 것이고, 어떤 모음을 붙여 읽을 것인가? "마님 마님 대강 바르셔!"인가? "미녀만 나대고 부르세!"인가? 아니면 "몇 놈만 놔두길 바라셔?"인가? 이건 순전히 코에 걸면 코걸이 귀에 걸면 귀걸이다. 세종대왕의 한국어 실력을 가진 분이라도 결코 정확하게 읽어낼 수 없는 글이다. 한국인이 한국어 앞에서 눈뜬장님이 되는 것이다. 왜 그런가? 아람어든 한국어든 다 마찬가지다. 세상의 모든 언어의 의미는 띄어 읽기와 발음에 좌우되는 것이다.

하지만, 다니엘은 그 자음들을 보자마자 그에 맞는 정확한 모음형태^{수동태 분사형}와 띄어 읽기를 찾아내었다. "메네 메네 데겔 바르신" / "세어졌다! 세어졌다! 달아졌다! 쪼개졌다!" 다니엘은 하나님이 새기신 그 글자들에서 벨사살에 임할 하나님의 심판을 읽어내었다. "하나님이 이미 벨사살의 햇수를 끝내셨다! 벨사살은 회개할 수조차 없는 함량미달이다! 벨사살을 끝으로 하나님이 바벨론 제국을 절단 내실 것이다!" 또한 다니엘은 마지막 단어 "베레스 פְּרַס" "바르신"의 단수형를 주목했다. 그리고 그것과 발음이 유사한 "바사 פְּרַס" 페르시아가 바벨론을 멸망시킬 것이라고 선언했다.[28절] 바로 그날 밤 그 해석이 현실이 되었다. 다니엘의 읽기는 100% 정확했다.

비결이 무엇이었나? 창세기의 요셉은 다니엘과 동일한 은사를 받았고 창

40:12,18; 단 1:17 동일한 명성을창 41:38; 단 5:11 얻었던 인물이다. 그 요셉이 말했다. "하나님이 그가 하실 일을 … 보이신다"창 41:28 다니엘도 그 사실을 알았다. 하나님은 당신이 행하실 일을 느부갓네살에게 보여주셨다.단 2장, 4장 이번에도 하나님은 그분이 행하실 일을 벨사살에게 보여주신 것이다. 그래서 다니엘이 말했다. "이러므로 그의 앞에서 이 손가락이 나와서 이 글을 기록하였나이다"24절 그 글자는 벨사살의 신성모독에 대한 하나님의 반응이 분명했다. 그렇다면 그 메시지의 내용도 분명했다. 벽에 기록된 그 글자는 뻔할 뻔 자였다. "메네 메네 데겔 바르신"이라고 단박에 읽어낼 수 있었다.

말씀을 선포하기

끝으로 다니엘은 하나님의 말씀을 단호하게 선포했다. "… 하나님이 이미 왕의 나라의 시대를 세어서 그것을 끝나게 하셨다 … 왕을 저울에 달아보니 부족함이 보였다 … 왕의 나라가 나뉘어서 메대와 바사 사람에게 준 바 되었다 …"단 5:26~28 우리는 다니엘이 얼마나 겸손하고 성숙한 인격자인지 잘 알고 있다. 다니엘은 자신이 확신하는 진리를 합당한 태도로써 겸손하게 전달할 줄 알았다.단 1:8~13 다니엘은 "명철하고 슬기로운 말"의 달인이었다.단 2:14 다니엘은 범죄 한 세속의 군주일지라도 그의 안위를 염려해 주는 충신이었다.단 4:19 그는 세상이 칭송할만한 인격자요 고상한 성도였다. 하지만, 지금 벨사살을 향해 내지르는 다니엘의 말은 찌르는 칼이요 내리치는 몽치 같다.잠 12:18 다니엘이 변한 것인가? 아니다. 다니엘서는 "네가 평안히 쉬다가 끝 날에는 네 몫을 누릴 것"이라는 주님의 말씀으로 끝난다.단 12:13 다니엘이 다니엘서의 마지막까지 자신의 신앙과 인격을 잘 지켜낸 것이다. 그렇다면 다니엘서 5장의 다니엘은 왜 이토록 매섭게 말하는 것인가? 그것은 다니엘이 하나님의 종으로서 오직 하나님의 편에 견고하게 서 있었기 때문이다. 하나님이 벨사살을 회개할 수 없는 자로 판단하시고 그의 멸망을 선언하셨다. 그렇다면 다니엘도 하나님의 입장에서 말해야 했다. 그 선포 때문에 자신이 받을 수 있는 오해나 앙갚음을 걱정하며 주저할 수 없었다. 사람의 오해와 미움보다 더 두려운 것이 하나님의 말씀을 알면서도 침묵하는 것이었다.

최근에 한국교회의 여러 목사들과 평신도 전문인들이 〈한기총 해체 촉구 100인 선언〉을 발표했다.34)

> 한국기독교총연합회한기총가 최근 보여준 추태는 한국교회가 지난 역사에서 신사참배 강요에 굴복한 것에 버금가는 치욕입니다. … 대표회장의 자리를 두고 보통 시민이 일생동안 일해도 모을 수 없는 거액으로 표를 사고판 것이 밝혀졌습니다. 세상에서는 중벌을 받을 만큼 큰 죄를 범하고도 그 잘못을 시인하고 책임지기 보다는 서로를 비난하기 바빴습니다. 도덕적 권위를 상실한 전·현직 회장들이 세상 법정에 호소하여 자격을 얻고 싶어 했지만 결국 법원이 직무대행으로 지정한 변호사가 한국교회의 최대 연합기관을 대표하는 한심한 상황이 벌어졌습니다. 그러나 한기총은 여전히 개혁의 의지가 없이 금권선거 당사자를 대표회장으로 인준하는 어이없는 특별총회를 개최하여 다시 한 번 한국교회를 세상의 조롱거리로 만들고 말았습니다. … 이런 상황을 보고도, 그대로 방치하는 것은 하나님과 성도들에게 무책임한 것이며 교회가 세상에서 당하는 수치를 방관하는 죄악입니다. … 한기총을 해체함으로 하나님의 정의가 살아 있으며 한국교회가 완전히 죽지는 않았음을 보여주어야 합니다. 만약 이를 게을리 하면 한국 기독교는 완전히 비도덕하고 무력한 집단으로 낙인 될 것이 분명합니다. 한기총 해체는 나아가서 돈과 권력에 매몰되어 있다는 비판을 받고 있는 한국교회가 철저히 회개하고 복음의 본질을 회복하는 시작이 될 것입니다.

이 선언문을 만들고 서명한 목사들과 성도들은 그 인격이 다 모난 사람들일까? 이런 날카로운 선언을 한 분들은 은혜가 무엇인지 모르는 분들일까? 그렇지 않을 것이다. 가정에서나 일터에서 혹은 교회에서 만나본다면 한 분 한 분 다 진실하고 겸손한 목자들과 성도들일 것이다. 그런데도 이런 돌직구를 날린 것이다! 여기서 우리는 "기독교 경건"을 다시 생각할 필요가 있다. 기독교의 참 경건은 하나님의 말씀을 깊이 묵상하고 그 말씀대로 기도하는 삶이다. 또한 말씀으로 깨닫고 기도로 새긴 그대로 그 말씀을 살아내는 것이다. 하지만, 이것으로 그치지 않는다. 참된 경건은 또한 내가 깨닫고 내가 순종하고 있는 말씀을 있는 그대로 선포해 내는 삶이다. 이것이 말씀의 사람 다니엘의 경건이었다. 성경말씀을 제대로 깨달아도, 그 말씀을 제대로 살아내어도, 그것을 있는 그대로 선포하지 못하면 우리의 경건은 완성되지 않는다. 침묵할 때가 있다면 외쳐야 할 때가 있다.전 3:3 돈을 주고 한기총 대표회장직을 사고팔았다면, 신학교 총장이 되려고 정치 공작을 펼쳤다면, 선교를 빙자한 온갖 탐욕이 교단선교부를 장악했다면, 우리는 "경건을 이익의 방도로 생각하는"딤전 6:5 그 종교업자들의 죄악을 대항하여 외쳐야 한다. "주님의 몸 된 교회를 더럽히는 당신들의 그 죄가 당신들을 찾아내어 징벌할 것입니다!"민 32:23; 렘 2:19; 마 7:20~23

말씀의 사람들

사랑하고 존경하는 몇몇 지인들에 대한 이야기를 나누면서 다니엘서 5장 말씀을 맺고자 한다.

K집사는 경찰특공대 팀장 출신으로 아프가니스탄에서 그곳 경찰들을 훈련하고 있는 교관이다. 뜻하지 않은 본국사역을 맞아 한국에 돌아온 덕에 컴퓨터 위성전화로 그분과 잠시 대화할 수 있었다. "집사님, 많이 위험하지요?"라고 물었다. 그러자 그가 대뜸 이렇게 대답했다. "저는 살아 돌아

갑니다!" 그러고는 성경말씀 하나를 곧바로 암송해 내셨다. "너희는 내 규례를 행하며 내 법도를 지켜 행하라 그리하면 너희가 그 땅에 안전하게 거주할 것이라" 그 한 말씀이 포탄이 수시로 날아드는 기지에서 하루하루를 사는 그의 마음에 새겨져 있었다. 그 한 말씀이 그의 삶을 안전하게 붙들고 있었다. 하지만, 나는 부끄러움을 느꼈다. 그 말씀이 성경 어디에 있는 말씀인지 도무지 감을 잡을 수 없었기 때문이었다. 그래서 염치불구 그에게 물어보았다. "레위기 25:18 말씀"이라고 대답한 그분이 이렇게 말을 이었다. "지금 성경을 4독 째 하고 있습니다. 이 엄청난 특권과 즐거움을 한국에 있는 그 누가 알 수 있을까요?" 그렇다. 아프간에 파견된 지 1년이 채 되지 않았는데 벌써 성경 4독 째였다. 그분은 말씀의 사람이었다.

한 지방 국립대 인근의 작은 상가건물 2층에서 개척교회를 시작한 L목사는 나의 신학교 동기요 인생선배다. 안식년을 맞아 그 교회를 방문하여 몇 십 명 안 되는 성도들과 함께 그분의 설교를 들으면서 감동의 눈물을 흘렸다. 설교에서 그는 자수성가自手成家라는 말을 가장 싫어한다고 했다. 스스로 자기 인생의 대본을 쓰고 자기 인생의 무대를 만들어 제 힘으로 성공하려는 것만큼 교만하고 피곤한 인생이 없다고 했다. "어떤 무대이면 어떻습니까? 하나님께서 열어주신 무대면 무조건 감사하지 않겠습니까? 여러분이 잘 아시다시피 저는 부산 지하철 객차를 오가며 매일 소리쳐 신문을 팔던 사람이었습니다. 그 일은 매사에 소극적이고 수줍음 많은 저와는 너무나 맞지 않는 일이었습니다. 여간 부끄럽고 힘든 일이 아니었습니다. 하지만, 하나님께서 허락하신 그 일을 통해 오늘날의 제가 만들어졌습니다. 저는 그 일을 통해 하나님이 어떤 분이신지 배울 수 있었습니다. 그래서 저는 그 시절을 제게 허락하신 하나님께 감사드립니다." 그렇다. 그분은 고되고 배고팠던 자신의 과거를 하나님의 말씀으로 해석해내었다. 그리고 그 말씀의 지혜를 주님의 양 무리와 함께 진실하게 나누었다. 그분도 말씀의 사람이었다.

Y목사는 나의 모교에서 가장 존경받던 교수였다. 그는 성경을 아는 만큼 기도하는 분이다. 지난 16년간 그의 강의와 설교와 기도가 제자들의 삶을 수도 없이 바꾸어놓았다. 우리는 그분이 예수님을 닮았다고 느꼈다. 2010년 6월, 한국의 한 지인이 중동으로 전화를 주셨다. 그분이 내 모교를 떠났다는 충격적인 소식이었다. 교수직을 버린 이유를 아느냐고 물었다. 상처투성이가 된 어느 지역교회의 담임목사로 가기 위해서란다. 도저히 이해할 수 없었다. 이메일로 그 이유를 여쭈었다. 그분의 회신은 단순했다. "그렇다. 하나님의 강력한 인도에 따라 학교를 사임하고 목회에 임하게 되었다. … 절대다수의 사람이 어려운 교회니 가지 말라고 만류했으나 아버지께서 가라하시니 사람의 말보다는 아버지의 말씀을 따르기로 굳게 결심하고 가게 되었다." 그렇다. 그는 우리에게 하나님이 가라고 하시면 그 환경이 어떠하든 무조건 가서 사역하라고 가르쳤다. 그리고 이제 본인도 "가라!"는 하나님의 말씀 한 마디에 단순하게 순종했다. 그분도 말씀의 사람이었다.

K집사와 L목사, 그리고 Y목사의 삶의 단편들은 아직도 우리 주변에 진실한 주의 종들이 많음을 보여준다. 그러므로 우리도 낙심하지 말자. 내가 있는 곳이 아프가니스탄 같이 위험한 선교지면 어떤가. 소리치며 지하철 객차를 오가는 것 같은 고된 일터면 어떤가. 미래가 보이지 않는 위태로운 목회지면 또 어떤가. 오직 주님이 열어주신 그 부대에서 진실한 말씀의 사람으로 살아가자. 우리의 삶이 변두리 인생이어도 좋다. "참으면 또한 주님과 함께 왕 노릇 할"딤후 2:12테니까. 우리의 존재가 무명이어도 좋다. "무명한 자 같으나 유명한 자"고후 6:9니까. 사람들이 우리를 잊어버려도 좋다. "내가 그를 위하여 모든 것을 잃어버리고 배설물로 여김은 그리스도를 얻고 그 안에서 발견되려 함"빌 3:8~7이니까. "이러므로 우리에게 구름과 같이

둘러싼 허다한 증인들이 있으니 모든 무거운 것과 얽매이기 쉬운 죄를 벗어 버리고 인내로써 우리 앞에 당한 경주를 하며 믿음의 주요 또 온전하게 하시는 이인 예수를 바라보자 그는 그 앞에 있는 기쁨을 위하여 십자가를 참으사 부끄러움을 개의치 아니하시더니 하나님 보좌 우편에 앉으셨느니라" 히 12:1~2

❖ 믿음의 주요 또 온전하게 하시는 예수님, 다니엘서 5장을 읽으며 또다시 주님의 얼굴을 바라봅니다. 「기록되었으되」 「기록되었으되」 「기록되었으되」 선포하신 주님처럼 우리의 마음에도 하나님의 말씀이 가득하길 원합니다. 말씀을 간직하고 해석하여 선포하는 다니엘의 경건을 주십시오. 말씀대로 죽고 사신 예수님의 기쁨을 주십시오.

❖ 나의 사랑하는 책 (찬 234 or 199)

❖ 역사의 주재여
존귀와 영광을 받으소서.
작정하신 주님의 뜻
말씀으로 주셨으니
말씀의 종 세우시고
주의 성령 부으소서

나 사모하리라
생명주실 주 말씀을
나 선포하리라
영화로운 주 말씀을

나 순종하리라
들려주신 주 말씀을
나 살아가리라
주 말씀의 사람으로

다니엘서 6장
기도가 결정한다

> 다니엘은 그 문서에 어인이 찍힌 것을 알고서 그의 집으로 돌아왔는데 그 집의 윗방에는 예루살렘을 향하여 그를 위해 창문들이 열려져 있었다. 그는 예전부터 하던 그대로 하루에 세 번씩 그의 무릎들을 꿇고서 그의 하나님 앞에서 기도하며 감사드렸다.(단 6:10, 私譯)

메대 사람 다리오

다니엘서 6장 실화는 사실상 다니엘서 5장의 마지막 두 절부터 시작된다. "그 날 밤에 갈대아 왕 벨사살이 죽임을 당하였고 메대 사람 다리오가 나라를 얻었는데 그 때에 다리오는 육십이 세였더라"단 5:30~31 주전 539년 10월 12일이었다.35) 바사와 메대 연합군이 고대세계의 7대 불가사의 중 하나인 거대한 바벨론 성벽을 단 하룻밤 만에 통과했다. 바벨론은 분명 난공불락難攻不落의 성읍이었다. 그런데 어떻게 이토록 손쉽게 정복될 수 있었을까? 그것은 다 벨사살 때문이었다.단 5:26~28 교만한 벨사살이 바벨론 백성들을 수탈하자단 4:27 그것을 못 견딘 백성들이 벨사살에게 등을 돌려버린 것이다. 최근에 읽은 어린이용 세계사 책이 2500년 전의 그날 밤에 일어난 사건을 잘 설명해 놓은 것을 보았다.36)

> 키루스의 정복은 여기서 끝나지 않았어. 그에게는 가장 큰 적이 하나 남아 있었지. 바로 바빌로니아야. … 바빌로니아는 오래 되고도 매우 강력한 왕

국이었어. 키루스는 티그리스와 유프라테스 강 사이의 멋지고 비옥한 땅을 모두 지배하고 싶었어. 그러나 바빌로니아의 군대가 페르시아의 군대보다 더 막강하다는 것을 그도 알고 있었단다. 그렇지만 키루스는 바빌로니아를 정복하는데 유리한 장점 한 가지를 가지고 있었어. 키루스는 어질고 공정한 왕이었기 때문에 페르시아 사람들이 그를 좋아한다는 점이었지.

그러나 바빌로니아 사람들은 자신들의 왕을 매우 싫어했어! 바빌로니아 왕은 백성들에게 지나치게 많은 돈을 거둬들여 자신의 사치스런 생활에 낭비하는 폭군이었거든.

키루스는 바빌로니아 사람들이 자기들의 왕에게 완전히 넌더리를 낼 때까지 기다렸어. 그리고 마침내 때가 왔지. 키루스는 군대를 바빌론으로 진군시켰어. 바빌로니아 사람들은 키루스가 어질고 공정한 왕이라는 사실을 소문을 통해 알고 있었지. 게다가 자기들의 왕에게 질려 있던 터였고. 바빌로니아 사람들은 문을 활짝 열고 키루스를 맞아들였단다.

여기서 폭군이었던 "바빌로이나 바벨론 왕"은 다니엘서 5장의 벨사살이고 "키루스"는 "고레스"다.단 6:28; 사 45:1 하지만, 이 세계사책에서도 볼 수 있듯이 세상 역사는 아직도 "메대 사람 다리오"단 5:31의 존재를 알지 못한다. 그래서 메대의 다리오와 페르시아의 고레스의 "연합국"이 바벨론을 멸망시켰다는 성경의 기록에 동의하지 않는다. 페르시아 단독으로, 고레스 혼자서, 바벨론을 점령했다고 믿는다. 하지만, 다니엘서는 더 상세하게 말한다. 페르시아 제국은 메대와의 연합국으로 출발하여단 5:28 바벨론을 무너뜨렸다.렘 51:11 그 후 바벨론은 바사의 고레스에 의해 메대의 다리오에게 위임되었다.단 5:31, 단 6장 이후에 세력이 강해진 페르시아는 메대를 흡수 통일했다. 결국 메대가 관할하던 바벨론 지역까지 페르시아의 고레스가 직접 다스리게 되었다.단 6:28 이런 역사적 배경을 다니엘서 8장 3절에서도 확인할 수 있다. "내가 눈을 들어 본즉 강 가에 두 뿔 가진 숫양이 섰는데 그 두 뿔이 다 길었으며 그 중 한 뿔은 다른 뿔보다 길었고 그 긴 것은 나중에 난 것이더라" 이 말씀이 묘사하는 두 뿔은 메대와 바사이고 그 둘 중에 나중에 났지만 이후에는 더 길어진 뿔이 바로 바사이다. 에스더서 역시 바사가 메대&바사 연합제국으로 출발했음을 보여준다. 다만 그 당시에는 바사가 이미 메대를 흡수하여 바벨론까지 직접 다스리던 때였기에 "메대와 바사"가 아니라 "바사와 메대"라고 함으로써 바사를 더 앞세웠다.에 1:3,14,18,19 하지만, 두 나라의 연합 제국시절부터 내려온 "왕들의 일기"를 언급할 때는 다시 "메대와 바사"라고 표현했다. 그런데 지금 다니엘서 6장은 메대가 직접 바벨론을 다리리고 있던 때에 일어난 사건인 것이다.

〈비밀의 방〉 上 : 다니엘이 처한 위기

다니엘서 6장 사건은 다니엘서에 너무나 익숙했을 한 유대인이 지은 동화 〈비밀의 방〉처럼 시작된다.37)

〔8~90대의 다니엘처럼단 5장, 6장〕 머리가 하얗게 센 노인 한 명이 사막을 걷고 있었다. 마침 그 사막을 지나던 왕이 그 노인에게 물었다. "이보게 노인, 그대의 머리칼은 하얀데 왜 수염은 검은가?" 〔"명철하고 슬기로운 말"단 2:14의 달인이었던 다니엘처럼〕 노인이 대답했다. "제 머리칼이 제 수염보다 더 늙었기 때문입니다." 재치 있는 노인의 대답을 들은 왕은 이렇게 말했다. "내 얼굴을 아흔아홉 번 너 보기 선에는 아무한테도 그 얘길 해주지 마라. 그래야 내가 써먹지." 왕궁에 돌아간 왕은 〔바벨론의 2인자였던 벨사살같이단 5:16〕 그 왕국의 2인자인 총리를 불러다놓고서 사람의 머리칼이 왜 수염보다 먼저 하얘지는지 아느냐 물었다. 대답을 못해 수치심을 느낀 총리는 왕을 수행했던 군사들을 통해 노인의 존재를 알아냈다. 사막으로 나간 총리는 노

인을 만나 그 이유를 물었다. 하지만, 노인은 입을 다물었다. 총리는 〔벨사살이 다니엘에게 그랬던 것처럼 단 5:16〕 그 노인에게 큰 보상금을 제시했다. "말해주면 네게 금화 천 냥을 주마." 하지만, 〔많은 재물과 높은 지위에 관심이 없었던 다니엘처럼 단 5:17〕 노인은 금화들을 거절했다. 대신에 일반 백성들이 사용하는 동전 아흔아홉 개를 요구했다. 동전들을 노인에게 건네준 총리는 머리카락이 수염보다 빨리 하얘지는 이유를 알아내었고 그 답을 왕에게 대답했다. 화가 난 왕이 그 노인을 잡아와 벌하려고 하자 노인이 왕에게 말했다. "저는 왕과의 약속을 어긴 적이 없습니다. 이 동전들에 찍힌 왕의 얼굴을 아흔아홉 번 보았기 때문입니다." 결국 그 노인의 지혜에 감탄한 왕에 의해 그 노인은 〔다니엘처럼 단 5:29〕 자기 왕국의 3인자급인 재무장관에 임명된다. 〔"마음이 민첩하여 총리들과 고관들 위에 뛰어" 단 6:3났던 다니엘을 알아본 다리오 왕처럼〕 왕은 그 재무장관 노인의 탁월한 업무능력을 날마다 칭찬했다. 〔다른 총리들을 부리며 전국을 관할하는 제1총리직에 내정되었던 다니엘처럼 단 6:3〕 왕궁에서 노인의 영향력이 점점 커지게 되었다. 그 왕국의 2인자인 총리는 그 노인을 제거하기로 마음먹었다.

바로 이와 동일한 긴장이 다니엘서 6장에서 발생하고 있다.

다니엘의 은혜인생

다니엘의 성공은 주위 동료들의 부러움과 시기심을 살만 했다. 그의 시작은 거세된 환관후보생에 불과했다.단 1:3~4 하지만, 하나님이 그에게 지혜와 능력을 주셨다.단 1:17 그는 느부갓네살의 참모로 발탁되었다.단 1:19~20 하지만, 거기서 멈추지 않았다. 다니엘은 "은밀한 것을 나타내실 … 하늘에 계신 하나님"단 2:28을 힘입어 "바벨론 모든 지혜자의 어른"으로 승진했다.단 2:48 결국 다니엘은 느부갓네살의 총애를 한 몸에 받는 그의 핵심 참모가 되었다.단 4:9 그리고 바벨론 제국의 마지막에 가서는 나라의 셋째 통치자에 올랐다.단 5:29 그리고 이번 6장에 와서는 나라의 둘째 통치지가 되기 직전이었다. 다니엘의 삶이 왜 이토록 형통했던 것인가? 주권자 하나님의 은혜가 다니엘의 삶을 견고하게 붙들고 있었기 때문이다.

숨겨진 진주 같은 설교자로 존경받는 김제 H교회 H목사는 그의 설교에서 여러 번 이렇게 말했다. "뛰는 놈 위에 나는 놈 있다지만 나는 놈 위에는 업혀가는 놈 있습니다. 우리의 신앙생활은 하나님의 등에 업혀가는 삶인 것입니다." 지난 7년간 김제와 아라비아에서 그의 명언이 내 마음에 새겨져 있었다. 주 예수의 부활생명을 보여주고 증언하는 이 복된 삶이 어떻게 내게 주어진 것인가? 과연 무엇이 단 한 사람도 예수 믿지 않는 이 버려진 부족으로 나를 인도했는가? 나는 국제단체 소속도 아니고 영어권 사역자도 아니다. 그런데 어떻게 이 아름다운 국제 팀의 일원이 되었는가? 오직 하나님이 하신 것이다. 미천하고 무능한 나와 내 가족을 당신의 등에 업어 이곳까지 인도하신 것이다. 내가 나 된 것은 오직 하나님의 은혜로 된 것이다.

우리의 삶에서도 경험하는 다니엘의 이 형통한 삶은 홍정길 원로의 말을 떠올리게 만든다. 2500년 전의 다니엘의 인생이나 오늘날의 성도들의 인생이나 "성실인생"이 아니라 "은혜인생"이다.38)

> 인생에는 두 가지 인생이 있는데 그중의 하나가 애쓰고, 수고하고, 노력하는 인생 즉, 성실 인생입니다. 성실 인생은 비유컨대 노를 젓는 배와 같습니다. 이 배가 얼마만큼 멀리 가고 빠른가는 내가 얼마만큼 젓고 있느냐에 따라 결정됩니다. 성실이 그대로 그 삶 속에서 드러나는 인생입니다. 그런가 하면 똑같은 배이지만 돛을 단 요트가 있습니다. 그것은 뒤에서 바람이 불 때 바람을 받아서 가기 때문에 내가 노력하고, 수고하지 않아도 쏜살같이

힘차게 바다를 가르며 나아갑니다. 이 요트 같은 인생이 은총 인생입니다. 믿음이라는 돛을 달고 주의 은혜의 바람을 뒤에 지고, 내 인생의 가능성을 주의 은총의 바람에 맡기면서 전진해 나가는 삶입니다.

그렇다. 뛰는 놈 위에 나는 놈 있다지만 뛰는 놈이나 나는 놈이나 "성실인생"은 것은 마찬가지다. 도토리 키 재기 하듯 서로 밟고 밟히는 긴장된 삶이다. 쉴 새 없이 인사권자의 눈도장을 찍어야 하는 피곤한 삶이다. 하지만, 하늘과 땅을 다스리시는 주권자 하나님의 등에 업혀가는 성도는 다르다. 성도의 삶은 동료와의 경쟁이나 상급자의 눈도장을 거부한다. 하나님의 은혜의 손에 붙들려 있으면 그만이다. 왕이 바뀌고 제국이 바뀌는 거대한 지각변동이 덮쳐도 상관없다. 하나님의 손에 붙들려 있는 우리의 삶은 흔들리지 않는다. 이것이 "은혜인생"인 것이다. 이처럼 "은혜인생"은 하늘과 땅만큼, 하나님과 사람만큼, 그 삶을 누리는 차원이 다른 것이다.

총리들과 고관들의 헛고생

그런데 지금 6장의 "총리들과 고관들"4절은 다니엘이 자신들과 동일한 차원의 삶을 살고 있다고 착각하고 있다. 다니엘의 잘난 재능 때문에, 다니엘에 대한 왕의 총애 때문에, 다니엘이 형통하고 있다고 오해하고 있는 것이다. 그래서 다니엘을 왕에게 고발하여 그를 끌어내릴만한 근거를 찾고자 무지 "노력"했다.4절 하지만, 다니엘이 업혀 있는 등은 그들이 생각한 다리오가 아니라 하나님이었다. 그들이 찾아가야 할 분은 다리오가 아니라 하나님이었다. 다니엘의 정적들은 첫 단추부터 잘못 끼웠다. 그들의 정치 공작은 처음부터 실패할 운명이었다.

더군다나 그들이 간신히 찾아낸 다니엘을 고발할 근거가 하필이면 "그 하나님의 율법"이었다.5절 그들은 다니엘이 하나님의 말씀을 그의 목숨보다 더 소중히 여긴다는 것을 알았다. 그래서 그 하나님의 말씀을 악용하여 그 말씀의 종 다니엘을 제거하기로 마음먹었다. 말씀의 종 다니엘과 하나님의 말씀에 대한 이런 식의 멸시는 말씀모독자 벨사살을 연상시킨다. 그들의 행위는 벨사살의 망조(兆)였다. 그들의 종말도 말씀모독자 벨사살과 크게 다르지 않을 것이다.24절

어찌든 그들은 다리오 왕을 설득하여 "메대와 바사의 고치지 아니하는 규례"를 하나 만들어 내었다.8절 "그것은 곧 이제부터 삼십일 동안에 누구든지 왕 외의 어떤 신에게나 사람에게 무엇을 구하면 사자 굴에 던져 넣기로 한 것"이었다.7절 다니엘을 사자 굴에 던져 넣기 위한 일명 "다니엘 제거법"39) 이 통과된 것이다. 하지만, 그 법이 발효되자마자 그것이 얼마나 믿을 수 "없는" 법인지가 드러났다. 왕이 자기 도장을 찍어 공포한 법령이라면 왕을 위한 법이어야 한다. 하지만, 막상 그 "다니엘 제거법"의 뚜껑을 열어보니 그 법의 본명이 따로 있었다. 그 법은 바로 "다리오 왕 고문법"이었다. 18절이 이를 증명한다. 왕이 도장을 찍은 그 법은 사실상 "왕 굶기기법"이었다. 또한 "왕 잠 안 재우기 법"이었다. 그리고 "왕의 즐거움을 다 빼앗기"법이기도 했다. 또한 그 법은 동물 학대법이기도 했다. 다니엘이 고백했다. "나의 하나님이 이미 그의 천사를 보내어 사자들의 입을 봉하셨으므로 사자들이 나를 상하지 못하였사오니"22절 다니엘과 하룻밤을 보낸 사자들은 칼 빼들고 설치는 천사 때문에 밤새도록 울며 신음해야 했다. 이 법은 아무도 예상치 못한 부작용을 일으키고 있었다. 이런 메대와 바사의 법을 어떻게 믿고 따를 수 있겠는가!

아깝다 영어 헛고생

하지만, 우리를 괴롭히는 이런 법을 믿고 따르는 사람들이 우리 주변에도 많다. 〈아깝다 영어 헛고생〉이라는 소책자의 서문이다.40)

온 나라가 영어 사교육 부담으로 괴로워하고 있습니다. … 영어 유치원과 해외 캠프, 조기 유학, 엄마표 영어 등 형편만 되면 무엇이든지 해줘서 영어 잘하는 아이로 키워야 한다는 절박감이 부모들의 마음을 사로잡고 있습니다. 그러나 우리 주변에서 들리는 영어 관련 정보들이 과연 얼마나 진실한 것인지 말해주는 곳은 없습니다. 이웃들이나 학원은 불안을 부추기고 학교는 잘 모르고 언론은 말하지 않습니다. 「사교육걱정없는세상」은 영어 사교육에 대한 진실을 캐기 위해 지난 3년간 수십 차례 조사와 연구, 토론을 해왔습니다. 그리고 드디어 찾아냈습니다. 들여다보니 과장되고 왜곡된 영어 사교육 정보가 적지 않았습니다. 그런데도 그것이 마치 진실인 것처럼 그동안 국민들을 괴롭혀왔던 것입니다.

한국의 어린이들과 부모들은 지금 크고 작은 "영어"고문에 시달리고 있다. 그 비싼 영어유치원에라도 내 아이들을 보내야하지 않을까 밤을 새워 전전긍긍하며 삶의 즐거움을 다 빼앗기고 있다. 그래서 한국어 습득과 이해력이 갖춰지지 않은 채로 영어유치원에 어린 자녀들을 내몰고 있다. 하지만, 결국 얻는 것보다 잃는 것이 훨씬 많다.[41] "자신의 연령보다 낮은 3~5세 수준의 대화를 영어로 주고받는 영어 유치원은 자녀의 지적, 정서적 성장에 오히려 해가" 된다. "영어 유치원이 많아지면 소아정신과도 함께 늘어"난다. "영어 유치원 다닌 아이들은 일반유치원을 다닌 아이들보다 창의력 점수가 더 떨어"진다. 무슨 말인가? 자녀교육에 대한 이 세상의 유행들과 법칙들과 주장들이 우리를 속여 "헛고생" 하게 만들고 있는 것이다.

반면에 하나님의 법은 결코 우리를 속이거나 우리 자녀들을 고문하지 않는다. 시편 19편 7~11절 말씀이다.

여호와의 율법은 완전하여 영혼을 소성시키며

여호와의 증거는 확실하여 우둔한 자를 지혜롭게 하며

여호와의 교훈은 정직하여 마음을 기쁘게 하고

여호와의 계명은 순결하여 눈을 밝게 하시도다

여호와의 도는 정결하여 영원까지 이르고

여호와의 법도 진실하여 다 의로우니

금 곧 많은 순금보다 더 사모할 것이며 꿀과 송이꿀보다 더 달도다

또 주의 종이 이것으로 경고를 받고 이것을 지킴으로 상이 크니이다

그렇다. 완전한 하나님의 율법이 내 자녀에게 새 힘을 불어넣는다. 확실한 하나님의 증거가 내 자녀에게 지혜와 분별력을 키워준다. 정직한 하나님의 교훈이 내 자녀에게 기쁨과 행복을 안겨준다. 순결한 하나님의 계명이 내 자녀에게 선명한 통찰력을 심어준다. 정결한 하나님의 도는 결코 변치 않기에 우리 자녀가 붙들 영원한 진리이다. 진실한 하나님의 법에는 결코 거짓이 없기에 우리 자녀를 의롭게 성장시킬 것이다. 그러므로 어릴 때부터 이 하나님의 말씀을 순금보다 더 귀하게 여겨야 한다. 가장 달콤한 꿀송이를 빨듯이 내 자녀에게 하나님의 말씀을 들려줘야 한다. 우리의 아들딸이 하나님의 말씀대로 기도하고 그 말씀을 순종하도록 가르쳐야 한다. 그렇다면 우리는 한 평생 자녀교육 잘못해서 실망할 일이 없을 것이다.

주저함 없이 순종하기

그렇다면 다니엘이 "그 하나님의 율법"5절과 "메대와 바사의 고치지 아니하는 규례"8절 중에서 무엇을 택할지가 불 보듯 빤해졌다. 다니엘은 곧바로 하나님의 법을 택했다. 조금도 주저하지 않았다. 눈곱만큼도 고민하지 않았다. 곧바로 기도실로 올라가 하나님 앞에 무릎을 꿇었다.10절

6장의 다니엘을 소년으로 묘사한 어린이성경 삽화들과는 달리 하나님 앞에 무릎을 꿇은 이 다니엘은 80대 말이나 90대 초반의 노인이다. 지금까지 그는 90년이나 하나님을 알아왔고 90년이나 그분을 섬겨왔다. 다니엘의 그 백발 한 올 한 올과 그 눈가의 주름 하나하나를 생각해보라. 그의 인생 속에서 얼마나 많은 하나님의 은혜와 돌보심이 있었는지 다니엘의 나이가 증언하고 있다. 다니엘은 눈만 감으면 예루살렘에서의 어린 시절부터 바벨론에 사로잡혀 와 지금 총리가 되기까지 자신을 신실하게 붙드신 은혜의 순간들이 주마등처럼 지나갔을 것이다. 그렇다. 하나님은 다니엘을 붙드신 그분의 손을 단 한 순간도 놓지 않으셨다. 어떻게 다니엘이 자신을 향한 하나님의 이 90년 묵은 은혜를 부인할 수 있다는 말인가. 어떻게 다니엘이 그분을 향한 자신의 이 90년 묵은 순종을 그까짓 세상 법 때문에 포기할 수 있단 말인가.

　이번 6장을 묵상하고 있을 때 조은아&신상우 님이 만든 〈하나님의 은혜〉라는 곡을 듣게 되었다. "이 조서에 왕의 도장이 찍힌 것을 알고도" 묵묵하게 자기 집 기도실로 올라갔던 다니엘의 심정이 그 곡에 잘 담겨있었다.

　　나를 지으신 이가 하나님
　　나를 부르신 이가 하나님
　　나를 보내신 이도 하나님
　　나의 나 된 것은 다 하나님 은혜라

　　나의 달려갈 길 다 가도록
　　나의 마지막 호흡 다 하도록
　　나로 그 십자가 품게 하시니

나의 나 된 것은 다 하나님 은혜라

한량없는 은혜 갚을 길 없는 은혜
내 삶을 에워싸는 하나님의 은혜
나 주저함 없이 그 땅을 밟음도
나를 붙드시는 하나님의 은혜

〈비밀의 방〉 下 : 내가 누구인가

하지만, 이것이 다가 아니다. 과거에 받은 하나님의 은혜만으로는 죽기를 각오한 다니엘의 순종을 다 설명할 수 없다. 다니엘의 90년 경건의 핵심은 본문 10절에 있는 "그의 하나님"이라는 표현에 함축되어 있다. 하나님이 누구인가? 다니엘의 하나님이다. 다니엘에게 하나님은 "나의 하나님"이었다. 다니엘서 5~6장의 동화판인 〈비밀의 방〉이 바로 이 사실을 강조하면서 끝난다.

〔"국사에 대하여 다니엘을 고발할 근거를 찾고자" 했던 총리들과 고관들처럼4절〕 동화 속의 총리도 그 노인이 나라의 보물을 자기 집으로 빼돌렸다고 모함했다. 하지만, 〔다니엘이 "충성되어 아무 그릇됨도 없고 아무 허물도 없"었던 것처럼4절〕 노인의 집을 조사해 본 왕은 아무 보물도 발견하지 못했다. 그런데 〔다니엘의 집에 있었던 윗방처럼10절〕 왕은 그 집에 있는 비밀스런 방 하나를 발견했다. 왕은 노인에게 그 문을 열라고 명했다. 노인이 열어 준 "비밀의 방"에 들어온 왕은 깜짝 놀랐다. 그 방은 빈방이었다. 하지만, 구석에 막대기 하나가 놓여 있었다. 그것은 왕이 그 노인을 사막에서 처음 만났을 때 그 노인이 짚고 있었던 지팡이었다. 왕이 노인에게 왜 이런 빈방을 가지고 있는지 물었다. 노인이 대답했다. 〔날마다 자기 집 윗방에 올라갔던

다니엘처럼) "저는 날마다 이 방에 들어와 저 자신을 돌아보았습니다. 제가, 언젠가 사막에서 폐하와 만났던 흰 머리에 검은 수염을 가진 그 노인과 같은 사람인지 말입니다."

그렇다. 이 노인처럼 다니엘도 매일, 그것도 하루 세 번씩, 자기 집 윗방에 올라가 확인하고 또 확인했다. 하나님이 누구신지, 그리고 자신이 누구인지를. 다니엘서 6장은 그래서 그 규칙적이고 지속적인 영적 교제의 결과를 강조한다. 그것은 하나님과 다니엘의 개인적이고 독보적인 관계였다. 다니엘서 6장의 하나님이 누구신가? 그분은 "그의 하나님"이다.5, 10절 또한 "자기의 하나님"이다.11, 23절 그리고 "네가 항상 섬기는 너의 하나님"이다.16, 20절 여기서 "그"와 "자기"와 "너"는 모두 다니엘을 가리킨다. 한 마디로 하나님은 "다니엘의 하나님"이다.26절 다니엘에게 그분은 "나의 하나님"이다.22절 그렇다면 다니엘은 누구인가? 그는 "살아계시는 하나님의 종"이다.20절 이런 점에서 다니엘의 집 윗방은 하나님과 다니엘간의 독보적인 관계를 매일 매순간 지켜내고 강화시킨 장소였다. 바로 이 기도 옥탑 방에서 죽기까지 순종하는 다니엘의 신앙인격이 매일, 하루 세 번씩, 지속적으로, 빚어지고 또 빚어졌던 것이다.

너는 내 사랑하는 아들이다

예수님이 누구신가? "그는 태초에 하나님과 함께 계셨다."요 1:2, 새번역 이 세상 사람들 중에 예수님만큼 하나님과 가까웠던 분이 없었다. 다니엘의 90년 인생과는 비교할 수도 없는 영원한 시간동안 예수님은 하나님의 아들이셨다. 하지만, 그 예수님도 "너는 내 사랑하는 아들이라 내가 너를 기뻐하노라"는 아버지 하나님의 음성을 듣고 또 들으셔야 했다.막 1:11; 9:7 예수님이 그 음성을 들었을 때가 언제였는가? 그 음성은 예수님이 기도하실 때마다 임했다.눅 3:21~22; 9:28~29 그렇다면 새벽에 한적한 곳에서 기도하실 때도막 1:35 밤에 산에서 기도하실 때도막 6:46 예수님은 자신이 하나님의 사랑받는 아들인 것을 확인하고 또 확인하셨을 것이다. 히브리서 말씀대로 "그는 육체에 계실 때에 자기를 죽음에서 능히 구원하실 이에게 심한 통곡과 눈물로 간구와 소원을 올렸고 그의 경건하심으로 말미암아 들으심을 얻었"던 것이다.히 5:7 그래서 그 결과 "보내신 이의 영광을 구하는 자"라는 예수님의 자아상이 형성되었다.요 8:18 이처럼 지속적으로 기도하시며 하나님 앞에서 자신의 정체와 사명을 확인해 오신 예수님이 십자가를 앞두시고는 더 열심히 기도하셨다. 그분은 "습관을 따라"눅 22:39 기도 동산에 오르셨다. 그곳에서 땀이 핏방울처럼 떨어지도록 "힘쓰고 애써 더욱 간절히" 기도하셨다.눅 22:44 그리고 주저 없이 십자가 죽음의 길을 걸어가셨다.마 26:44~46

과연 무엇이 다니엘로 하여금 자기 집 기도실로 묵묵히 올라가게 만들었는가? 그것은 "전에 하던 대로"10절 끊임없이 기도해온 다니엘의 습관적 기도생활의 힘이었다. 습관적인 기도생활은 다니엘이 평생 체험한 하나님의 은혜를 늘 현재시제로 만들었다. 그리고 죽음을 코앞에 둔 그 최후의 기도를 통해 다니엘은 다시 한 번 하나님을 "나의 하나님"22절으로 불렀다. 그리고 다시 한 번 자신을 "살아 계시는 하나님의 종"20절으로 확인했다. "두려워하지 마. 너는 나의 종이야. 나는 너의 하나님이야. 내가 너를 얼마나 기뻐하는지 아니? 내가 너의 생명을 붙들고 있어!" 하나님의 그 자상하고 익숙한 목소리를 다니엘은 다시 한 번 듣게 되었고 그것으로 다니엘은 "그의 하나님께 감사"했다.10절

매일 그분께 나아가는 삶

다니엘서 6장 말씀을 묵상하면서 이 진리를 나 자신에게 먼저 적용해 보

았다. 주님께서 허락하신다면 나의 가정은 곧 다시 중동 땅으로 돌아가게 될 것이고 이번에 들어가게 되면 지난 2년간 아랍어를 배웠던 큰 도시를 떠나 그 나라에서 가장 고립된 지역 중 한 곳으로 이사하게 될 것이다. 물론 그곳에서의 삶은 결코 쉽지 않을 것이다. 최근에 받은 이메일이다.

우리가 너와 네 가족에게 분명히 말하고 싶은 몇 가지 문제가 있다. 첫째는 이곳에서의 고립이다. 이곳은 살기가 쉽지 않은 곳이고 그것은 네가 너희 가족을 부양하는데 있어서 거대한 도전이 될 것이다. 둘째는 기후다. 여기는 뜨겁고 결코 시원해지지 않는다. 이것은 개인의 육체적, 정신적 안녕에 영향을 준다. 이것은 반드시 너희 자녀들에게도 영향을 줄 것이다. 또 다른 문제는 네 자녀들의 교육이다. 그 아이들이 현지 친구들을 만들 수도 있겠지만 그들은 매우 고립될 것이다. … 또 다른 문제는 다른 팀원들과의 융화다. 영어가 팀 언어다. … 다른 한국인이 없기에 너는 팀 안에서 고립감을 느낄 것이다. … 이곳에서의 삶이 쉽지 않기 때문에 너는 반드시 너 스스로 매일의 삶의 도전을 준비해야 한다. 때때로 이곳에서는 시장에서 과일과 채소를 구할 수 없다. 텃밭을 가꾼다면 영양보충에 도움이 될 것이다. 열기와 격렬한 태양 때문에 많은 것들이 부서지고 그것을 교체하는 것도 어렵다. 그래서 매사에 적응력이 좋아야 하고 물건들을 고쳐 쓸 수도 있어야 한다. 나에게 그것은 정서적으로 또 육체적으로 매일 계속해야 할 도전이었다. 그것은 깊은 영적 헌신과 매일 그분께 나아가는 삶을 요구한다. … 나는 이 모든 도전적인 영역들에 대해서 네게 매우 솔직하기 원한다. … 나는 너를 낙담시키기 원치 않는다. 다만 나는 네가 이곳에서의 사역과 삶에 대하여 매우 현실적인 시각을 가질 수 있기를 원한다. 나는 너와 네 아내가 이 영역들에 대해서 계속 기도하면서 평화와 헌신의 자리에 이를 수 있기를 요청한다. 우리는 너와 너의 가족을 위해 매일 기도하고 있다.

4년 전부터 그 척박한 곳에 먼저 들어가 살고 있는 미국인 팀장이 쓴 이 편지를 나와 아내는 읽고 또 읽었다. 하나님의 인도하심에 순종하여 중동 지역의 그 외딴 곳에 들어가 살게 될 때 우리 가정이 돌파해야 할 여러 장애물들이 구체적으로 명시되어 있었다. 우리가 그 땅에 들어가 안정적으로 정착하는 것을 방해할 그 도전들 중에 어느 것 하나 만만한 것이 없었다. 하지만, 그 중에서도 나와 아내를 가장 긴장시킨 문제는 바로 어린 자녀의 교육 문제였다. 아랍어를 배웠던 그 큰 도시에는 현지학교들도 있었고 선교사들의 협동학교도 있었다. 그래서 환경적으로 위험하고 거친 것 외에는 자녀교육에 큰 문제가 없었다. 하지만, 한국에 나오기 전에 이미 두 번 정탐하고 돌아온 그 낙후된 지역에는 마땅한 현지학교가 전혀 없었다. 심지어 자녀와 함께 들어와 있는 부부 조차 없었다. 홈스쿨링 외엔 대안이 없는 것이다. 미국인 동료의 말대로 나와 아내는 그곳에서 우리와 우리 자녀가 처하게 될 환경을 직시해야 했다.

하지만, 그 미국인 동료의 편지에는 우리가 직시해야 할 또 하나의 분명한 사실이 있었다. 그것은 우리를 기다리고 있는 그 모든 어려움들을 능히 이겨낼 수 있는 분명한 돌파구가 있다는 것이었다. 그것이 바로 "깊은 영적 헌신"으로 "매일 그분께 나아가는 삶"이었고 "계속 기도"함으로써 "평화와 헌신의 자리"에 이르는 길이었다. 그렇다. 나와 아내가 하나님과 개인적인 교제를 시작한 이후 지난 20년간 하나님의 은혜가 우리의 삶을 살리고 고치고 세워 왔다. 하시만, 그것으로 충분하지 않다. 하나님의 말씀이 내 자녀들을 행복하고 지혜롭고 의롭게 만들어줄 것을 나와 아내가 확신하는 것으로도 충분하지 않다. 문제는 우리가 체험해온 그 하나님의 은혜가, 우리가 지켜온 그 믿음이, 과연 그 외딴 선교지에서도 매일 매순간 우리의 삶을 사로잡는 실재가 될 것이냐. 그러므로 이것은 전적으로 우리의 기도 생활에 달린 문제인 것이다.

만약 우리 부부가 너무 분주하거나 혹 다투거나 혹 어떤 다른 즐거움에 마음이 빼앗겨 규칙적이고 지속적인 기도의 삶을 잃어버린다면 어떻게 될까? 그 외딴 섬에서 자녀교육 문제로 시험당할 때마다 너무나 쉽게 낙심하고 좌절하고 절망하게 될 것이다. 하지만, 우리 부부가 규칙적인 기도생활을 우리의 생명처럼 여길 수만 있다면 상황은 달라진다. 매일 기도의 자리에서 연약한 우리 네 식구가 우리 주님 앞에서 얼마나 소중한 존재인지를 확인하고 또 확인할 수만 있다면 감당할 수 있다. 사자 굴 같은 테러와 납치의 위협도, 자녀교육에 대한 우리의 무능과 대책 없음도, 그 땅에 들어가 주님이 허락하신 복된 삶을 살아내지 못할 이유가 될 수 없다.

기도로 승리한 배형규

이제 오늘 말씀을 우리 마음에 간직하기 위해 최근 나에게 다니엘서 6장의 다니엘을 연상시킨 목사님 한 분을 소개하려고 한다.[42]

1965년 7월 25일에 태어난 故 배형규 목사는 정확하게 만 42세가 되던 자신의 생일에 전신에 일곱 발의 총격을 받고 아프가니스탄에서 순교했다. 여름 단기 봉사팀을 이끌고 순교지가 될 그 땅으로 출국하기 전에 그는 설교를 통해 이렇게 말했다. "그리스도인이 죽음에 대한 공포심에 사로잡혀 비참하고 불길하다고 벌벌 떠는 것은 이상한 현상입니다. 죽음에는 인생의 완성과 영생에 대한 소망이 있으며, 구원의 확신이 이 땅의 슬픔을 이길 수 있습니다." 순교자 배형규와 그가 인솔한 봉사팀이 탈레반에 피랍되어 있었을 때, 그는 함께 억류되어 있던 안수집사님과 청년들에게 이렇게 말했다. "저들이 우리 중 한 명을 희생시킬 수도 있을 것 같습니다. 그 때는 제가 먼저 일어납니다. 다들 그렇게 아시고, 제 자리를 넘보지 마십시오!" 그리고 2007년 7월 25일, 바로 그 상황이 벌어지자 순교자 배형규는 주저함 없이 벌떡 일어났고 죽음을 향해 걸어 나가면서 뒤를 돌아보지 않은 채 이렇게 힘주어 말했다. "믿음으로 승리하십시오!"

순교자는 "슈퍼맨"인가? 아니다. 순교자도 죽는 것이 두려운 "사람"이다. 한 발 두 발 총격을 받을 때 온 몸이 찢어지며 뒤틀리는 "사람"이다. 그런데 "사람" 배형규는 어떻게 죽기까지 믿음으로 승리할 수 있었는가? 죽음을 "인생의 완성과 영생에 대한 소망"으로 바라보고 기대할 수 있는 말씀의 안목이 그를 사로잡고 있었기 때문이었다. 그것이 42년간 숙성된 그의 경건이었다. 하지만, 그것을 전부라고 말할 수는 없다. 그는 "제가 먼저 일어납니다. … 제 자리를 넘보지 마십시오!"라는 선언으로 남은 형제들을 위해 자기 목숨을 내놓았다. 그리고 그 죽음이 실재로 자기 목전에 다다랐을 때, 주저함 없이 일어나 먼저 죽으신 예수님을 뒤를 따라 나섰다. 또한 자신의 뒤에 남겨진 지체들에게 "여러분도 믿음으로 승리하십시오!"라고 격려하고 도전할 정도로 평안하고 확고한 뒷모습을 보여주었다. 우리 주님이 "시험에 들지 않게 깨어 기도하라" 하신 것은 "마음에는 원이로되 사람의 육신이 약하"기 때문이다.마 26:41 아무리 나이가 많고 신앙체험이 깊어도 소용없다. 아무리 성경지식이 풍부하고 은사가 많아도 해낼 수 없다. 아무리 목사나 선교사라도 불가능하다. 지금 기도에 깨어있지 않다면 그 누구도 사자 굴 같은 시험을 이겨낼 수 없다.

그렇다면 사자 굴 앞에서도 뒤로 물러서지 않았던 순교자 배형규는 분명 기도의 사람이었다. 그는 자신을 목사로 세우시고 아프간 단기 봉사를 명하신 하나님께 자신을 "하나님의 종"으로 올려드렸다. 그는 납치된 이후부터 죽으려고 벌떡 일어선 순간까지 끊임없이 기도했다. 죽음이 다가올수록 더욱 깊어졌을 그의 기도는 한 발 두 발 총에 맞으면서도 그 호흡이 다할 때까지 결코 멈추지 않았을 것이다. 바로 그 기도가 故 배형규 목사를 믿음으로 승리하게 만들었다.

기도가 믿음의 승리를 결정한다!

　다니엘은 죽을 줄 알면서도 하나님께 예배하고 죽을 줄 알면서도 하나님의 법을 택했다. 이런 믿음은 그가 8~90대 노인이었기 때문에 자연적으로 생겨난 것이 결코 아니다. 순교자 배형규 같은 40대도, 십자가에 달린 예수님 같은 30대도 이 믿음을 소유할 수 있다. 심지어 20대의 청년과 10대의 청소년도, 매일 자기 집 골방에서 하나님을 "나의 하나님"으로 부를 수 있는 사람이면 된다. "내 사랑하는 아들아, 내 사랑하는 딸아, 내가 너를 기뻐한다!" 말씀하시는 자기 하나님의 음성을 매순간 들을 수 있으면 된다. 끊임없이 기도하는 자만이 죽음 앞에서도 하나님의 법을 따를 수 있는 것이다.

　지금 이 자리에는 아내도 모르는 어마어마한 카드빚 때문에 매일 매순간 혼자 신음하고 있는 30대 가장이 있다. 나는 그분께 그 모든 사실을 아내에게 솔직하게 나누고서 아내의 용서를 구할 것을 권했다. 그리고 이후로는 그 짐을 두 사람이 함께 지고 밑바닥에서부터 다시 시작하시라고 했다. 지금 이곳에는 이성 문제로 오랜 아픔을 겪고 있는 20대 형제가 있다. 나는 그에게 그의 삶을 완벽하게 붙들고 계신 주님을 신뢰하라고 했다. 지금 그를 괴롭히고 있는 그의 욕심과 염려들을 모두 내려놓을 것을 권했다. 또 지금 우리 주변에는 부모의 이혼으로 고통 받고 있는 10대 청소년이 있다. 또한 명퇴 후에 새로운 직업을 찾지 못해 하루하루를 무거운 정적 가운데 보내고 계신 50대 가장도 있다. 과연 이분들이 사자 굴에 던져질 것 같은 그 고통과 위기 앞에서도 끝까지 믿음으로 승리할 수 있을 것인가? 그 답은 오직 그들의 기도생활에 달려 있을 것이다. 다니엘이 보여주었고 우리 주 예수님이 보여주셨다. 또한 멋있게 살다 가신 한국교회의 순교자들과 신앙선배들이 보여주셨다. 매일 매 순간 우리를 위협하는 거짓된 세상 법을 어떻게 부인할 것인가? 무슨 수로 매일 매 순간 주저 없이 하나님의 법을 따를 것인가? 승리의 삶은 과연 어디에서 오는가? 오직 규칙적이고 지속적인 기도생활밖에 없다. 기도가 우리의 삶을 결정하는 것이다. 그러므로 "나는 하나님께 부르짖으리니 여호와께서 나를 구원하시리로다 저녁과 아침과 정오에 내가 근심하여 탄식하리니 여호와께서 내 소리를 들으시리로다"시 55:16~17 아멘.

❖ 주 예수님, 영원한 진리의 말씀으로 우리의 눈을 열어주셔서 감사합니다. 오늘까지 주님이 허락하신 복된 나의 삶을 얕은 지식과 경험으로 대충 살아온 저의 안일함을 용서해 주십시오. 기도를 해도 "습관을 따라", "전에 하던 대로", 규칙적으로", 하지 못했습니다. 기도를 해도 매일 "심한 통곡과 눈물로", "힘쓰고 애써 더욱 간절히" 기도하지 못했습니다. 그러면서도 신앙생활 제대로 하는 자라고 착각하며 저 자신과 남을 속여 왔습니다. 저의 거짓됨을 용서해 주십시오. "만군의 여호와께서 말씀하시되 이는 힘으로 되지 아니하며 능력으로 되지 아니하고 오직 나의 영으로 되느니라" 하신 말씀을 기억합니다. "시험에 들지 않게 깨어 기도하라 마음에는 원이로되 육신이 약하도다" 하신 말씀을 기억합니다. 오, 주님! 이 말씀들이 저희의 삶에 실재가 되게 하옵소서. 매일 골방에 들어가는 은혜를 주옵소서. 매일 기도하는 은혜를 주옵소서. 매일 매순간 나의 주 하나님의 음성을 들으며 살아가는 은혜인생을 주옵소서.

❖ 지금까지 지내온 것 (찬 460 or 301)

❖ 성도의 삶 은혜의 삶
　세상의 지혜로 이길 수 없네
　기도의 문 열렸을 때
　통곡과 눈물 간구와 소원

　너는 내 사랑하는 친구라
　내가 너를 기뻐하노라
　네가 곧 내 영광을 보리라

두려워 말라 내 백성아

교회의 삶 기도의 삶
만민을 위하는 기도의 성전
기도의 문 열렸을 때
통곡과 눈물 간구와 소원

너는 내 사랑하는 교회라
내가 너를 기뻐하노라
네가 곧 내 영광을 보리라
두려워 말라 내 신부야

다니엘서 7장
사람이냐 짐승이냐

> 이 네 마리의 거대한 짐승들은 세상에 세워질 네 왕국들이다. 하지만 가장 높으신 분의 성도들이 나라를 얻으리니 그 나라를 소유함이 영원, 영원, 또 영원하리라(단 7:17~18, 私譯)

다니엘서 후반부의 시작

다니엘서 7장을 시작으로 우리는 다니엘서 후반부로 넘어왔다. 여기서부터 우리는 주의해야 한다. 오늘부터 읽어나갈 다니엘서 후반부는 지난 시간까지 읽어온 1장부터 6장의 스토리와는 전혀 다른 분위기를 내뿜는 글이다. 우리는 지난 1~6장의 이야기들을 일간신문이나 주간잡지에 실린 기사들처럼 쉽게 읽고 이해할 수 있었다. 하지만, 다니엘서 7장부터 이상한 이야기들이 시작된다. 쓰나미가 덮치듯 거대한 짐승들이 물으로 기어 나온다. 우리는 긴장해야 한다.

다니엘서의 후반부와 전반부는 과연 어떻게 다른 것인가? 7장을 읽기 시작하면 곧바로 그 실마리를 발견하게 된다. "바벨론 벨사살 왕 원년에..."단 7:1 여기서 다니엘서 7장의 묵시가 다니엘에게 주어진 시간이 밝혀진다. 그 때는 벨사살 왕이 그의 섭정 통치를 시작한 첫해였다. 그렇다면 이번 7장의 시간적 배경은 다니엘서 5장과 동일하다. 아니 좀 더 정확하게 보자면 7장 사건은 5장보다 먼저 일어난 일이다. 5장의 내용은 벨사살의 통치 마지막 순간에 발생한 사건이기 때문이다. 그렇다면 7장 말씀이 다니엘에게 주어진 때는 다니엘서 5장보다 수년이 더 앞선 시점이다. 그러면 다니엘서의 각 사건들은 왜 시간 순으로 배열되지 않았는가? 5장 사건보다도 앞서 일어난 7장 사건이 왜 이처럼 다니엘서 후반부로 밀려나 있는가?

같은 질문이 다니엘서 8장과 9장을 읽을 때도 제기될 수 있다. 8장 말씀은 "벨사살 왕 제 삼년에" 임했다.[8:1] 또한 9장 말씀은 "메대 … 다리오가 갈대아 나라 왕으로 세움을 받던 첫 해"에 임했다.[9:1] 따라서 만약 계시사건이 발생한 순서대로 다니엘서를 펴냈다면 어찌 되었을까? 다니엘서 각 장의 순서가 지금과는 달랐을 것이다. 1~4장→7장→8장→5장→9장→6장→10~12장의 순서였을 것이다. 하지만, 이런 식의 구성은 저자의 뜻이 아니었다. 다니엘서의 두 저자인 하나님과 다니엘에게는 "역사적 시간"보다 더 중요한 어떤 기준이 있었다. 바로 그 기준이 7~12장을 다니엘서의 후반부에 따로 모아두게 했다.

다른 장르 다른 독법

이 기준이 무엇인가? 역시 1절에 그 답이 있다. "바벨론 벨사살 왕 원년에 다니엘이 그의 침상에서 꿈을 꾸며 머리 속으로 환상을 받고 그 꿈을 기록하며 그 일의 대략을 진술하니라" 다니엘서의 전반부는 신문기사들처럼 역사적으로 발생한 사건을 기록한 글이 대부분이었다. 하지만, 다니엘서의 후반부는 판타지 영화의 예고편처럼 다니엘의 시대와 그 이후의 영적 세계를 그려준 글이다. 신문기사를 읽고 이해하는 것은 간단하지만 판타지 소설이나 영화는 그렇지 않다. 다니엘은 "모든 환상과 꿈을 깨달아 알" 았다.[1:17] 또한 "어떤 은밀한 것이라도 네게는 어려울 것이 없는 줄" 안다는 평가를 받았다.[4:9] 하지만, 다니엘서 후반부의 묵시들을 정확하게 해석하기란 다니엘에게도 어려운 과제였다. 다니엘서 후반부에서는 다니엘의 지혜도 그 한계를 드러내는 것이다. 천상의 존재들의 도움이 없었다면[7:16;

8:17; 9:22 등 다니엘도 두 손 두 발 다 들어야 할 판이었다.

그렇다. 다니엘서 1~6장은 "역사"였다. 하지만, 7~12장은 "묵시"다. "역사"와 "묵시"는 하나님의 계시가 주어진 수단이 틀리고 그것을 이해하는 방법도 틀리다. 그래서 한 권의 다니엘서에서 이 두 종류의 계시가 서로 구분되어 있는 것이다. 서로 다른 방식으로 읽고 이해하라는 것이다. 이는 우리가 성경 이외의 책을 읽을 때도 경험하는 법칙이다. 같은 저자 C. S. 루이스가 같은 복음을 전했다. 하지만, 『순전한 기독교』와 『사자와 마녀와 옷장』을 다른 독법으로 읽어야 한다. 같은 저자 요한이 같은 하나님의 말씀을 전했다. 그러나 『요한 1서』와 『요한계시록』은 다른 안목으로 읽어야 한다. 이와 같이 다니엘서의 전반부와 후반부도 동일한 메시지를 담은 동일한 하나님의 말씀이다. 하지만, 다른 방식으로 기록되었으니 다른 방식으로 읽어야 한다. 그래서 우리는 신약의 요한계시록이나 구약의 스가랴서를 읽듯이 다니엘서의 후반부를 읽을 것이다. 다니엘이 꿈과 환상으로 본 그 감각적 영상들을 가급적 생생하게 읽어볼 것이다. 그 강렬한 영상들의 의미가 무엇인지를 성경의 배경 속에서 찾아볼 것이다.

혼돈의 바다

첫 번째 영상은 "바다"이다. "… 내가 밤에 환상을 보았는데 하늘의 네 바람이 큰 바다로 몰려 불더니"2절 다니엘서 7장에 등장하는 이 바다는 이 세상의 모든 깡풍을 의미할 "하늘의 네 바람"에 의해 요동치는 거칠고 무서운 바다이다. 해변에서 물장구치는 비다, 맛있는 해산물을 재취하는 바다와는 전혀 다른 이미지의 바다이다. 어부들을 집어삼키는 바다, 쓰나미로 쓸어버리는 바다, 끝 모를 시커먼 그림자로 오금이 다 저리게 만드는 그런 바다인 것이다.

윌리엄 골딩의 소설 『파리대왕』이 이런 야수 같은 바다를 잘 묘사했

다.43)

"랠프는 몸서리쳤다. … 이제 그는 넘실거리는 큰 파도를 육지에서 바라보게 된 것이다. 그것은 어마어마하게 큰 생물이 숨 쉬는 것과 흡사하였다. … 해초가 붙어 있는 네 개의 측면을 바닷물이 핥듯이 떨어져 내려가니 절벽처럼 보였다. 순간, 잠자고 있던 거대한 짐승이 숨을 뿜었다. 해면이 부풀어 올라 해초가 요동치고 테이블 모양의 바위 위에선 바닷물이 으르렁거리며 거품을 내뿜었다."

그런데 바다의 성경적 실체는 소설의 묘사 그 이상이다. 성경에서 바다의 이미지는 하나님의 백성을 대적하는 사탁적인 힘이다. 출애굽의 홍해 사건 이후로 바다는 사탄적인 세력을 상징한다. 바다는 지속적으로 하나님의 백성들의 구원을 가로막았다가 하나님의 꾸짖음을 듣고서야 하나님께 항복한다. 먼저 구약에서 몇몇 말씀들을 찾아보자. "이에 홍해를 꾸짖으시니 곧 마르니 그들을 인도하여 바다 건너가기를 마치 광야를 지나감 같게 하사"시 106:9 "그는 능력으로 바다를 잔잔하게 하시며 지혜로 라합바다 괴물을 깨뜨리시며"욥 26:12 "… 내 손이 어찌 짧아 구속하지 못하겠느냐 내게 어찌 건질 능력이 없겠느냐 보라 내가 꾸짖어 바다를 마르게 하며 …"사 50:2 "그는 바다를 꾸짖어 그것을 말리시며 …"나 1:4 신약에서도 동일하다. 악마적인 바다는 하나님의 백성을 집어삼키려 하고 주 예수님은 그 바다를 꾸짖으신다. "바다에 큰 놀이 일어나 배가 물결에 덮이게 되었으니 예수께서는 주무시는지라 그 제자들이 나아와 깨우며 이르되 주여 구원하소서 우리가 죽겠나이다 예수께서 이르시되 어찌하여 무서워하느냐 믿음이 작은 자들아 하시고 곧 일어나사 바람과 바다를 꾸짖으시니 아주 잔잔하게 되거늘"마 8:24~26 이 본문에서 바다는 "예수님과 그의 제자들을 혼돈의 물속으로 익사시키려고 시도한 사탄적인 세력"44)이었다. 요한계시록으로 넘어가 보아도 바다의 이미지는 동일하다. "또 내가 새 하늘과 새 땅을 보니 처음 하늘과 처음 땅이 없어졌고 바다도 다시 있지 않더라"계 21:1 이 말씀은 정말 충격이 아닐 수 없다. 바닷가에서 태어나 한평생 바다가 주는 기쁨과 진미로 살아온 성도들에게는 더욱 그렇다. '바다가 없는 천국을 내가 온 맘으로 바랄 수 있을까?' 하는 영적혹은 육적 근심을 안겨주기 때문이다. 하지만, 요한계시록의 계시 장르는 "율법"이나 "역사"가 아니라 "묵시"다. 따라서 하나님과 그분의 백성을 대적해 온 그 바다를, 온갖 "눈물"과 "사망"과 "통곡"과 "아픔"을 안겨주는계 21:4 그 악마적인 세력을, "새 하늘과 새 땅"에서는 우리가 더 이상 직면하지 않을 뿐이다.

결론적으로 성경의 "바다"는 "혼돈과 파멸과 두려움의 장소"다. 그 바다와 바다괴물에 대한 하나님의 꾸짖음과 무찌름은 악마에 대한 하나님의 싸움과 승리를 묘사한다. 이처럼 신구약 성경을 통틀어 바다는 악마적인 세력을 묘사하고 있다. 이런 바다에서 도대체 무슨 선한 것이 나오겠는가!

역겨운 짐승

두 번째 영상은 이 악마적인 바다에서 기어 나온 "짐승"이다. "큰 짐승 넷이 바다에서 나왔는데 그 모양이 각각 다르더라"3절 바다에서 기어 나온 이 짐승들의 공통점은 넷의 크기가 모두 거대하다는 점이다. 그들이 어마어마한 물리적·정치적·영적 힘을 가지고 있음을 암시한다. 또 한 가지 공통점은 그들 모두 역겹고 혐오스럽다는 것이다. "하이브리드 사동차"는 매력적이고 값지다. 하지만, "하이브리드잡종 짐승"은 전혀 그렇지 않다! "하나님이 땅의 짐승을 그 종류대로, 가축을 그 종류대로, 땅에 기는 모든 것을 그 종류대로 만드시니 하나님이 보시기에 좋았더라" 하셨기 때문이다.창 1:25 하나님이 만드신 모습 그대로가 아름답고 보기 좋다. 하지만, 이 짐승들은 모두 하나님의 원래 창조의 모습이 뒤틀리고 왜곡되고 어그러졌다. 사자처럼 생겼는데 독수리 날개가 있다.[4절] 곰처럼 생겼는데 피에 굶주린 미친 곰이다.[5절] 표범처럼 생겼는데 머리가 넷이고 날개도 넷이다.[6절] 게다가 마지막 놈은 혐오스러움의 막장이다. 하도 기괴하고 무서운 잡종이라 뭐라고 표현할 도리가 없었다. 그래서 그냥 "넷째 짐승"이라고만 했다. 이놈은 무쇠로 된 짐승이다. 열 뿔이 났고 이후에는 가증스러운 작은 뿔까지 솟아올랐다.[8절]

이 역겨운 짐승들이 의미하는 바가 무엇인가? 첫째로, 이들은 하나님이 디자인하신 그들의 합당한 모습을 내던져버렸다. 그리고 분노와 살의와 신성모독적인 교만으로 그 모습이 일그러졌다. 그런데 천상의 존재는 다니엘에게 이 "네 큰 짐승은 세상에 일어날 네 왕"이라고 했다.[17절] 그렇다면 이 네 짐승들은 악마적으로 변질된 이 세상의 정치권력들이다. 그런데 이 타락한 정치권력은 인간 왕일수도 있고 집단적인 나라일 수도 있다. 넷째 짐승에서 보듯, 한 짐승에게서 여러 왕들이 나오기 때문이다. 어쨌든 분명한 것은 그 개인과 집단이 모두 비정상이라는 것이다. 이들은 모두 제정신이 아니다. 이들은 모두 악마적인 변종이다. 넷째 짐승에서 솟은 작은 뿔이 "때와 법을 고치고자" 했음을 주목하라.[25절] 이 인간들은 하나님이 그들에게 정해주신 인간다움의 기준을 모조리 내팽개치고 거대한 야수로 변질되었다.

둘째로, 그럼에도 불구하고 이 역겨운 짐승들은 여전히 인간의 외모를 가지고 있다. 4절 말씀에서 "내가 보는 중에 그 날개가 **뽑혔고** 또 땅에서 들려서 사람처럼 두 발로 서게 함을 받았으며 또 사람의 마음을 받았더라"고 했다. 이 첫째 짐승에 대한 언급은 느부갓네살에 대한 것이다. 7장의 묵시와 짝을 이루는 느부갓네살의 꿈에서도 무시무시한 신상의 금 머리는 바벨론이었기 때문이다.[단 2:31~38] 다니엘서 4장에서 보았듯이, 하나님의 경고를 무시한 느부갓네살은 하나님의 심판에 찍혀 짐승으로 추락했다. 하지만, 그가 하늘을 우러러 보았을 때, 그는 사람으로 돌아왔다. 이번 환상에서도 동일하다. 사자 같은 첫째 짐승의 역겨운 두 날개가 하나님에 의해 뽑혀나갔다. 그 때 그 짐승의 외모와 마음은 다시 사람이 되었다. 같은 맥락에서 넷째 짐승도 사람의 모습을 지녔다. "… 이 작은 뿔에는 사람의 눈 같은 눈들이 있고 또 입이 있어 큰 말을 하였더라"8절 그 짐승은 사람의 눈과 입을 가지고 있었다. 하지만, 그는 짐승 같은 자였다. 사람인데 그 사람이 짐승 짓을 하니 역겹고 두려운 것이다.

공포의 뿔

세 번째 영상은 "뿔"이다. "내가 밤 환상 가운데서 그 다음에 본 넷째 짐승은 … 또 열 뿔이 있더라 내가 그 뿔을 유심히 보는 중에 다른 작은 뿔이 그 사이에서 나더니 첫 번째 뿔이 그 사이에서 나더니 첫 번째 뿔 중의 셋이 그 앞에서 뿌리까지 뽑혔으며 …"7~8절 천상의 존재가 다시 한 번 다니엘에게 설명해 주었듯이 "그 열 뿔은 그 나라에서 일어날 열 왕"이요 작은 뿔은 그 후에 일어날 다른 왕이다.24절 성경 곳곳에서 뿔은 권세와 세력을 의미했다. 신 33:17; 시 18:2; 75:10; 89:17,24; 92:10; 112:9; 148:14; 삼상 2:1,10; 왕상 22:11; 렘 48:25; 눅 1:69 다니엘서 7장에서도 뿔은 각 제국의 권세가들, 각 제국의 제왕들을 의미한다. 그런데 여기에 무서운 사실이 있다. 이 뿔을, 이 권세를, 짐승 같은 인간들이 소유하고 있는 것이다.

앞서 잠깐 언급했던 윌리엄 골딩의 『파리 대왕』은 짐승 같은 인간의 실체를 고발한 소설로 유명하다. 한 무리의 소년들을 태우고 가던 비행기가 무인도에 불시착했다. 조종사를 비롯한 어른들은 다 죽었다. 남은 것은 만 다섯 살에서 열두 살에 이르는 십여 명의 꼬마들뿐이다. 처음에는 이 어린 소수의 인간집단이 문명인의 면모를 보여준다. 「우리는 규칙을 만들고 또 거기에 복종해야 해. 즉, 우리는 야만인이 아닌 거야. 우리는 영국 국민이야.」45) 하지만, 얼마 못가서 소년들의 야만적 실체가 드러나기 시작한다. 섬의 문명사회가 처참하게 무너져 내린다. 불장난을 하다 어린 소년 하나가 타 죽는다. 하지만, 다들 별다른 반성 없이 넘어간다. 오히려 멧돼지 사냥을 통해 그들의 야수성만 키워간다.「멧돼지를 죽여라. 목을 따라. 그 피를 흘려라」46) 잔혹하게 도살된 암퇘지의 머리가 창에 꽂혀 세워졌고 사이먼이라는 소년이 파리 떼 가득한 그 곁을 지킨다. "파리 떼는 새까마니 다채로운 초록빛을 띠고 있었고 헤아릴 수 없을 만큼 많았다. 그리고 사이먼의 전면에는 〈파리대왕大王〉이 막대기에 매달려 씽끗거리고 있었다."47) 그때 사이먼이 비몽사몽간에 그 파리대왕의 음성을 듣는다.「넌 내가 무섭지 않으냐? … 너를 도와줄 사람은 이곳엔 아무도 없어. 오직 내가 있을 뿐이야. 그런데 나는 〈짐승〉이야. … 나 같은 짐승을 너희들이 사냥을 해서 죽일 수 있다고 생각하다니 참 가소로운 일이야! … 넌 그것을 알고 있었지? 내가 너희들의 일부분이라는 것을. 아주 가깝고 가까운 일부분이란 말이야.」48) 사이먼은 의식을 잃고 쓰러진다. 밤이 되어서야 깨어난 그는 아이들이 모여 있는 해변으로 뛰어갔다. 그 때 아이들은 "짐승을 죽여라! 목을 따라! 피를 흘려라! 그놈을 죽여라!" 소리치며 놀고 있었다. 그런 아이들에게 갑자기 사이먼이 나타나자 그들은 사이먼에게 달려들었다. "막대기가 내려 퍼부어지고 새로 원을 그린 소년들은 함성을 질렀다. 그 짐승은 원형의 한가운데서 두 팔로 얼굴을 가리고 무릎을 꿇고 있었다. … 그들은 고함을 지르고 주먹질을 했다. 물어뜯고 살을 찢었다. … 이미 피가 모래를 물들이고 있었다."49)

소설『파리 대왕』은 우리에게 묻는다. 이 세상이 왜 이토록 참혹하게 변했냐고. 파리 대왕은 그 이유가 그 속에 짐승을 소유하고 있는 인간들 때문이라고 답한다. 이는 다니엘서 7장의 메시지와 일맥상통한다. 아마도 그 소설의 저자는 다니엘서 7장을 잘 알고 있었을 것이다. 그 소설에 나오는 열두 개의 소제목들 중 하나가 "바다에서 올라온 짐승"이다. 이는 다니엘서 7장의 표현이다. 파리대왕에 의하면 바다에서 올라온 짐승은 바로 사람이다. 「짐승이라고? 대체 어디서 나온단 말이야?」 … 「짐승이 바다에서 올라온다는 거야」 … 「대체 우린 무어야? 사람이야, 짐승이야, 그렇지 않으면 야만인이야?」[50]

짐승 같은 사람들

사람의 탈을 쓴 짐승들이 군중을 이루고 세력을 잡았을 때, 과연 무슨 일이 일어나겠는가?

중동에 세칭 "재스민 혁명"이 시작되었다. 튀니지에서 이집트로, 리비아로, 시리아로, 예멘으로 무슬림 독재자들을 타도하기 위한 민중혁명이 퍼져나갔다. 그 결과들 중 하나로 2011년 2월 11일, 이집트의 호스니 무바라크 정권이 몰락했다. 이제 이집트에는 짐승들은 다 사라지고 사람들만 남을 것인가? 바로 그날 밤, 카이로의 타흐리르해방 광장에서 한 여인은 "아니오!"라고 울부짖었다.[51]

> 지난해 2월 11일 이집트 호스니 무바라크 대통령의 하야 발표가 있던 날. 수도 카이로의 타흐리르 광장은 철권통치의 종말을 자축하는 군중으로 가득 찼다. 하지만, … 취재차 그 광장에 나와 있던 미국 CBS 방송국의 라라 로건 기자를 200여명이 둘러쌌고, "바지를 벗겨 내자"고 외치기 시작했다. 옷은 갈기갈기 찢겼고 … 알몸이 된 로건에게 성폭행이 자행됐고, 일부는 휴대전화로 그 모습을 담기에 바빴다. … 그리고 1년이 지났지만, 그는 여전히 그때의 기억에서 벗어나지 못하고 외상 후 스트레스 장애에 시달리고 있다. 로건은 "성폭행 당하면서 이대로 가다가는 죽을 것이라고 생각했다"고 말했다. "전혀 잊히지 않습니다." 로건은 21일 뉴욕데일리뉴스와의 인터뷰

에서 "그때의 기억은 제어할 수도 없고, 충격이 지금도 자주 나를 덮친다"고 말했다. 아직도 당시의 상처로 몸서리치는 날은 줄어들지 않았다. … 뉴욕 타임스와의 인터뷰에서는 "나의 고통을 즐기던 그들의 모습이 가장 충격적이었다"면서 "사람들이 그렇게 잔인할 수 있다는 사실에 충격 받았다"고 했다.

혁명은 정권을 바꾼다. 하지만, 혁명이 사람을 바꾸지는 못한다. 정도의 차이는 있을지라도 모든 사람의 마음에 "파리 대왕"왕하 1:2; 마 12:24; 막 3:22이 도사리고 있다. 그 파리 대왕이 인간의 일부분으로 존재하고 있는 한 모든 혁명은 한 짐승을 다른 짐승으로 교체하는 작업에 불과하다.7절 부패한 독재자든 신흥 혁명 세력이든 짐승이긴 매 한 가지이기 때문이다. 혁명이 지닌 이 태생적 한계를 러시아 출신 작가 솔제니친Aleksandr Solzhenitsyn이 정확하게 지적했다.52)

> 잘 나갔던 젊은 시절, 나는 내 생각이 절대적으로 옳다고 믿었고, 그래서 마음도 포악했다. 권력에 취해 남의 목숨을 빼앗고 남을 억압했다. … 마음이 더없이 평화로울 때도 너무도 깊이 뿌리박인 악한 생각이 마음속 깊이 똬리를 틀고 있었다. 나는 그제야 … 깨달았다. 우리가 맞서 싸워야 할 것은 우리 내면의 악이라는 것을…. 나는 그제야 세상의 뭇 혁명이 그릇됨을 깨달았다.

짐승에게 짓밟히는 교회

그러므로 우리는 그 어떤 위대한 정치지도자나 정치세력도 신봉해선 안 된다. 하나님의 심판에 의해 "짐승이 죽임을 당하고 그의 시체가 상한 바 되어 타오르는 불에 던져"지기까지11절 세속권력을 조심스레 주시해야 한다. 또한 "내가 본즉 이 뿔이 성도들과 더불어 싸워 그들에게 이겼더니"21절 라는 말씀을 유념해야 한다. 넷째 짐승의 최종 목표는 "성도 파괴"이다. 우리는 일순간에 넷째 짐승의 핍박에 교회가 짓밟힐 수도 있음을 깨닫고 그 핍박의 때를 각오하며 살아야 한다. 물론 이 넷째 짐승을 분별하기란 쉽지 않다. 사자 같은 짐승은 바벨론 제국이다. 마구 집어삼키는 곰 같은 짐승은 그 땅이 바벨론보다도 다섯 배 정도나 넓었던 메대-바사 연합제국이다. 바벨론이 "비옥한 초승달 지역"에 국한된 제국이었다면 페르시아는 옛 바벨론의 영토 뿐 아니라 이집트와 에티오피아와 터키와 그리스 북부와 오늘날의 투르크메니스탄, 아프카니스탄, 파키스탄까지 차지한 거대한 제국이었다.에 1:1; 8:9, "인도로부터 구스까지" 재빠른 표범 같은 짐승은 10년주전 333~323년만에 유럽부터 인도 북부까지 그 넓은 바사 제국을 단숨에 삼켜버린 헬라 제국이다. 하지만, 마지막 넷째 짐승은 그 정체가 모호하다. 그 권세가 세계적이고24절 그 악행을 하나님의 백성에게 쏟을 것은 분명하다.21절 바벨론 시대에도 하나님의 백성들이 풀무불에 던져졌다.단 3장 메대-바사 시대에도 하나님의 백성이 사자 굴에 던져졌다.단 6장; 에 2:10 그 핍박이 헬라시대에도 계속될 것이다.

하지만, 가장 잔혹한 핍박, "온 천하"에서 하나님의 성도들이 짓밟히는 핍박은 아직 그 절정에 이르지 않았다. 물론 지금 이 시간에도 북한과 아프간에서, 사우디와 소말리아에서, 이란과 몰디브 등지에서 이 넷째 짐승이 준동하고 있다. 하지만, 그 악마적 실체는 주님의 재림 직전에야 다 드러날 것이다. 그래서 하나님은 요한계시록 13장을 통해 다니엘서 7장의 묵시를 교회에게 반복하셨다. "내가 보니 바다에서 한 짐승이 나오는데 뿔이 열이요 머리가 일곱이라 그 뿔에는 열 왕관이 있고 그 머리들에는 신성 모독 하는 이름들이 있더라 내가 본 짐승은 표범과 비슷하고 그 발은 곰의 발 같고 그 입은 사자의 입 같은데 용이 자기의 능력과 보좌와 큰 권세를 그에게 주었더라"계 13:1~2 이 말세적이고 적그리스도적인 짐승이 바로 다니엘서 7장의 넷째 짐승이다. 그래서 다니엘서 7장의 대표적인 세 영상이 반복된 것이고 다니엘서 7장의 네 짐승의 역겨운 외모들을 모두 소유한 것이며 다니엘서 7장의 넷째 짐승처럼단 7:25 "입을 벌려 하나님을 향하여 비방"하고 "권세를 받아 성도들과 싸워 이기게" 되는 것이다.계 13:6~7

그렇다면 이 넷째 짐승이 교회를 짓밟는 이유가 무엇인가? "온 천하를 삼키고 밟아 부서뜨"리는데도단 7:23 "지극히 높으신 이의 성도"들은단 7:25 그 짐승에게 절하지 않기 때문이다. "각 족속과 백성과 방언과 나라를 다스리는 권세를" 소유했는데도 "죽임을 당한 어린 양의 생명책에 창세 이후로 이름이 기록"된 교회는 그 짐승에게 경배하지 않기 때문이다.계 13:7~8 그 결과 주님의 교회는 "사로잡힐 자는 사로잡혀 갈 것이요 칼에 죽을 자는 마땅히 칼에 죽"게 되었다.계 13:10 기독교인이라고 납치당하고 기독교인이라고 살해당하는 일이 끊이지 않게 되었다. 그래서 우즈베키스탄, 예멘, 이라크, 파키스탄, 에리트리아, 라오스 등지에서 살아가는 기독교인들은 언제든 핍박받을 준비를 해야 한다. 또한 그 나라에 일꾼을 파송한 교회와 단체는 언제든 '큰일'을 치를 준비가 되어 있어야 한다. 과연 이런 참혹한 짐승의 핍박을 교회가 어떻게 견뎌낼 수 있을까?

한 때 두 때 반 때의 은혜

다니엘서 7장은 두 가지 신적인 은혜를 제시한다. 납치하고 죽이는 짐승의 핍박 속에서도 교회는 능히 인내하며 그 믿음을 지켜낼 수 있다. 어떻게? 그 짐승의 핍박이 "한 때와 두 때와 반 때"25절만 지속될 것이기 때문이다. 한 때, 두 때, 반 때를 합쳐봤자 세 때 반이다. 세 때 반은 일곱 때의 절반이다. 다니엘서 4장에서 보았듯이 일곱 때는 그것이 7년이든, 일곱 시즌이든, 어떤 일을 이루기에 충분한 시간이었다. 느부갓네살은 그 일곱 때 동안 낮아지고서 그의 교만을 다 내버렸다. 마찬가지 이유에서 만약 짐승의 핍박이 일곱 때 동안 계속된다면 어떤 일이 벌어질까? 믿음을 지켜낼 성도가 한 사람도 남지 않을 것이다. 하지만, 그 핍박은 일곱 때의 절반 밖에 안 된다. 따라서 믿는 척 했던 쭉정이들은 다 떨어져 나가겠지만^{막 4:17} 참 교회는 결국 그녀의 믿음을 지켜낼 것이다. 예수님의 말씀도 이와 동일하다. "그 날들을 감하지 아니하면 모든 육체가 구원을 얻지 못할 것이나 그러나 택하신 자들을 위하여 그 날들을 감하시리라"^{마 24:22}

"한 때, 두 때, 반 때"는 또한 그 짐승의 핍박이 갑작스레 중단될 것을 의미한다. 핍박이 "한 때" 지속될 때 교회는 너무 힘들 것이다. 그 때가 지나서 핍박이 끝날 것을 바랄 것이다. 하지만, 한 때 이후에도 핍박이 계속되어 "두 때"나 더 이어질 것이다. 핍박이 길어질수록 교회의 신음은 더 깊어질 것이다. 교회가 그 두 때까지 참아낼지라도 핍박은 끝나지 않을 것이다. 이 핍박이 언제 끝날까 싶을 것이고 모든 쭉정이들이 다 떨어져 나갈 것이다. 하지만, 바로 그 때 갑작스레 그 핍박이 반 때 만에 끝날 것이다. 주님이 갑작스레 재림하실 것이다.

뿐만 아니라 25절의 "한 때와 두 때와 반 때"는 본문 18절의 "영원하고 영원하고 영원하리라"와 대조된다. 주의 이름으로 고난당하고 핍박받는 것은 그것이 납치나 순교일지라도 "한 때"일 뿐이다. 또 그것이 반복된다 할지라도 "한 때, 두 때, 반 때"일 뿐이다. 하지만, 결국 우리가 누리게 될 하나님의 나라의 행복은 "영원하고, 영원하고, 영원할" 것이다! 그 영원한 누림 속에 들어가세 될 때 "한 때, 두 때, 반 때" 동안의 고난은 마치 잠깐 꿈 꾼 것 같을 것이다. "생각하건대 현재의 고난은 장차 우리에게 나타날 영광과 비교할 수 없도다!"^{롬 8:18}

하늘을 주목하는 은혜

다니엘서 7장이 보여주는 또 하나의 은혜는 성부와 성자의 영광이다. 2~8절이 보여준 영상은 끔찍한 짐승들이 날뛰는 세상이었다. 하지만, 곧이어 묵시의 카메라가 천상으로 줌업 된다. 성부 하나님의 영광스런 하늘보좌 앞에서 지엄한 불 심판이 집행된다.9~12절 성자 하나님께 영원한 권세와 영광의 나라가 주어진다.13~14절 7장 전반부에 등장하는 상반된 이 두 영상이 보여주는 메시지가 무엇인가? 무서운 짐승이 판치는 현실을 살아가는 이 땅의 성도들은 명심하라는 것이다. 결코 그 짐승들 때문에 당하는 고난과 고통 때문에 절망하지 말라는 것이다. 이제 곧 이 땅을 공의로 심판하실 영광스런 하나님만 주목하라는 것이다. 그래서 7장 후반부에서도 "짐승의 잔인한 핍박"과 "성도의 궁극적 승리" 패턴이 세 번이나 반복된 것이다.15~18절; 19~22절; 23~27절 땅의 핍박을 인내하려면 오직 하늘만 주목하라는 것이다.

하나님의 보좌를 바라본 선지자들은 다니엘 이전에도 여럿 있었다. 먼저, 벧엘에서 야곱이 보았다.창 28:13 미가야도왕상 22:19 이사야도사 6:1 보았다. 하지만, 이들의 묘사한 영상에서 하나님의 얼굴은 그다지 선명하게 드러나지 않았다. 그에 비하면 다니엘서 7장이 보여주는 하나님의 얼굴과 그분의 하늘보좌는 깨끗한 HD 고화질이다. "왕좌가 놓이고 옛적부터 항상 계신 이가 좌정"하셨다.9절 "옛적부터 항상 계신 이"라고 번역된 아람어 "아티크 요민 עַתִּיק יוֹמִין"의 문자적 의미는 "매우 늙은 분"이다. 존경받으실 하나님을 노인의 모습으로 묘사한 것이다. 어거스틴이 그의 고백록에서[53] "주여, 당신은 아주 오래되었으면서도 아주 새로운 아름다움이신데, 나는 당신을 너무 늦게야 사랑하게 되었나이다." 했을 때의 그 오래 되신 분이다. 따라서 "세월이 오랜 자"라고 번역하거나[54] "연로하신 분"으로 번역하는 것이[55] 개역개정이나 새번역보다는 나을 것이다. 또한 눈 같이 흰 "그의 옷"과

양털 같은 "그의 머리털"은 그 지극히 연로하신 그분의 의로우심과 지혜를 드러낸다. 무엇을 위한 의로우심과 지혜인가? 그 다음 구절을 보자. "그의 보좌는 불꽃이요 그의 바퀴는 타오르는 불이며 불이 강처럼 흘러 그의 앞에서 나오며" 즉, 지극히 연로하신 하나님의 의로우심과 지혜는 짐승에 대한 불 "심판"을 위함이다.9~10절 또한 "그를 섬기는 자는 천천이요 그 앞에서 모셔 선 자는 만만"인 것은10절 심판자 하나님의 영광과 위엄과 권세를 확증한다. 또 그분의 심판대 앞에 "책들이" 펼쳐져 있는 것은10절 이 우주적인 심판이 정확한 기록에 따른 공의로운 심판임을 보여준다. 결국 짐승의 모든 죄악이 다 드러나게 되고 그 "짐승은 죽임을 당하고 그의 시체가 상한 바 되어 타오르는 불에 던져"진다!11절

이 얼마나 통쾌하고 멋진 장면인가! 전 세계의 핍박받는 그리스도인들은 고난이 깊어질 때마다 이 "환상적인" 승리를 묵상해야 한다. 그런데 이것이 끝이 아니다. 영광스러운 묵시가 계속 이어진다. 이번에는 "인자 같은 이"가 등장한다. "사람 같은 이"라고 했으니 그 외모는 분명 사람이다. 하지만, 그의 능력은 실상 하나님이다. 첫째로, 그는 하나님만 타시는시 18:10; 68:33; 104:3~4; 사 19:1 하늘 구름을 타고 왔다. 둘째로, 그는 아무런 두려움이나 상함 없이 심판의 불이 뿜어져 나오는 하나님의 면전에 다다갈 수 있었다. 셋째로, 그는 하나님이 독점하셔야 할 "권세와 영광과 나라를" 위임 받으셨다. 넷째로, 다니엘과 세 친구들이 보여주었듯이 하나님께만 경배해야 할 "모든 백성과 나라들과 다른 언어를 말하는 모든 자들이" 그 인자에게도 경배했다. 그러므로 "인사 같은 이"는 사람의 외모를 지녔지만 동시에 하나님이시다. 그래서 지난 2천 년 간 다니엘서 7장을 읽어온 교회는 이 "인자 같은 이"를 성육신 이전의 주 예수 그리스도로 단박에 알아보았던 것이다. 예수님은 스스로를 다니엘서의 "그 사람의 아들"로 칭하셨다.막 8:38; 요 12:34 예수님은 구름을 타고 오실 것이다.막 14:26; 계 1:7 예수님은 하나

님과 함께 존재하신 분이다.요 1:1~2 예수님은 하늘과 땅의 모든 권세를 위임받은 분이다.마 28:18 예수님은 하나님처럼 경배 받으시는 분이다.마 28:17 그래서 우리는 고난의 때에 우리 주 예수님을 주목해야 한다. "그들이 이 말을 듣고 마음에 찔려 그를 향하여 이를 갈거늘 스데반이 성령 충만하여 하늘을 우러러 주목하여 하나님의 영광과 및 예수께서 하나님 우편에 서신 것을 보고 말하되「보라 하늘이 열리고 인자가 하나님 우편에 서신 것을 보노라」"행 7:54~56

폭풍 중에 임하는 평화와 안식

큰 고난 가운데 다니엘서 7장이 전하는 진리를 체험하신 외국인 동료 한 분의 간증을 나누며 오늘 말씀을 맺겠다.

우리 가정은 몇 년 전에 중동 땅에 들어갔다. 사람인지 짐승인지 모를 이들의 자살폭탄 테러로 무고한 한국인 네 명이 희생된 지 두 달 후였기에 그 땅의 작은 한인사회는 큰 충격에 빠져 있었다. 그런데 우리가 도착한지 4주 후, 짐승의 또 다른 핍박이 자행되었다. 한국인 하나를 포함한 여섯 명의 기독교인 어른과 세 명의 어린 자녀들이 납치당했다. 그리고 사흘 후 한국인 한 분을 포함한 세 명의 싱글 자매들의 훼손된 시신이 광야에 버려졌다. 그들은 이 무슬림 나라의 법을 어긴 적이 없었다. 이웃 무슬림들과 평화롭게 지내며 현지 병원을 통해 그리스도의 이름으로 30년 넘게 인술을 베풀었다. 그러자 짐승은 납치와 살인으로 반응했다.

아직 시신이 발견되지 않은 나머지 어른 세 명과 아이 세 명의 사진과 이름을 우리 집 식탁 옆에 붙여놓고 가족이 함께 기도했다. 한국의 동지들에게도 기도제목을 나누었다. 이번 테러를 당한 국제단체에 속한 선생들의 현지 기도회에도 참석했다. 하지만, 나머지 여섯 명의 소식을 알 길이 없었다. 그렇게 6개월이 흘렀다. 비자 변경을 위해 잠시 수도로 올라가 선생들의 숙소에 하루를 묵었을 때 그곳에서 우연히 ㅌ선생 부부와 마주쳤다. 그들은 팀원 9명을 하루 만에 잃은 그 의료팀의 팀장이었다. 짐승의 그 테러 이후 그들은 수도로 물러 나와 고통의 시간을 보내고 있었다. 어떤 위로라도 건네고 싶었다. 하지만, 무슨 말을 꺼내든 실례가 될 것이 분명했다. 그냥 눈인사만 나누고 지나쳐야 했다. 그로부터 2년이 지났다. ㅌ선생 부부와 우리는 우연히 같은 지역에서 사역하게 되었다. 매년 찾아오는 그 지역의 악천후 시즌에 그들과 우리 부부만 그 지역에 남게 되었다. 우리 네 사람은 매주 한 사람씩 돌아가며 소그룹 예배를 인도했다. ㅌ선생의 부인인 ㅇ선생 차례가 되었을 때 그녀는 6년 전의 그 사건에 대한 자신의 간증을 나누었다. 지난 시간 그 누구와도 나눌 수 없었다고 했다. 하지만, 이제는 자신이 경험한 주님의 은혜를 고백하고 싶다고 했다. 그러고는 종이에 적어 온 아래의 글을 떨리는 목소리로 또박또박 읽어갔다.

2009년 ○월 ○○일, 여섯 명의 어른들과 세 명의 아이들이 납치되었습니다. 그리고 사흘 후인 ○○일에는 그 중 세 명의 자매들이 살해되었습니다. 저희는 그 도시와 우리의 사역과 친구들을 떠나야 했습니다. 수도에서 기다리며 추가 소식을 기다리며 미래를 놓고 기도하고 있었습니다. 나는 그 모든 상황들로 인해 내적으로 치열하게 분투했습니다.
어느 날 저녁 나는 남편에게 말했습니다. "내 노트를 들고 위층에서 혼자 좀 머물러 있을게요." 나는 위층에 혼자 올라가 하나님 앞에서 그 노트에 나의 모든 슬픔과 질문들을 하나씩 다 써 내려갔습니다. 페이지를 넘기고 또 넘겼습니다. 또한 하나님이 내 마음에 생각나게 하시는 모든 성경구절들도 다 기록해 나갔습니다. 이어진 다음 날들에도 주님은 내 마음에 계속 많은 말씀들을 생각나게 하셨고 저는 그것을 모두 노트에 기록했습니다. 나의 모든 마음을 그 노트에 다 쏟아놓고 그에 대한 하나님의 말씀들을 기록하고 또 그에 대한 나의 기도를 기록해 나가면서 나는 큰 은혜를 입었습니다. 결국 나는 다시금 철저하게 그분만 의지하며 살아가는 존재가 되고 싶었습니다. 저는 그 이후로도 저의 모든 내적 갈등과 의문들을 그것들에 대한 하나님의 응답들과 함께 노트에 기록하고 있습니다. 나에게 격려가 필요할 때마다 나는 나의 그 노트를 펴서 그것들을 읽습니다. 그 때마다 주님이 내 마음 속에서 역사하십니다. … 그분이 주시는 평화는 영적인 평화입니다. 그분이 주시는 안식은, 아무 문제가 없는 상황이 아니라, 폭풍이 몰아치는 상황에서 역사합니다.

열방 가운데에서 짐승으로부터 핍박당하고 있는 이 시대 교회의 사명이 무엇인가? "한 때와 두 때와 반 때" 동안 우리 주님의 얼굴을 주목하는 것이다. "우리 하나님이여 그들을 징벌하지 아니하시나이까 우리를 치러 오는 이 큰 무리를 우리가 대적할 능력이 없고 어떻게 할 줄도 알지 못하옵고 오직 주만 바라보나이다."^{대하 20:12} 짐승의 핍박이 거세질수록 더욱 임박한 하나님의 불심판과 예수님의 영원한 나라를 믿음과 인내로써 바라보는 것이다. "누구든지 귀가 있거든 들을지어다 사로잡힐 자는 사로잡혀 갈 것이요 칼에 죽을 자는 마땅히 죽을 것이니 성도들의 인내와 믿음이 여기에 있느니라"^{계 13:9~10} 고난 없이 살고 싶고 명성과 권세와 부를 마음껏 누리고 싶은 내 안의 짐승에 속지 않도록, "사탄아 내 뒤로 물러가라!"는 예수님의 꾸짖음을 듣지 않도록, 매순간 우리 자신을 다잡아 주님 앞에 무릎 꿇는 것이다. "이기기를 다투는 자마다 모든 일에 절제하나니 그들은 썩을 승리자의 관을 얻고자 하되 우리는 썩지 아니할 것을 얻고자 하노라 그러므로 나는 달음질하기를 향방 없는 것 같이 아니하고 싸우기를 허공을 치는 것 같이 아니하며 내가 내 몸을 쳐 복종하게 함은 내가 남에게 전파한 후에 자신이 도리어 버림을 당할까 두려워함이로다"^{고전 9:25~27}

❖ 주 예수여, 그 땅에 다시 들어가 사역하는 것을 위협하는 온갖 혼란과 두려움의 바다를 꾸짖어 주십시오. 죽이고 또 죽이는 시리아와 리비아와 예멘의 짐승으로 인해 두려움과 낙심에 사로잡힌 주님의 백성들에게 인내와 믿음을 주십시오. 오늘도 하나님의 나라가 이들 땅에 온전히 임하기를 소망하며 고난과 환난을 자처한 모든 현장선교사들과 본부사역자들에게 인내와 믿음을 주십시오. 아무리 강하고 무서운 핍박일지라도 한 때와 두 때와 반 때 만에 갑작스런 종말이 임할 것을 믿습니다. 지금 이 시간에도 열방 곳곳에서 수난 당하고 있는 우리의 형제자매들을 기억해 주십시오. 지금 이 시간 그들에게 하늘구름을 타고 임하실 주님을 주목하는 선명한 영안을 주십시오.

❖ 이 세상은 요란하나 (찬 475 or 414)

❖ 하늘에 놓인 보좌에
  영원하신 하나님이 앉으셨네
  하나님의 의는 눈부시고
  그분의 지혜는 셀 수 없네
  모든 권세와 영광과 나라가
  하나님의 것이니
  불 가운데 거하시는 그분 앞에
  그 누가 서리요
  천군천사 둘러선 심판 날에
  짐승의 권세가 멸망하리라

  구름을 타신 인자가
  거룩하신 하나님께 나오시네
  인자의 의는 안전하고
  그분의 위엄이 끝이 없네
  모든 권세와 영광과 나라를
  인자에게 주셨으니
  하나님 우편에 서신 인자의 영광
  그 누가 알리요

예수의 권세는 하나님 권세
성도가 누릴 주님의 나라는
영원, 영원 또 영원하리라

다니엘서 8장
언제까지 계속될까

> 13 그 때 한 거룩한 존재의 말소리가 내게 들렸는데 어떤 다른 거룩한 존재가 그 말한 분에게 여쭈었다. 「규칙적인 제사에 관한 그 환상의 내용 즉 그곳을 황폐하게 만드는 죄악과 성소와 군대가 짓밟히게 되는 그 일이 언제까지 계속될 것입니까?」 14 그러자 그가 나에게 말씀하셨다. 「2,300 저녁과 아침 동안이니 그제야 성소가 올바르게 되리라」(단 8:13~14, 私譯)

두 번째 환상

다니엘에게 다시 환상이 임했다. 다니엘은 이번 환상을 지난 7장의 환상과 연관 지어 생각하고 있다. "나 다니엘에게 처음에 나타난 환상 후 벨사살 왕 제삼년에 다시 한 환상이 나타나니라"1절 하지만, 7장과 8장의 환상은 두 가지 점에서 구별된다.

먼저, 7장의 것은 다니엘이 꿈을 꾸면서 받은 환상이었다. 하지만, 이번 8장의 것은 다니엘이 깨어 있는 가운데 임했다. 그것도 그가 다른 장소로 이동하여 보게 된 환상이다. 아쉽게도 개역개정판 성경은 이 부분을 제대로 번역하지 못했다. "… 내가 그것을 볼 때에 내 몸은 엘람 지방 수산 성에 있었고 내가 환상을 보기는 을래 강변에서…"2절라고 번역은 다니엘의 몸도 엘람 지방에 가 있었다고 오해하게 만든다. 반면에 새번역 성경은 이런 오해를 바로잡았다. "환상 속에서 보니, 나는 엘람 지방 수산 성 을래 강가에 서 있었다." 다른 영어 역본들도 바벨론에 머물러 있던 다니엘이 환상 속에서만 엘람 지방의 수산 성으로 이동한 것을 잘 번역했다.[56]

역사적인 상황을 살펴보아도 다니엘이 육체적으로 엘람지방에 존재했다고는 보기 어렵다. 당시 엘람지방의 수산 성은 바벨론에서 동쪽으로 350km 정도, 페르시아 만에서 북쪽으로 240km 정도 떨어진 페르시아의 도시였다.57) 느 1:1; 에 1:2 바벨론에 속한 땅이 아니었기에 다니엘이 육체적으로 존재하기는 어려운 곳이었다. 환상을 보게 된 그 시점에 다니엘은 분명 바벨론 안에 머물러 있었다.27절 그렇다면 환상 중에 다니엘의 영혼만 그 곳으로 이동한 것일까? 이런 식으로 이해하기엔 뭔가 모르게 이상야릇하다. 하지만, 때로 하나님이 당신의 선지자들에게 그와 비슷한 신비한 경험이나 은사를 허락하신 것은 사실이다.왕하 5:26 에스겔 역시 다니엘서 8장의 다니엘과 동일한 방식으로 환상을 받았다. 그 장면도 다니엘서처럼 8장에 기록되어 있다. "… 나는 집에 앉았고 … 주 여호와의 권능이 거기에서 내게 내리기로 … 그가 손 같은 것을 펴서 내 머리털 한 모습을 잡으며 주의 영이 나를 들어 천지 사이로 올리시고 하나님의 환상 가운데에 나를 이끌어 예루살렘으로 가서 …"겔 8:1~3 이런 신비로운 장면들을 논리적으로 설명하기는 어렵다. 그냥 역사적 사실로 받아들이면 될 것이다.

분명한 사실은 이것이다. 하나님은 다니엘을 그가 살고 있는 공간과 시간을 초월시켜가면서까지 그에게 어떤 메시지를 주고자 하셨다. 따라서 다니엘서 8장의 환상에는 다니엘과 우리가 반드시 깨달아야 할 중요한 진리가 있는 것이다. 우리가 붙잡아야 할 이 진리가 오늘 메시지의 주제다. "주님, 언제까지입니까?" "언제까지 계속될 것입니까?"13절, 私譯

두 번째 환상의 강조점

7장과 8장 환상들의 또 다른 차이점은 이 환상들의 강조점에 있다. 8장에서 등장하는 두 짐승은 7장에 등장했던 네 짐승 가운데 포함되어 있다. 8장 4절의 "당할 짐승이 하나도 없고 그 손에서 구할 자가" 없었던 숫양이 7

장에서는 다른 짐승의 고기를 마음껏 먹었던 곰 같은 짐승이었다.단 7:5 또한 8장 5절의 "온 지면에 두루 다니되 땅에 닿지" 않을 정도로 빨리 달렸던 숫염소는 7장에서 네 개의 날개가 달렸던 표범 같은 짐승이었다.단 7:6 그렇다면 7장에 등장했던 짐승들 중 일부가 8장에 다시 등장한 이유가 무엇인가? 9절에 그 답이 있다. "그 중 한 뿔에서 또 작은 뿔 하나가 나서 남쪽과 동쪽과 또 영화로운 땅을 향하여 심히 커지더니" 8장의 숫염소 짐승에게서 비롯된 작은 뿔 하나가 "영화로운 땅"을 향해 심히 커졌다. "영화로운 땅"은 다니엘의 고향인 이스라엘로서 그곳은 "젖과 꿀이 흐르는 땅이요 모든 땅 중의 아름다운 곳"이었다.겔 20:6,15 숫염소에게서 솟은 이 보잘 것 없는 작은 뿔이 하나님의 백성의 신앙을 파괴하고 짓밟았다.10, 11절 물론 7장의 환상에서도 하나님의 백성이 고통당했다. 하지만, 8장에서는 그 참상이 더 적나라하게 묘사되었다. 7장의 환상을 받았던 다니엘은 마음이 괴롭고 얼굴빛이 변하는 정도의 고통을 느꼈었다.단 7:28 하지만, 이번 환상을 받고서는 아예 드러눕고 말았다.8:27 영혼이 당하는 고통을 육체가 버텨내지 못해 그만 병이 나버린 것이다. 다니엘에게 이 작은 뿔의 만행은 실로 엄청난 충격이었다.

이전 7장의 환상은 권력을 잡은 인간과 세상제국의 실체가 짐승이라는 점을 강조했다. 그런데 그 환상의 2탄인 이번 8장은 그 짐승제국이 하나님의 백성을 무자비하게 핍박할 것을 강조한다. 따라서 우리는 이번 8장에서 핍박 받는 하나님의 백성의 큰 신음소리를 듣게 된다. 그 신음이 바로 개역성경 13절의 "어느 때까지 이를꼬"이다.

동쪽과 서쪽의 전쟁

다니엘이 받은 환상의 전반부는 동쪽과 서쪽의 전쟁이다.3~8절 동쪽의 숫양이 먼저 "서쪽"을 들이받았다.4절 그러자 "서쪽"의 숫양이 "분노한 힘으로" 숫양에게 복수했다.⁵~⁶절 다니엘서 8장은 이 두 짐승의 정치적 실체를 분명하게 밝힌다. 20~21절에 의하면 동방의 숫양은 "메대와 바사"페르시아 제국이고 서방의 숫염소는 "헬라"그리스제국이다. 동방의 숫양과 서방의 숫염소가 싸운 이 묵시는 고대사에서 그대로 성취되었다. 동방의 페르시아가 서방을 공격한 것이 "페르시아 전쟁"이고 서방의 그리스가 동방에 복수한 것이 "그리스 전쟁"이다.⁵⁸⁾

주전 491년 페르시아의 다리우스 1세가 그리스의 주요 도시국가들에게 사절을 보내서 상징적 공물로서 '흙과 물'을 바치라고 명령했다. 대다수의 그리스 도시국가들이 다리우스의 명을 따랐지만 가장 강력한 두 도시국가은 예외였다. 바로 아테네와 스파르타였다. 특히 아테네는 다리우스의 명을 전달한 페르시아의 사신을 아테네의 흉악한 범죄자들을 처형하는 구덩이에 던져버렸다. 이에 격분한 페르시아는 기병 1,000명과 전함 600척으로 구성된 2만 5천명의 병력으로 그리스를 공격했다. 하지만, 아테네가 그 막강한 페르시아 군대를 이겨냈다. 그것이 그 유명한 "마라톤" 전투다. 하지만, 그것은 시작에 불과했다. 10년 뒤인 주전 480년이었다. 다리우스 1세를 이어 왕위에 오른 그의 장자 크세르크세스가 10~15만 명의 대군을 이끌고 그리스를 재침공했다. 이 침공 직전에 크세르크세스아하수에로가 수개월동안 큰 잔치를 벌이면서 장군들의 사기를 돋우는 장면이 에스더서 1장에 기록되어 있다. 스파르타의 왕 레오디나스는 300명의 스파르타 전사들을 이끌고 크세르크세스의 대군에 맞섰다. 그 300명은 테르모필레 전투에서 2만 명의 페르시아 군을 무찌른 후에 장렬하게 전사했다. 하지만, 페르시아의 군대는 10만 명이나 더 남아있었다. 그리스가 페르시아를 막아내기란 역부족이었다. "그것을 당할 짐승이 하나도 없"었다.⁴절 이것이 "페르시아 전쟁"이었다.

그로부터 약 140년이 지나서야 서방의 보복 전쟁이 시작되었다. 마케도

니아의 필립 2세가 일어나 그리스 지역의 맹주가 되었다. 그는 곧바로 페르시아 원정을 준비했다. 하지만, 그는 암살되었고 그의 아들 알렉산더가 아버지의 유업을 이어받았다. 주전 336년에 그리스 군이 동방으로 진격했다. 알렉산더의 군대는 보병 3만 2천에 기병 4,500명에 불과했다. 반면에 페르시아의 병력은 30~60만에 이르렀다. 주전 334년 5월, 소아시아 북서쪽에 있는 그라니쿠스 강에서 첫 전투가 벌어졌다. 그 때 페르시아군의 뛰어난 지휘관들 대부분이 전사했다. 1년 반 후인 주전 333년 11월에 터키 남쪽에서 이수스 전투가 벌어졌다. 페르시아 보병 10만여 명과 기병 1만여 명이 전사하거나 포로가 되었다. 포로들 중에는 다리우스 3세의 어머니와 부인, 그리고 자식들까지 포함되어 있었다. 결국 다마스쿠스도 알렉산더의 손에 떨어졌다. 다리우스 3세는 주전 331년 10월에 이라크 북쪽의 가우가멜라 전투에서 알렉산더에게 결정적으로 패배했다. 알렉산더가 바벨론에 입성했다. 정복자를 환영한 페르시아의 수산 성은 약탈을 면했다. 하지만, 140년 전에 그리스를 침략한 크세르크세스를 연상시킨 페르세폴리스는 철저하게 파괴되었다. 결국 BC 330년에 다리우스 3세가 사망함으로써 "그리스 전쟁"이 종료되었다.

이 알렉산더가 바로 5절에 나오는 "현저한 뿔"이다. 21절에서 "그의 두 눈 사이에 있는 큰 뿔은 곧 그 첫째 왕이요"라고 했기 때문이다. 하지만, 그 뿔은 자신의 전성기에 이르러 갑자기 꺾이고 말았다.[8] 인도 북부까지 손에 넣은 알렉산더의 세계 정복이 그의 갑작스러운 죽음과 함께 멈춘 것이다. 알렉산더기 독살되었다는 소문도 있지만 사실 그는 말라리아로 요절했다. 어느 날 정복자 알렉산더는 말라리아가 풍토병인 유프라테스 강 유역의 늪지대를 헤집고 다녔다. 그 후에 어느 잔치에 참석하여 술을 마시고 있는데 갑자기 그의 가슴이 창이나 화살에 찔린 것처럼 아파왔다. 그는 곧바로 처소로 돌아왔지만 열병은 점점 더 악화되었다. 병상에 누운 알렉산더는 말을 할 수 있는 기력도 남지 않아 손짓으로 의사표현을 해야 했다. 결국 그는 주전 323년 6월 10일 즈음에 숨을 거두었다. 아직 자신의 33세 생일을 맞이하기 전이었다. 그 후 주전 301년까지 22년 동안 알렉산더가 정복한 거대한 세계제국을 두고 치열한 후계자 경쟁이 벌어졌다. 알렉산더의 두 아들인 헤라클레스와 알렉산더 2세는 그 와중에 암살되었다. 결국 거대한 헬라제국은 알렉산더의 장군들이었던 네 후계자들에 의해 분할 통치되었다. "이 뿔이 꺾이고 그 대신에 네 뿔이 났은즉 그 나라 가운데에서 네 나라가 일어나되 그의 권세만 못하리라"22절

작은 뿔과 하나님 백성의 전쟁

교회에서보다는 학교에서 먼저 배우게 되는 페르시아와 그리스의 전쟁을 다니엘서 8장이 이처럼 상세하게 예언한 이유가 무엇인가? 두 가지 이유가 있을 것이다. 하나는 하나님의 백성들을 핍박하게 될 작은 뿔의 역사적 기원을 밝힌 것이다. 그 뿔은 알렉산더라는 큰 뿔에서 기원했다. 그 작은 뿔은 알렉산더가 이룩한 헬레니즘을 명분으로 하나님의 백성을 박해할 것이다.

하지만, 숫양과 숫염소의 싸움을 구체적으로 거론한 보다 중요한 이유가 있다. 숫염소 그리스가 숫양 페르시아를 무참하게 짓밟았다. 마찬가지로 그 숫염소에게서 난 작은 뿔도 하나님의 백성들을 무자비하게 박해할 것이다. 알렉산더가 이끄는 숫염소가 숫양을 무자비하게 짓밟는 것을 아무도 막아낼 수 없었다. 마찬가지로 알렉산더의 후계자 중 하나인 작은 뿔 하나가 하나님 백성들의 신앙생활을 무자비하게 파괴하는 것도 아무도 막지 못할 것이다. 하나님의 백성들은 자신들을 핍박하는 세상 왕의 권세 앞에서 철저하게 무력할 것이다. 하나님은 그 작은 뿔에게 계속적인 승리를 허락하실 것이다. 그래서 하나님의 편에 서서 그 작은 뿔과 싸우는 "하늘

군대"가 무참하게 패배할 것이다. 10절 그 작은 뿔이 "군대의 주재"이신 하나님을 대적하면서 하나님을 예배하지 못하도록 날뛰는데도 하나님은 가만히 계실 것이다. 11절 그 작은 뿔의 신성모독적인 파괴행위에도 불구하고 다니엘서 5장과 같은 하나님의 손가락은 신속하게 나타나지 않을 것이다. 마치 하나님이 숨어계신 것 같고 마치 하나님이 두 눈을 감고 계신 것처럼 보일 것이다. 영원한 진리인 하나님의 말씀이 짓밟히고, 하나님만을 섬기는 신신한 백성들이 계속 죽어나가는데도 하나님은 전혀 모르는 척 하시는 것처럼 보일 것이다.

그래서 이런 현실을 도저히 이해할 수 없는 하나님의 백성들은 쓰라린 마음으로 울분을 터뜨릴 것이다. 결국 모든 하나님의 백성들이 피눈물을 흘리며 하늘만 쳐다보게 될 것이고 속 터지는 질문들을 쏟아낼 것이다. "언제까지 이 참담한 현실이 계속되어야 하는가? 도대체 언제까지 하나님은 가만히 계시기만 하실 것인가?"

이천삼백 저녁 아침

그런데 이 분통 터지는 영상을 다니엘 혼자 본 것이 아니었다. 하늘의 천사들도 함께 관람하고 있었다. 그러다 결국 그들 중 하나가 더 이상 참지 못해 자기 옆의 천사에게 이렇게 물었다. 13절 말씀이다. "환상 속에서 본 이 일들이 언제까지나 계속될까? 언제까지나 계속해서, 매일 드리는 제사가 폐지되고, 파멸을 불러올 반역이 자행되고, 성소를 빼앗기고, 백성이 짓밟힐까?"새번역 그러자 질문을 빋은 그 천사는 자신의 대답을 동일한 질문 때문에 궁금 앓고 있던 다니엘에게 들려주었다. 14절 말씀이다. "2,300 저녁과 아침 동안이니 그제야 성소가 올바르게 되리라"私譯 작은 뿔이 하나님의 백성들을 박해하는 것을 하나님이 허락하신 시간을 히브리어 어순대로 한 단어씩 직역하자면 "저녁 아침 2,300"עֶרֶב בֹּקֶר אֲלָפִים וּשְׁלֹשׁ מֵאוֹת이고 이를 다시 자연스럽게 표현하자면 "이천삼백 저녁들과 아침들" "2,300 evenings and mornings" ESV, NLT, TNIV 공통 이다.

"저녁과 아침"이란 표현은 그 악한 뿔이 하나님의 성전에서 "매일 드리는 제사"11절를 파괴하는 문맥에서 나온 것이다. 성막과 성전에서 하나님께 매일 드렸던 제사가 무엇이었나? 아침과 저녁에 걸쳐서 하루에 두 번 드리는 제사였다. "네가 제단 위에 드릴 것은 이러하니 매일 일 년 된 어린 양 두 마리니 한 어린 양은 아침에 드리고 한 어린 양은 저녁때에 드릴지며"출 29:38~39 ; "… 너희가 여호와께 드릴 화제는 이러하니 일 년 되고 흠 없는 숫양을 매일 두 마리씩 상번제로 드리되 어린 양 한 마리는 아침에 드리고 어린 양 한 마리는 해 질 때에 드릴 것이요"민 28:3~4 그렇다면 다니엘서 8장의 문맥에서 2,300주야는 2,300일을 의미하기 보다는 2,300번의 아침 제사와 저녁 제사를 의미할 것이다. 이런 점에서 "밤낮 이천삼백 일"이라고 의역한 새번역보다는 "이천삼백 주야"로 직역해놓은 개역개정판의 번역이 더 낫다. 2,300번의 아침 제사와 저녁 제사는 1,150일 동안 드려지는 제사일 수 있기 때문이다.

2,300주야를 1,150일 동안 이루어질 2,300번의 아침 제사와 저녁 제사로 이해하는 것은 다니엘의 이 묵시가 역사 속에서 1차적으로 성취된 유다 마카비의 투쟁사에서도 뒷받침된다. 알렉산더가 죽은 지 200년 후에 일어난 이 전쟁은 신구약 중간기의 경건서적 중 하나인 마카비서에 잘 기록되어 있다.59) 주전 167년 12월에 안티오쿠스 왕이 예루살렘의 성전 안에 제우스 제단을 쌓았던 때부터 주전 164년 12월에 유다 마카비에 의해 성전이 정결하게 되고 재 봉헌 될 때까지의 3년이 "대략" 1,150일인 것이다.

하나님의 시간이 찰 때까지

하지만, 이 환상이 단순히 유대인들에 대한 안티오쿠스의 3년간의 박해만을 의미하지는 않는다. 이는 다니엘서 8장의 환상이 반복 전개되는 9장과 11장의 경우도 마찬가지다. 그래서 가브리엘 천사가 17절 후반부에서 다니엘에게 이렇게 말한 것이다. "이 환상은 정한 때 끝에 관한 것이니라" 19절 후반부에서도 또다시 말한다. "이 환상은 정한 때 끝에 관한 것이니라" 이 "정한 때 끝"이 언제인가? 안티오쿠스에 대한 유다 마카비의 투쟁 직후가 아니다! 유대인들은 얼마 못가 로마의 지배를 받게 되었기 때문이다. 따라서 다니엘서 8장의 묵시가 궁극적으로 유다 마카비 시대를 가리켰다고 볼 수는 없다. 이 묵시는 아직도 미래에 속해 있는 그 끝, 하나님이 정해놓으셨으나 우리는 정확히 알 수 없는 그 종말에 관한 계시다.

그래서 신약시대에 이르러 사도바울은 다니엘서 8장의 이 악독한 작은 뿔 같은 자에 대해 다시 한 번 경고했다. "누가 어떻게 하여도 너희가 미혹되지 말라 먼저 배교하는 일이 있고 저 불법의 사람 곧 멸망의 아들이 나타나기 전에는 그 날이 이르지 아니하리니 그는 대적하는 자라 신이라고 불리는 모든 것과 숭배함을 받는 것에 대항하여 그 위에 자기를 높이고 하나님의 성전에 앉아 자기를 하나님이라고 내세우느니라"살후 2:3~4 동시에 사도바울은 "그 마지막 날"이 이미 시작되었다고 보았다. "너는 이것을 알라 말세에 고통 하는 때가 이르러 사람들이 자기를 사랑하며 돈을 사랑하며 자랑하며 교만하며 비방하며 부모를 거역하며 감사하지 아니하며 거룩하지 아니하며 무정하며 원통함을 풀지 아니하며 모함하며 절제하지 못하며 사나우며 선한 것을 좋아하지 아니하며 배신하며 조급하며 자만하며 쾌락을 사랑하기를 하나님 사랑하는 것보다 더하며 경건의 모양은 있으나 경건의 능력은 부인하니 이 같은 자들에게서 네가 돌아서라"딤후 3:1~5 여기서 "네가 돌아서라"는 것은 지금 돌아서라는 말이다. 왜? 지금이 바로 말세이기 때문이다. 이처럼 신약성경은 말세가 예수님의 초림과 함께 시작되었다고 본다.히 1:1~2 그리고 이 말세는 예수님의 재림 직전에 그 정점을 찍을 것이다. 그러므로 마지막 때에 관한 다니엘서 8장의 묵시는 예수님의 재림을 기다리며 말세를 살아온 지난 2천의 모든 교회를 위한 말씀이었다. 그리고 또한 예수님의 재림을 향해 달려가고 있는 이 시대의 교회를 위한 말씀이다.

우리 주변의 거짓 교사들

하지만, 우리는 조심해야 한다. 역사상 수많은 거짓 교사들이 다니엘서 묵시들을 빙자하여 말세에 대한 거짓 예언을 일삼았다. 170년 전, 침례교 목사였던 윌리엄 밀러가 대표적이다. 그는 다니엘서 8장의 2,300주야가 2300년이라고 주장했다. 또한 그 2300년이 예루살렘의 준건 명령이 내려진 주전 457년에 시작되었다고 했다.60) 그래서 주전 457부터 2300년이 지난 시점인 1843년 3월 21일에서 1844년 3월 21일 사이에 예수님이 재림할 것이라고 설교했다. 하지만, 그 1년 동안 아무 일도 일어나지 않았다. 하지만, 그는 회개하지 않았다. 단지 자신에게 미세한 계산착오가 있었다면서 예수 재림이 1844년 10월 22일에 일어날 것이라고 수정했다. 하지만, 그 날 역시 평범하게 지나갔다. 그의 추종자들은 엄청난 실망감에 빠졌다. 하지만, 윌리엄 밀러의 영향력은 그대로였다. 그리고 결국 오늘날의 안식일예수재림교회를 낳았다.

여호와의 증인도 똑같은 해프닝을 벌였다. 그들은 1914년에 예수님이 영적으로 공중에서 재림하셨다고 주장했다. 그리고 그 근거가 다니엘서 4장에 나오는 "일곱 때"라고 했다. 그리고 그 일곱 때를 세기 시작하는 기준점을 이스라엘이 바벨론에 포로로 잡혀간 주전 606년으로 잡았다. 또한 1년을 360일로 잡았다. 그래서 360×7-606이라는 계산식을 만들어냈다. 그 답이 1914년이었다.

안식일교회나 여호와의 증인들이 범한 이런 위험한 숫자놀이는 최근까지도 계속되었다. 많은 거짓 교사들이 다니엘서나 요한계시록 같은 "묵시"

서에 등장한 여러 숫자들을 자기 마음대로 해석했다. 이런 숫자놀이로써 예수님이 언제 어느 때에 재림할 것이라고 주장한 사건이 1945~1994년까지의 50년 동안에만 200번도 더 넘게 일어났다.61)

거짓교사 이장림

한국인들이 잊지 못할 사건들 중 하나는 1992년도에 발생한 시한부종말론이다. 다미선교회의 이장림은 1992년 10월 28일에 주님이 재림하신다고 확신 있게 말했다. 그의 허무맹랑한 주장은 다니엘서의 묵시적 숫자들을 제 마음대로 계산하고 또 계산함으로써 나왔다.62) 그의 시작은 이랬다.63) 1987년 5월의 어느 날이었다. 유명한 모 기독교출판사의 번역부에서 근무하던 이장림은 하나님으로부터 직통계시를 받는다는 어린아이들을 찾아 나섰다. 그가 찾아낸 아이들은 진군, H군, 그리고 K양이었다. 이장림은 이 아이들을 데리고 1989년부터 자기 가정에서 다미선교회를 시작했다. 그리고 자신이 근무했던 그 기독교출판사를 통해 〈다가올 미래를 대비하라〉는 책을 출간했다. 그때부터 한국교회를 향한, 이장림을 통한, 마귀의 미혹이 시작되었다. 전국의 61개의 도시와 미국과 호주를 비롯한 해외에 37개의 지부가 설립되었다. 이장림은 수많은 돈을 거머쥐었다. 그는 150평 되는 큰 집을 구입해 살았다. 그는 결국 1992년 9월 24일에 사기범으로 구속되었다. 그의 집에는 34억의 현금이 보관되어 있었다. 더욱 놀라운 사실은 그가 보관하고 있던 환매채였다. 그 채권들의 만기일은 1993년 5월이었다. 예수님이 재림할 것이라고 주장했던 1992년 10월 28일을 훌쩍 넘긴 날짜였다.

이장림이 구속되었음에도 그가 퍼뜨린 재림열풍은 수그러들지 않았다. 1992년 10월 28일 밤 12시가 되도록 전국에 퍼진 150여 집회소에서 광란의 밤 집회가 이어졌다. 수많은 사람들이 유언장을 작성해 놓고서 하얀 옷을 입은 채로 예수 재림을 기다렸다.64) 집과 학교를 뛰쳐나온 학생들, 처자식을 버려두고 나온 가장들, 남편과 자식을 떠나온 가정주부들, 회사를 뛰쳐나온 직장인들이 자기 몸을 흔들며 울부짖었다. 하지만, 아무 일도 일어나지 않았다. 당황한 그들은 서울 다미선교회를 비롯한 다른 모임들에 급히 전화를 돌려보았다. 하지만, 다행히(?) 다른 곳에서도 휴거되었다는 소식은 없었다. 5년간 한국과 해외 교포사회를 뒤집어놓은 스캔들이 그렇게 끝났다.

너도 시험을 받을까 두려워하라

예수님이 언제 어느 때에 오신다며 우리를 미혹했던 자들은 과연 어떤 종류의 사람들이었을까? 이들이 처음부터 나쁜 사람들이었던 것은 아니다. 그들은 정통 교단의 목사였다. 번듯한 기독교출판사의 직원이었다. 성경 말씀을 문자 그대로 믿으려 했던 순진한 성도들이었다. 그러나 마귀는 바로 그 순진함을 통해 그들을 미혹했다. 그 순진함이란 다니엘서와 계시록의 "묵시"들까지도 "역사"나 "율법"처럼 문자적으로 해석하려 드는 마귀적인 어리석음이었다. 결국 그들은 자신들의 그 순진한 열심 때문에 거짓의 아비인 사탄에게 손쉽게 미혹되었다. 뿐만 아니라 수많은 다른 사람들까지 미혹한 거짓 선생들이 되었다. 그래서 하나님은 사도바울을 통해 우리에게 이렇게 경고하셨다. "형제들아 사람이 만일 무슨 범죄 한 일이 드러나거든 신령한 너희는 온유한 심령으로 그러한 자를 바로잡고 너 자신을 살펴보아 너도 시험을 받을까 두려워하라"갈 6:1 따라서 우리는 그럴듯한 계산식을 들이대며 묵시적인 숫자들을 문자적으로 술술 풀어가는 자들을 경계해야 한다. 그들은 "한 때와 두 때와 반 때"단 7, 12장, "이천삼백 주야"단 8장, "일흔 이레"단 9장, 그리고 "천이백구십 일"과 "천삼백삼십오 일"단 12장 같은 묵시적 숫자들에 병적으로 집착한다. 우리는 이와 같은 시험에 우리도 빠지지 않도록 두려워해야 한다. 하나님께만 속한 어떤 비밀스런 타이밍을 어떻게든 알아내려는 마귀적인 유혹을 단호하게 거절해야 한다. "여러분이 무엇보다도 먼저 알아야 할 것은 이것입니다. 아무도 성경의 모든 예언을 제 멋대로 해석해서는 안 됩니다."벧후 1:20, 새번역

그렇다면 "정한 때 끝"19절은 과연 언제일까? 사실 다니엘도 갈피를 잡을 수 없었다. 꿈과 이상 해석의 전문가였던 다니엘은 분명 "이 환상을 보고 그 뜻을 알고자" 노력했다.15절 하나님께서도 가브리엘에게 "이 환상을 이 사람에게 깨닫게 하라"고 명하셨다.16절 그래서 가브리엘이 다니엘에게 "인자야 깨달아 알라"고 권했다.17절 가브리엘은 "내가 네게 알게 하리니"라고 말하면서18절 다니엘에게 말세에 일어날 일을 다 풀어주었다. 하지만, 그럼에도 다니엘은 그 환상을 도무지 이해할 수 없었다.27절 그가 할 수 있는 일은 단지 그것을 간직하는 것이었다.26절 이해할 수는 없었지만 말세가 그렇게 온다고 하니 그렇게 기록해 둘 뿐이었다.27절

말세의 때가 비밀에 속했음은 예수님도 여러 번 강조하셨다. "그러므로 깨어 있으라 어느 날에 너희 주가 임할는지 너희가 알지 못함이니라 너희도 아는 바니 만일 집 주인이 도둑이 어느 시각에 올 줄을 알았더라면 깨어 있어 그 집을 뚫지 못하게 하였으리라 이러므로 너희도 준비하고 있으라 생각하지 않은 때에 인자가 오리라"마 24:42~44 심지어 예수님 자신도 그 때를 모른다고 하셨다. "그러나 그 날과 그 때는 아무도 모르나니 하늘에 있는 천사들도, 아들도 모르고 아버지만 아시느니라 주의하라 깨어 있으라 그 때가 언제인지 알지 못함이라"막 13:32~33 그렇다면 다니엘은 더더욱 알 턱이 없는 것이다.

예상할 수 없는 재림

몇 년 전에 미국의 어느 24시간 기도센터에서 친한 미국인 친구와 이 문

제로 심각하게 대화한 적이 있다. 그곳의 강사가 요엘서를 해석하면서 예수님의 재림에 관한 구체적인 시나리오를 제시한 것이 문제의 발단이 되었다. 그 강의를 듣고서 숙소로 돌아온 나는 나와 함께 그 강의를 들었던 그 친구에게 말했다. 나는 그 강사의 의견에 동의할 수 없다고. 그 친구가 왜 그런지 물었다. 나는 예수님의 말씀을 그 이유로 제시했다. "이러므로 너희도 준비하고 있으라 생각하지 않은 때에 인자가 오리라"마 24:44 "주의하라 깨어 있으라 그 때가 언제인지 알지 못함이라"막 13:33 예수님은 분명 우리가 생각지 못한 때에 재림하신다고 말씀하셨다. 예수님이 언제 오실지 아무도 예상할 수 없다는 말씀이다. 하지만, 그 강사는 이런 저런 일들이 일어난 후에 예수님이 온다고 가르쳤다. 심지어 그곳의 또 다른 강사는 앞으로 20년 안에 그 일들이 일어날 것이라고 장담했다. 참 기막힐 노릇이었다. 예수님은 결코 그렇게 가르치지 않으셨다!

　물론 예수님이 재림하시기 전에 모든 민족에게 복음이 증언될 것이다.마 24:14 유대인들이 대대적으로 주님께로 돌아올 것이다.롬 11:25,26 신앙생활을 훼방하며 자신을 숭배할 것을 요구하는 독재자가 설칠 것이다.살후 2:3,4 신비한 능력으로 신자까지 미혹할 거짓 종교지도자들이 활보할 것이다.막 13:22 이 땅에 큰 재난들이 닥칠 것이다.막 13:19 하지만, "번개가 동쪽에서 나서 서쪽에까지 번쩍이듯이, 인자가 오는 것도 그러할 것이다."마 24:27, 새번역 "그러나 주님의 날은 도둑같이 올 것입니다."벧후 3:10a, 새번역 그러므로 재림의 표적들이 있음에도 불구하고 그것으로 결코 예수님의 재림의 때를 알려주지 못할 것이다. 그 누구도 그 재림의 표적들이 언제, 어떻게, 얼마만큼, 성취되었는지를 판단할 수 없기 때문이다. 해와 달이 어두워지고 별들이 떨어지는 하늘의 징조들마 24:29,30 역시 주님의 재림을 계산하는 데이터로 사용되지 못할 것이다. 그것들이 주님의 재림과 거의 동시에 일어날 것이기 때문이다.

따라서 이런 저런 재림의 표적들이 아직 일어나지 않았기 때문에 예수님이 한 동안 재림하지 않을 것이라는 판단은 위험한 착각이다! 예수님은 번개처럼 순간적으로 임하실 것이다. 예수님은 도적처럼 예상치 못한 때에 재림하실 것이다. 그래서 우리는 항상, 매 순간 예수님의 재림을 준비해야 할 것이다. 매 순간 깨어 기다리는 사람만 수치를 당하지 않을 것이다.

언제까지 계속될까

결론적으로 우리는, 종말에 관하여, "어느 때까지 이를꼬"13절라는 고백으로 만족해야 한다. "이 말세의 고통이 언제까지 계속될까?" 혹은 "이 마지막 때의 고난이 언제까지 내 삶에서 계속될까?"라는 질문으로 충분하다. 하나님은 그 이상 더 구체적인 말씀을 다니엘에게도, 우리에게도 허락하지 않으셨다. 이 결론을 쉽게 설명하기 위해 지난 9개월간 한국에서 겪은 아픔 두 개를 나누고서 말씀을 맺겠다. 하나는 공동체적인 아픔이었고 또 하나는 우리 가정의 아픔이었다.

원치 않았던 본국사역을 당해 한국에 돌아왔다. 지난 3년간 우리 가정의 선교사역을 지원해 주셨던 다섯 교회들 중 한 곳에서 우리의 귀국을 가장 기뻐하셨다. 그 교회가 내게 6개월간 그 교회의 주일 강단을 맡아달라고 하셨다. 담임목사님이 6개월간 병가를 얻어 해외에 머물게 되셨기 때문이었다. 하지만, 수락하기 어려운 요청이었다. 존경받는 원로목사님과 예수님 닮은 원로상보님이 계셨다. 어디 내놓아도 손색이 없을 유능한 부목사님들도 여럿 계셨다. 잠시 머물다 갈 선교사가 주일 강단을 맡는 것은 순리도 아니고 모양새도 좋지 않았다. 누차 고사했다. 하지만, 마땅한 대안을 가지고 있지 못한 그 동역 교회의 사정을 외면할 수도 없었다. 결국 격주로 주일 강단을 맡기로 했다. 하지만, 설교사역을 시작하며 교회의 형편을 들여다보니 기가 막힐 노릇이었다. 교회가 영적으로 참 연약했다. 가장 큰 연약함은 교회 지도자들 간의 미움과 불신이었다. 그분들끼리 서로 말을 섞지 않은지가 일 년이 넘었다고 했다. 그분들을 한 시간씩 따로 만나 서로에게 용서를 구하시길 권했다. 하지만, 다들 상대방이 문제라고 하셨다. 미움의 영이 가득한 곳에 성령이 역사할리 만무했다. 이곳저곳에서 그분들의 불화로 인한 교회의 신음이 새어 나왔다. 주님의 몸 된 교회가 너무나 연약해져 있었다.

그러다 그 비극을 맞았다. 주일학교 여름캠프들 중 하나에서 그 고귀한 생명이 하나님의 품으로 갔다. 2011년 7월의 그날, 울고 울고 또 울었다. 수석장로님을 모시고 장례식장을 방문했지만 우리들을 받아 주기엔 유족들의 아픔이 너무 컸다. 교회는 장례식장에 발을 들여놓을 수조차 없었다. 다음날 아침 한 집사님의 도움을 받아 아내와 둘이서 다시 장례식장을 찾았다. 주의 은혜로 고인이 된 그 학생 부모님의 손을 잡고 통곡으로 기도해 드릴 수 있었다. 그 때 교회의 조문이 허락되었다. 그 날 오후부터 성도들이 장례식장을 방문했다. 그 다음날 담임목사님이 급히 귀국하셨다. 선하고 선한 그분의 눈에 눈물이 마를 날이 없었다. 몇 번 더 힘든 상황이 벌어졌다. 오직 주님의 은혜로 장례식을 마칠 수 있었다. 하지만, 합의금 문제로 다시 긴 내홍이 시작되었다. 교회는 세상이 요구하는 것 이상으로써 그분들을 향한 우리의 죄스러움을 표했다. 하지만, 유족의 상처를 싸맬 수 있는 분은 하나님밖에 없었다. 교회가 그 가정의 치유를 위해 지속적으로 기도하는 수밖에 없었다. 하지만, 또 하나의 과제가 남아 있었다. 그것은 지역 사회와 성도들에게 큰 상처를 안겨준 우리의 죄악들을 하나씩 회개하며 교회다운 모습을 회복하는 것이었다. 교회가 마련한 회개기도회의 설교와 인도가 또 내게 맡겨졌다. 설교를 마친 후 다함께 우리의 죄악을 토해내고 교회를 치유해나가자고 도전했다. 아내와 내가 먼저 공개 자복했다. 담임목사님과 장로님들도 앞장 서 주셨다. 신실한 성도들이 그 뒤를 이었다. 하나님께서 기대 이상으로 역사해 주셨다. 물론 완벽하지는 않았다. 서로 화해하시길 기대했던 몇몇 지도자들의 반응은 차가웠다. 결국 그 기도회 이후에도 그분들의 관계는 여전히 냉전이었다. "주님, 언제까지 계속될 것입니까?" 하지만, 나의 역할은 거기까지였다. 주님이 우리 가정에게 우리가 기대하지 못했던 큰 선물을 주셨다. 두 아이를 위한 샘물학교의 위탁교육이었다. 이제는 남은 과제를 주님께 다 맡겨드리고 서울로 올라와야 했다. 그 구원의 순간까지 4개월간 그 끔찍한 시간을 겪으며 묻고 또 물었다. "언제까지 교회의 연약함이 계속되어야 할까?" "언제까지 교회가 이처럼 고통당해야 할까?" 위통이 재발할 정도로 묻고 또 물었다. 하지만, 결국 나도, 그 교회도, 주님의 구원을 받았다. 주님의 은혜로 그 교회가 계속 회복되어 갔다. 영적으로 크게 흔들렸던 한 지역교회의 상처가 싸매어졌고 "언제까지 계속될까?" 하던 신음도 잦아들었다. 물론 그 유가족과 몇몇 성도들에겐 지금도 그 아픔이 계속되고 있을 것이다. 하지만, "언제까지 계속될까?" 기도하며 매순간 인내할 수 있다면 결국 우리 모두의 눈앞에 주님의 구원이 펼쳐질 것을 믿는다.

모른다고 말하는 신앙

지난 안식월 동안 개인적으로 겪은 아픔이 또 하나 있다. 지난 9개월간 나는 내가 돌아가야만 하는 땅으로 돌아갈 수 없었다. 작년 4월 말, 그 땅에서 철수해야만 했을 때, 우리 가정은 주님의 구체적인 인도와 허락을 얻고서 움직였다. 또한 "제발 잠시 3개월만이라도 나갔다 들어오시면 안 될까요?" 통사정 하던 영사의 말대로 정말 3개월만 한국에 있을 줄 알았다. 하지만, 그 후 정부는 그 나라를 6개월간 여행금지국으로 묶어버렸고 졸지에 준準 실업자가 되었다. 그 이후 한국에서 진행되는 상황은 마치 하나님이 우리 가정을 벌주시는 것 같았다. 7월 말로 잡혀있던 귀임항공권을 9월

말로 연기했다. 하지만, 또다시 12월 말로 연기해야 했다. 외교부의 특별허가증을 얻기 위해 바삐 뛰어다녔다. 그 때, 동역하던 다섯 교회 중 한곳에서 이메일이 날아왔다. 형식적인 짧은 인사말을 제외하면 "11월부터는 더 이상 후원금을 지급할 수 없다"는 한 문장짜리 글이었다. "후원을 요청했던 적이 있었나요? 귀 교회의 요청으로 후원이 시작된 것 아니었나요?" 따져 묻고 싶었다. 하지만, 얼른 제정신으로 돌아왔다. 여섯 문장으로 된 감사와 축복의 말씀을 드리고서 그 교회와의 관계를 매듭지었다. 국제 NGO와 외교부의 일처리는 느림보 거북이 같았다. 항공권을 또 다시 한 달 더 연기해야 했다. 사랑의 관심으로 "언제 돌아가시나요?" 묻는 분들이 무서웠다. 어디에라도 숨어있고 싶었다. 하지만, 그분들의 질문은 정확히 오늘 본문 13절에 입각한 말씀이었다. 그들의 질문은 "언제까지 선교사님의 한국체류가 계속되나요?" 혹은 "언제까지 우리의 만남이 계속될까요?"였다. 그렇다. 지난 9개월 동안 나도 바로 그 질문을 묻고 또 물었다. 그러다가 결국 끝이 왔다. 그래서 바로 오늘 밤, 우리 가족은 그 땅으로 돌아가는 비행기에 오르게 되었다.

하나님은 내가 3개월로 예상한 시간이 9개월이나 이어질 것을 처음부터 알고 계셨다. 하지만, 나는 몰랐다. 몰랐기 때문에 나는 매 순간 신음하며 주님께 매달릴 수 있었다. 우리 가정의 한 동역교회가 지난 해 여름에 당한 고통도 마찬가지였다. 그 길고 어두운 터널이 언제 끝날지 아무도 몰랐다. 그래서 온 성도가 밤마다 새벽마다 눈물로 신음할 수 있었다. 그렇다. 이 진리가 주님의 재림에도 그대로 적용된다. 주님이 언제 오실지 우리는 모른다. 짐승의 뿔에 성도들이 짓밟히는 말세가 언제까지 계속될지 아무도 모른다. 그래서 교회는 오늘도 깨어 기도하는 것이다. 그렇다. 주님의 재림을 계산하거나 나의 미래를 계산하는 것은 바른 신앙이 아니다. 모르는 것이 신앙이고 무능한 것이 신앙이다. 내가 모르기 때문에 주님을 믿는 것이고 내가 무능하기 때문에 주님을 의지하는 것이다. 나의 고난이 언제 끝날지 모르고 주님이 언제 재림하실지 아무도 모르기 때문에 매일 매순간 끊임없이 주님만 신뢰하며 탄식하는 것이다. "주님, 언제까지입니까?" "주님, 언제까지 계속될 것입니까?" "저희는 알 수 없기에 주님만 신뢰하겠습니다!" 바로 이 믿음을 통해 우리를 짓누르는 말세적인 고통을 능히 인내할 수 있는 것이다. "하물며 하나님께서 그 밤낮 부르짖는 택하신 자들의 원한을 풀어 주지 아니하시겠느냐 그들에게 오래 참으시겠느냐 내가 너희에게 이르노니 속히 그 원한을 풀어 주시리라 그러나 인자가 올 때에 세상에서 믿음을 보겠느냐"눅 18:7,8 "너희에게 인내가 필요함은 너희가 하나님의 뜻을 행한 후에 약속하신 것을 받기 위함이라 잠시 잠깐 후면 오실 이가 오시리니 지체하지 아니하시리라 나의 의인은 믿음으로 말미암아 살리라 또한 뒤로 물러가면 내 마음이 그를 기뻐하지 아니하리라"히 10:36~38

❖ 하나님 아버지, 그 길고 긴 고통 속에서도 저희를 지켜주시어 오늘에 이르게 하시니 감사합니다. 언제까지 계속될지 저희들은 모르지만 주님은 분명히 아십니다. 주님이 이 모든 상황을 완벽하게 붙들고 계심을 믿고 감사드립니다. 앞으로도 우리의 삶에 주 예수님의 고난의 남아 있는 줄 압니다. 연약한 저희가 너무나 쉽게 불평하고 낙심하며 넘어지는 것을 아시는 주님, 매일 매순간 주의 은혜의 손으로 저희를 붙들어 주시어 매일 매순간 깨어 기도하는 중에 주님의 구원을 맞게 하옵소서.

❖ 주 어느 때 다시 오실는지 (찬 163 or 176)

❖ 여호와여 언제입니까?
언제까지 나를 외면하시렵니까?
주님의 빛난 얼굴을 언제까지
제게 감추시렵니까?
어두운 밤,

내 영혼의 깊은 밤,
언제까지 계속되렵니까?
어두운 밤, 내 인생의 깊은 밤,
숨어계신 주님을
나 앙망합니다.

주 예수여 오늘입니까?
오늘에야 주님 강림하시렵니까?
주님의 빛난 영광을 만민에게
지금 비추시렵니까?
어두운 밤,
이 세상의 깊은 밤,
언제까지 계속되렵니까?
찬란한 빛, 아름다움의 모든 것,
떠나계신 주님을
나 사모합니다.

다니엘서 9장

중재자의 길

너의 탄원이 시작되었을 때에 말씀이 주어졌기에 내가 말해주려고 왔으니 네가 보배롭기 때문이다. 이제 말씀을 분별하고 환상을 이해하여라.(단 9:23, 私譯)

묵시를 이끌어낸 기도

이번 9장은 같은 왕 "다리오"6:1; 9:1 밑에서 벌어진 6장의 기도사건을 떠올리게 만든다. 6장에서 다니엘은 사자굴 앞에서도 기도생활을 이어갔고 하나님이 그를 보호해 주셨다. 이번 9장은 다니엘이 왜, 또 어떤 내용으로, 그렇게 "하루 세 번씩 무릎을 꿇고"단 6:10 기도해야 했는지를 알려준다. 다시 말하면, 이번 9장이 지난 6장의 배경이다. 9장이 6장보다 앞서 발생했다.

또 한편 이번 9장은, 그 독특한 문학적 외형 때문에, 지난 2장을 생각나게 한다. 지난 2장처럼 이번 9장도 역사와 묵시의 두 문학 장르를 아우르고 있다. 물론 차이점이 있다. 2장은 역사 장르가 지배적인 다니엘서의 전반부에 속한 말씀임에도 다니엘서 후반부에서나 나올법한 종말에 관한 어떤 꿈을 보여주었다. 반면에 이번 9장은 묵시 장르가 주를 이루는 다니엘서 후반부에 속한 말씀임에도 묵시보다는 그 묵시를 이끌어낸 다니엘의 기도 사건과 그 내용에 더 많은 관심을 보이고 있다. 물론 그 많은 지면1~23절은 그 이후에 이어지는 마지막 네 절24~27절의 짧은 묵시를 위한 배경이다.

따라서 9장의 중요한 메시지들 중 하나가 그 짧은 "묵시"에 담겨 있을 것이다. 하지만, 다니엘서의 저자인 다니엘과 성령님이 왜 이토록 길고 자세하게 다니엘의 기도 내용을 알려주셨을까? 그것은 이번 9장의 또 다른 강조점이 그 묵시를 이끌어낸 다니엘의 중재자적 기도에 있음을 시사한다. 천사 가브리엘이 알려준 "환상"의 내용24~27절만큼 "크게 은총을 입은 자"23절 다니엘이 드린 기도 내용도 중요하다는 것이다. 그래서 오늘 우리는 "크게 은총을 입은 자" 다니엘이 올린 그 회개 기도의 내용을 주목하고자 한다. 이를 통해 하나님이 지금 나와 여러분에게 요구하시는 시대적 사명을 발견하고자 한다.

칠십 년 호랑이

주전 539년, "메대 족속 아하수에로의 아들 다리오가 갈대아 나라 왕으로 세움을 받던 첫 해"1절의 어느 날이었다. 예레미야서를 읽고 있던 노년의 다니엘은 "예루살렘의 황폐함이 칠십 년 만에 그치리라"는 말씀을 발견했다.2절 장절의 구분이 되어 있는 오늘날의 성경으로 보자면 그 말씀은 예레미야 25장 11절이었거나 그 말씀이 다시 한 번 구체적으로 제시된 예레미야 29장 10절이었을 것이다. "여호와께서 이와 같이 말씀하시니라 바벨론에서 칠십 년이 차면 내가 너희를 돌보고 나의 선한 말을 너희에게 성취하여 너희를 이곳으로 돌아오게 하리라" "칠십 년"에 관한 이 말씀을 읽는 순간 다니엘의 예레미야 읽기가 급정거 했다. 그는 자신의 손에 쥐어진 예레미야서 두루마리를 더 이상 펼쳐나갈 수 없었다. 고요히 예레미야서 숲을 거닐던 다니엘이 "칠십 년" 묵은 호랑이 한 마리와 맞닥뜨린 것이다. 그의 놀란 눈과 마음이 그 "칠십 년" 호랑이에 고정되었다. 호랑이의 눈처럼 이글거리는 그 "칠십 년"이 쾅 하고 그를 덮쳤다. 그 "칠십 년"이 다니엘을 삼켜버렸다. 꼼짝달싹 못하도록 놀라움과 기쁨, 아픔과 소망이 북받쳐 올랐다. 다니엘은 그 충격적인 말씀에 사로잡혀 앞에 쓰러져야 했다. 그는 "금식하며 베옷을 입고 재를 덮어쓰고 주 하나님께 기도하며 간구하기를 결심"했다.³절

물론 다니엘이 기도의 자리에 고꾸라진 것은 "칠십 년"이라는 하나님의 시간표에 충격을 받은 탓만은 아니었다. 그것은 또한 그 "칠십 년"에 관한 하나님의 약속이 성취될 길이 자신의 기도밖에 없음을 깨달았기 때문이었다. 다니엘을 사로잡았던 그 예레미야서 말씀은 이렇게 이어진다. "11 여호와의 말씀이니라 너희를 향한 나의 생각을 내가 아나니 평안이요 재앙이 아니니라 너희에게 미래와 희망을 주는 것이니라 12 너희가 내게 부르짖으면 내게 와서 기도하면 내가 너희들의 기도를 들을 것이요 13 너희가 온 마음으로 나를 구하면 나를 찾을 것이요 나를 만나리라" 다니엘이 읽었을 예레미야서 본문이 말해주었다. 다니엘의 조국 이스라엘이 회복되는 조건은 단지 칠십 년이라는 하나님의 시간표가 아니다. 그만큼 중요한 것이 주님께 부르짖으며 온 마음을 다해 그분을 찾는 이스라엘의 기도다. "하나님의 때"만큼 중요한 것이 "이스라엘의 기도"인 것이다. 이 사실을 깨달은 다니엘은 한 가지 중대한 결심을 했다. 이스라엘 백성들 중 하나요 그들의 지도자인 자신이 먼저 그 말씀에 순종하기로 말이다. 그것은 누가 시켜서 한 기도가 아니었다. 그것은 하나님의 말씀에 사로잡힌 사람들만 보여줄 수 있는 자발적 순종이었다.

말씀원두로 내린 기도커피

이처럼 다니엘의 기도는 하나님의 말씀에 사로잡혀 시작되었다. 하지만, 9장의 기도를 올릴 때 다니엘의 마음을 사로잡고 있었던 말씀이 예레미야서 한 권만은 아니었다. 왜냐하면 4절부터 15절까지 이어지는 회개기도에서 모세를 통해 선포된 하나님의 율법이 등장하고 있기 때문이다.

하나님이 이스라엘 백성에게 내리신 저주와 재앙은 "하나님의 종 모세의 율법에 기록된 맹세대로"11절, "모세의 율법에 기록된 대로"13절 내렸다.신 28:15~68 다니엘은 모세의 율법으로써 자기 민족의 형편을 해석했다. 그것이 14절과 같은 기도언어였다. "그러므로 여호와께서 이 재앙을 간직하여 두셨다가 우리에게 내리게 하셨사오니 우리의 하나님 여호와께서 행하시는 모든 일이 공의로우시나 우리가 그 목소리를 듣지 아니하였음이니이다."14절 하지만, 모세의 율법이 전부가 아니었다. 다니엘의 심령에는 다른 선지자들이 선포한 말씀들까지 생생하게 살아있었다. "우리가 또 주의 종 선지자들이 주의 이름으로 우리의 왕들과 우리의 고관과 조상들과 온 국민에게 말씀한 것을 듣지 아니하였나이다."6절

이처럼 다니엘은 예레미야와 모세, 그리고 다른 여러 선지자들이 선포한 하나님의 말씀을 자신의 기도 언어로 사용하고 있다. 영혼의 양식마 4:4인 하나님의 말씀이 영혼의 호흡살전 5:17인 기도에 어쩌면 이토록 깊이 스며들 수 있을까! "하나님의 말씀으로 하나님께 말하는" 다니엘의 이 "말씀기도"는 갓 볶은 원두를 갈아서 그대로 내려 마시는 핸드 드립Hand-drip 커피를 연상시킨다. 짙은 머핀처럼 부풀어 오른 향기로운 원두에서 흘러내린 그 맑은 커피에는 그 어떤 인스턴트커피도 흉내 낼 수 없는 커피 본유의 맛과 향이 가득하다. 그 커피는 원두와는 분명히 구별되지만 그 원두의 맛과 향을 그대로 담아낸 커피다. 마찬가지로 다니엘의 말씀기도에는 예레미야와 모세와 다른 여러 선지자들을 통해 선포된 하나님의 말씀이 그대로 녹아내렸다. 이 말씀과 저 말씀을 붙들고 나아가는 기도, 깊이 파내려간 말씀의 샘에서 콸콸 쏟아지는 기도, 탐심이나 원망 혹은 자기연민에 빠지기 쉬운 상한 심령을 다 적셔 말씀의 맛과 향과 빛깔로만 한 문장 한 문장 담아낸 말씀 순도 100%의 기도인 것이다.

이런 말씀기도를 우리 하나님이 얼마나 기뻐하시는지는 두말 할 필요도

없을 것이다. "너의 탄원이 시작되었을 때에 하나님의 말씀이 주어졌"다 23절, 私譯는 천사 가브리엘의 말이 이를 확증한다. 과연 누가 이런 순전한 말씀기도를 하나님께 진상할 수 있을까? 과연 우리 중 누가 이 복된 영적 중재자의 기도언어를 매 순간 우리 하나님께 올려드릴 수 있을까? "복 있는 사람은 … 오직 여호와의 율법을 즐거워하여 그의 율법을 주야로 묵상하는" 사람이다.시 1:1~2 하나님의 말씀을 늘 묵상해야 한다. 그 영혼이 하나님의 말씀으로 가득 차올라야 한다. 그래야 하나님이 기뻐하시는 말씀기도를 할 수 있고 그 결과로 하나님이 기뻐하시는 시대적 사명을 감당할 수 있다.

중재자적 동일시

우리가 다음으로 주목할 점은 이것이다. 이스라엘이 당한 수치를 하나님의 말씀으로 해석한 다니엘은 자신의 "하나님께 기도하며 자복"4절했다. 20절에서도 동일한 표현이 등장한다. 다니엘은 자신의 "죄와 그의 백성 이스라엘의 죄를 자복"했다. 4절과 20절에서 반복 사용된 "자복했다אתהִ 에트 바떼"는 것은 말 그대로 "죄를 고백했다"는 의미다. "자기의 죄를 숨기는 자는 형통하지 못하나 죄를 자복하고 버리는 자는 불쌍히 여김을 받으리라"는 잠언 말씀잠 28:13에서 사용된 단어이다. 또한 신약에서는 "너희 죄를 고백하며 병이 낫기를 위하여 서로 기도하라"는 야고보서 말씀약 5:16에 상응하는 단어다. 70인역LXX 본문에서 다니엘 9:4의 "자백하다"는 단어ἐξομολογέω 엑쏘몰로게오가 야고보서 5:16에도 사용되었기 때문이다. 따라서 우리 속에 이런 의문이 생겨난다. 다니엘의 죄가 무엇이었나? 다니엘의 삶을 그려 놓은 지난 1~6장을 떠올려보자. 다니엘이 왕이 주는 음식으로 자신을 더럽혔는가? 꿈 해석력이 자신의 것이라고 말함으로써 하나님의 영광을 도둑질했는가? 금 신상에 절했는가? 하나님의 말씀을 선포하기를 주저했는가? 하나님이 주신 역사를 망각했는가? 사자굴이 무서워서 기도를 멈추었는가? 그렇다면 이번에는 9장의 기도에서 등장하는 죄목들을 한 번 살펴보자. 다니엘이 "주의 종 선지자들이 주의 이름으로 … 말씀한 것을 듣지"⁶절 않았는가? "주께 범죄"하고⁸절 "주께 패역"⁹절 하였는가? 아니면 "여호와께서 … 세우신 율법을 행하지"¹⁰절 않았는가? 역시 대답은 모두 "아니오"다. 다니엘은 분명 하나님 앞에서 그분의 자비만을 구해야 할 한 명의 죄인이다. 하지만, 다니엘서에서 어떤 구체적인 다니엘의 죄목을 찾아내기란 불가능에 가깝다.

하지만, 그럼에도 불구하고 다니엘은 지금 회개 기도를 올리고 있다. 이유가 무엇인가? 범죄 한 자기 민족과 자신이 하나의 공동운명체인 것을 인식하고 있기 때문이다. 다니엘이 지금 메대-바사의 신하로 살아가고 있는 이유가 무엇인가? 자신의 조상들이 지은 죄 때문이다. 그 죄악들의 결과인 70년 바벨론 포로생활이 아직도 이어지고 있는 것이다. 자신은 잘 알지도 못하는 그 죄악들로 인한 언약의 "모든 저주"신 28:15가 지금 자신의 삶에 엄청난 영향을 주고 있는 것이다. 사실 그 죄악은 자신의 조상들이 직접 자백하고 하나님의 용서를 받았어야 했지만 그러질 못했다. 하지만, 그 죄악으로 인한 "주의 분노"¹⁶절는 지금까지 다니엘과 그의 민족의 삶에 드리워져 있다. 그러면 이제 어떡해야 하는가? 다니엘이라도 나서야 했다. 다니엘이라도 자기 민족의 죄악을 고백하며 하나님의 긍휼과 자비를 구해야 했다. 그래서 다니엘이 자기 민족의 범죄를 자신의 범죄로 끌어안았다. 그 모든 죄악들에 자신이 어느 정도나 연루되었는지는 상관없었다. 그는 범죄 한 이스라엘의 하나로서, 그 범죄 한 민족의 대표로서, 이스라엘의 죄악을 자백했다. 이런 이유에서 5절부터 16절까지, 단 한 번도 빠지지 않고, "우리"라는 인칭대명사가 등장한 것이다. 지금 다니엘은 이렇게 기도하고 있다. "주님, 제가 이스라엘입니다. 이제 저를, 제 민족을, 용서해 주십시오! 저희를 불쌍히 여겨 주십시오!"

이런 중재자적 회개기도를 성경의 다른 인물들에게서도 발견할 수 있다. 에스라 역시 자기 조상이 저지른 죄악의 열매가 자신의 당대에까지 이어지고 있음을 깨달았다. 그래서 자기 조상과 자기 민족의 죄악을 자신이 뒤집어썼다. 그는 자기 민족의 대표로서 자신과 자기 민족을 동일시함으로써 하나님께 회개했다. "우리 조상들의 때로부터 오늘까지 우리의 죄가 심하매 우리의 죄악으로 말미암아 우리와 우리 왕들과 우리 제사장들을 여러 나라 왕들의 손에 넘기사 칼에 죽으며 사로잡히며 노략을 당하며 얼굴을 부끄럽게 하심이 오늘날과 같으니이다"스 9:7 느헤미야도 마찬가지였다. 그는 슬픔 가운데 금식하며 "우리 이스라엘 자손이 주께 범죄한 죄들을 자복"했고 "나와 내 아버지 집이 범죄"했다고 고백했다.느 1:6 다니엘, 에스라, 느헤미야 모두 자기 민족을 향한 주님의 자비를 갈망했다. 이런 중재자적 갈망을 사도 바울에게서도 발견한다. 바울도 자기 민족을 생각하고 또 그들의 구원을 위해 기도할 때마다 "큰 근심"과 "마음에 그치지 않는 고통"을 겪었다.롬 9:1~2

주님의 눈에 보배로운 자

바로 여기서 영적 리더십에 관한 만고불변의 진리가 드러난다. 다니엘이나 에스라, 느헤미야, 혹은 사도 바울처럼 하나님과 사람 사이를 중재하는 자intercessor의 자격이 무엇인가? 과연 누가 중재적 기도intercessory prayer를 드릴 수 있는가? 과연 누가 범죄한 자신의 민족을 위해서나 조국 교회를 위해서, 혹은 자신이 섬기는 교회나 가정을 위해서, 기도할 능력이 있는가? 그는 바로 자신이 속한 공동체와 자신이 살아가고 있는 시대의 죄악에 동참하지 않은 자다. 다니엘을 두고 "너는 크게 은총을 입은 자라"고 표현한 본문 말씀이 이를 지지한다. 원문כִּי חֲמוּדוֹת אָתָּה 키 하무도트 아타을 직역하자면 "주님께 네가 보배롭기 때문이다"라로 읽을 수 있다. 주님께서 보실 때 다니엘이 너무나 사랑스러웠다는 말이다. 이는 물론 다니엘을 향한 하나님의 주권적인 사랑을 보여주는 말이다. 하지만, 동시에 이 말은 청소년 시절부터 노년에 이르기까지 자신의 삶을 아름답게 지켜낸 다니엘을 향한 주님의 기쁨을 보여주는 말이다. 하나님이 다니엘을 주권적으로 사랑하실 뿐만 다니엘의 순종 때문에 그를 볼 때마다 너무나 기쁜 것이다.

하나님은 우리가 범죄 할 때도 우리를 주권적으로 사랑하신다.사 1:18; 롬 8:1~2 하지만, 우리를 기뻐하시지는 않는다.시 5:16,19; 사 59:1~3 오히려 슬퍼하신다.시 51:11; 엡 4:30 하나님은 우리가 순종할 때만 우리를 기뻐하신다.롬 12:1~2; 히 12:28; 13:21 따라서 하나님의 주권적인 사랑만으로 목회자의 영권靈權이 유지되지 않는다. 하나님의 주권적인 사랑에 인간의 자발적인 순종이 뒤따라야 한다. 하나님의 사랑과 하나님의 기쁨을 동시에 누려야 한다. 범죄 한 자신을 향한 하나님의 주권적인 사랑을 운운하는 것은 충분하지 않다. 지속적인 순종을 통해 하나님의 기뻐하심을 누려야만 한다. 그래야 영적 중재자로 설 수 있다. 민족과 교회와 가정의 죄악을 뒤집어쓰고서 거룩하신 하나님의 존전에 홀로 나설만한 영적인 담대함이 어디에서 오는가? 순종하고 또 순종하는 그 착한 종을 향한 하나님의 기뻐하심에서 온다. 이 진리는 에스겔 14장 말씀에서도 드러난다. "13 인자야 가령 어떤 나라가 불법을 행하여 내게 범죄하므로 내가 손을 그 위에 펴서 그 의지하는 양식을 끊어 기근을 내려 사람과 짐승을 그 나라에서 끊는다 하자 14 비록 노아, 다니엘, 욥 이 세 사람이 거기에 있을지라도 그들은 자기의 공의로 자기의 생명만 건지리라 나 주 여호와의 말이니라" 민족 전체가 하나님의 재앙을 받아야만 할 때 그 속에 의로운 자들이 있을지라도 그들만 그 재앙을 면할 것이라는 말씀을 뒤집어 보라. 이는 곧 그 민족 전체의 죄악에 동참하지 않은 노아, 다니엘, 욥 같은 의인들만 그 민족을 위한 중재자로 하나님 앞에 설만한 영적 능력이, 도덕적 권위가 있다는 뜻이다.

영적 중재자의 자격에 관한 이 진리는 우리의 경험과도 일치한다. 그냥 간단하게 질문해보자. 내가 죄 가운데 있을 때, 과연 남의 죄를 부여안고 기도해 줄만한 힘이 내게 남아 있었던가? 하나님의 눈은 속일 수 없다. 하나님을 피해 숨고 싶은 마음, 마귀의 끊임없는 정죄, 나 자신에 대한 자괴감이 나를 사로잡는다. 하나님의 얼굴을 똑바로 쳐다볼 수조차 없게 되고 나의 영적 에너지는 나 하나 건사하기도 힘들 정도로 바닥을 친다. 한 마디로 말해 영적 알거지가 되는 것이다. 이런 영적 가난뱅이가 공동체의 연약함을 떠안고 주님 앞에서 중재하는 그 엄청난 영적 노동을 감당한다고? 립서비스에 불과한 직업적인 축복기도가 아닌 이상 난센스일 뿐이다.

민감한 양심

그렇다. 순종의 삶이 축적된 도덕적 탁월함이 없이는 영적 중재자로 쓰임 받을 수 없다. 앤드류 머레이의 말이다.[65]

> 성경에서 볼 때 하나님의 영광을 가장 중요시한 사람들, 하나님의 일을 가장 열심히 한 사람들, 가장 죄를 적게 지은 사람들이 가장 먼저 죄를 자백하고 슬퍼한 것을 발견하게 된다. 모세, 다윗, 에스라, 느헤미야, 또 다니엘 – 그들의 시대에 가장 경건했던 자들 – 이들은 죄를 가장 많이 의식한 자들이었다.

그렇다. 죄에 대한 가장 민감한 양심을 가지고 있어야 하나님의 종이다. 그래야 하나님 앞에 나설만한 거룩함과 담대함을 유지할 수 있다. 그렇게 하나님 앞에 나아가야만 백성에게 선포할 말씀도 받을 수 있다. 이런 점에서 중재자적 기도는 말씀을 전하는 것보다도 우선되는 사명이다.[66]

성경은 선지자의 여러 가지 책임 가운데서 하나님의 백성들을 위해 기도하는 것이 하나님의 말씀을 전하는 것보다 더 중요한 책임이라는 것을 보여준다. … 선지자들은 기도의 대가들이었다. 성경에서 처음으로 선지자로 불린 사람은 아브라함인데, 아비멜렉의 생명을 위해 기도하는 것을 설명하는 기사에서 그를 그렇게 부르고 있다. 애굽 왕 바로는 선지자 모세에게 애굽을 위해 기도해 달라고 부탁했으며, 애굽을 나온 후 광야에서 이스라엘 백성들이 금송아지를 만들고 예배함으로 하나님께 죄를 범했을 때 모세는 그들을 위해 간절히 기도했다. 예레미야는 백성들을 위해 간절히 기도했고 하나님께서 그들을 위해 기도하지 말라고 하실 때까지 기도했다. 선지자들은 하나님의 보좌가 있는 방으로 들어갈 수 있었기 때문에 그들에게는 하나님의 백성들을 위해 기도할 책임이 있었다.

하지만, 우리 가정을 이곳 중동으로 보낸 한국교회가 직면하고 있는 영적 리더십의 현실은 이와는 영 딴판이다. 지난 한 달간 아내와 나는 매우 심각한 고민을 해 왔다. 한국교회와 사회를 떠들썩하게 만든 대형 스캔들에 아내와 내가 연루되었기 때문이다. 그것은 내가 소속되어 있는 교단에서 가장 큰 교회요 한국의 복음주의 교회를 대표하는 교회들 중 하나의 문제였다. 그 교회의 담임목사는 자신의 박사학위 논문을 쓰면서 다른 저자의 책을 여러 부분 교묘하게 베꼈다. 그럼에도 불구하고 그는 자신의 죄를 감추기에 급급했다. 작은 거짓들이 큰 거짓을 낳았고 그 거짓을 감추려 또 다른 거짓들을 낳고 있었다.

지난 2월, 중동의 모처에서 이슬람권에서 일하는 한국인 선교사들 100여 명이 함께 모여 일주일간 집회를 열었다. 「○○○미션페스티벌」이었다. 그 때 우리는 한국에서 가장 유명한 그 목사의 안타까운 거짓을 함께 슬퍼했다. 그 때 그곳에 모인 선교사들 중 한 분이 이번 스캔들에 대한 나의 입장을 물으셨다. 2년 전 즈음에 중동의 또 다른 선교사님이 그 교회의 초호화 교회건축에 대한 나의 입장을 물으셨던 것이 기억났다. 그 질문을 받고서 나는 깨달았다. 내가 그 도둑질과 거짓말에 연루되어 있는 것을 말이다. 3년이란 짧은 시간이었지만 나는 그 교회의 부목사였다. 게다가 지난 5년간 그 교회의 후원도 받고 있었다. 파송교회가 아니었음에도 불구하고 그 교회와 성도들의 후원이 나의 매달 선교후원금의 절반 이상을 차지하고 있었다. 나도 그 교회의 일부였다. 그렇다면 현 시대 조국교회와 미래의 한국교회에 가해진 이 영적 테러에 나도 공범이었다. 그런데 범죄 한 당사자뿐 아니라 그 교회의 주류 성도들까지 그 죄의 심각성을 부인하고 있었다. 그렇다면 나도 그냥 침묵해야 하는가? 일단 내 기득권을 잘 지켜내면서 여론의 추이를 살펴야 하는가? 그럴 수 없었다. 우리 가정의 입장을 분명히 밝혀야 했다. 그래서 지난 3월 1일자 기도편지 말미에 이 문제를 언급했다.

> 한국ㄱㅎ의 한 지역공동체의 보냄을 받은 공인으로서, 또한 지금까지도 그 후원을 받고 있는 S공동체 출신 선생으로서, 이번 S공동체가 당하고 있는 큰 고난에 대한 저의 입장을 분명히 밝힐 필요성을 느낍니다. 저는 … 오직 범죄자가 어느 쪽이든 그 죄가 명백하게 밝혀질 것과 그가 자신에 죄에 대한 충분한 책임을 질 것을 간절히 원합니다. 하나님의 심판은 아름답습니다. 순종함으로 죽을 때 부활생명을 맛볼 것입니다. 주님의 몸을 볼모로 삼아 거짓된 험담이나 변명을 일삼는 죄악이 속히 중단되길, 한국사회에서 주님의 이름을 더럽히는 죄악에 S공동체까지 동참하고 있는 이 개탄스러운 상황이 신속히 마무리되길 기도합니다.

교회의 반응을 기다리며 네 식구가 가정예배를 통해 그 담임목사의 회개와 그 교회의 회복을 위해 기도했다. 하지만, 그 교회는 아무런 회신도 주지 않았다. 나에게 성경을 배우고 제자훈련을 받은 성도들까지 대부분

침묵으로 일관했다. 오히려 그 교회는 6개월의 근신 혹은 설교휴가라는 또 하나의 목회 이벤트를 벌였다. 주님 앞에서 아내와 나는 결단해야 했다. 지난 3월 31일, 자정이 다 되도록 아내와 많은 이야기를 나누었다. 우리의 삶에 위기가 찾아올 것을 각오했다. 하지만, 10년 뒤나 20년 뒤에 후배들 앞에서 부끄럽지 않기로 했다. 그 때를 위해서는 지금 우리의 삶에 진실해야 했다. 하루 지난 다음날인 4월 1일, 아래의 편지를 보냈고 곧바로 후원이 중단되었다.

> S교회에 엎드려 고합니다. 이름은 곧 그의 인격이요 그의 삶입니다. 사임해야 마땅했을 O선배의 참 안타까운 위선과 그 거짓된 지도자를 감싸 안은 다수의 장로님들과 성도들을 보면서 참 슬픈 한 주를 보냈습니다. "S"라는 이름은 이제 참 못난 인격으로, 참 부끄러운 삶으로, 추락했습니다. 세상이 요구하는 것 이상으로 실천하는 이가 그리스도인이요, 일반 성도들이 요구받는 수준 이상으로 살아야 할 분이 목사 아니었나요? … 그동안 참 감사했습니다. 이후로는 귀 교회와, 다락방들과, 가정들의 후원을 정중히 사양합니다. 저희 삶은 가난해져도 주의 아름다운 이름은, 한국교회의 미래는 꼭 지켜내고 싶습니다.

사임해야 마땅한 죄라고 판단했다고 해서 그를 끌어내리려는 2,000여 성도들의 태도에는 동의할 수 없었다.^마 13:29 "여러분이 서로 소송을 제기하는 것부터가 벌써 여러분의 실패를 뜻합니다. 왜 차라리 불의를 당해 주지 못합니까? 왜 차라리 속아 주지 못합니까?"^고전 6:7, 새번역 또한 아무런 움직임도 찾아볼 수 없는 옛 동료들과 후배목사들도 비난할 수 없었다. 그들이 아무런 양심의 가책 없이 남아있을 수 있다면 그것은 그들이 그 거짓된 목사의 참된 변화를 위해 매일 새벽마다 눈물로 부르짖고 있기 때문이라고 믿었다. 하지만, 그렇다고 나까지 침묵할 수는 없었다. 다른 이들의 양심을 판단할 분은 하나님이시다. 하지만, 내 양심을 따를 것은 나의 몫이다.

　이번 결정이 나의 삶과 사역에 어떤 결과들을 가져다줄지는 아직 잘 모르겠다. 다만 몇 가지는 각오하고 있다. 단기적으로는 경제적인 어려움이 찾아올 것이다. 급속히 혹은 서서히 멀어지게 될 친구들도 생길 것이다. 불의가 대세로 자리 잡은 이상 장기적으로도 여러 가지 불리한 상황들을 직면해야 할 것이다. 지극히 인간적인 관점으로 바라보자면 미래가 더 불투명해 지고 삶이 더 외로워질 것이다. 그렇다면 내가 바보짓을 한 것인가? 그렇다. 선교를 빙자하여 그냥 다 모르는 척 해야 했는가? 정말 그렇다. 지극히 세속적인 관점으로 보자면 말이다. 하지만, 세상의 모든 교회는 주님의 것이고 결국 주님께서 당신의 의를 이루실 것이기에 이 세상의 바보들에게 소망이 있다. 그러므로 다수의 묵인 하에 자행되고 있는 한국교회의 이 위험한 불장난에 "No"라고 외쳐야 한다. 그리고 반드시 우리 스스로가 그 대안이 되어야 한다. 그 시작은 바로 오늘부터 참된 리더십에 대한 성경의 진리를 내 삶으로 살아내는 것이다. 민감한 양심으로 거짓을 미워해야 목사. 진실한 인격으로 죄악을 토해내어야 목사로 살아남는다. 시설과 조직과 이벤트로 밀어붙인다고 교회가 굴러가는 것이 아니다. 이 땅에서 솟은 세련된 종교 비즈니스로는 하늘에서 내려오는 담대한 말씀 선포와 영적 지도력을 대신할 수 없다. 이 진리를 지금 우리들의 심장에 새겨야 할 뿐만 아니라 그것을 지금 당장 내 목회사역과 선교사역으로 살아내어야 한다. 그래야 한국교회와 민족과 열방에 소망이 있다. 하지만, 이 시대의 한국교회에서는 이런 참된 영적 리더십을 찾기가 점점 더 어려워지고 있다. 우리 역시 다니엘처럼 주님의 긍휼과 자비를 강청해야 하는 것이다. "주여 들으소서 주여 용서하소서 주여 귀를 기울이시고 행하소서 지체하지 마옵소서 나의 하나님이여 주 자신을 위하여 하시옵소서 이는 주의 성

과 주의 백성이 주의 이름으로 일컫는 바 됨이니이다"^{단 9:19}

70년 → 70주

말씀에 사로잡혀 시작되고 중재자적 동일시로 진행되는 영적 리더십의 기도는 하나님이 응답하실 때까지 지속되었다. "곧 내가 기도할 때에 이전에 환상 중에 본 그 사람 가브리엘이 빨리 날아서 저녁 제사를 드릴 때 즈음에 내게 이르더니"^{21절} 다니엘은 "기도할 때에" 가브리엘의 방문을 받았다. 즉, 다니엘의 기도가 가브리엘의 방문 때문에 중단되었다. 다니엘의 "금식"^{3절}이 아침부터였는지 점심부터였는지는 알 길이 없다. 하지만, 그 기도는 분명 상당 시간 지속된 기도였다. 그냥 4~19절을 한 번 죽 읽다시피 하고 5분 만에 끝난 기도가 아니었다. 다니엘은 하나님이 응답하실 때까지 계속 기도했다. 중재자적 기도에 대한 또 하나의 원칙이 여기서 도출된다. 앞서 살펴본 첫 번째 원칙은 순종의 삶을 통한 중재자의 영적 권위였다. 여기서 드러나는 두 번째 원칙은 그 기도의 지속성이다. 중재자의 기도는 하나님의 응답이 임할 때까지 지속되어야 한다. 며칠 간 작정했다가 그 기간이 끝나면 응답 여부에 상관없이 멈추는 것이 아니다. '일단 기도했으니 하나님이 알아서 응답하시겠지'라는 추측은 자기 속임에 불과할 수 있다. 하나님이 가부간에 응답을 주셔야만 기도를 멈추는 것이다. 하나님께 기도로써 어떤 질문을 드렸다면 그 자리에서 하나님의 응답을 들어야 하는 것이다. 허드슨 테일러의 말이다.[67]

또 한 가지 지적해야 할 것은 하나님께 질문이 있을 때 우리가 취하는 태도에 관한 것이다. 질문이 있으면서 계속 다른 제목을 열거하지는 않는가? 아니면 그분이 대답을 하시기도 전에 떠나지는 않는가? 이것은 우리가 거의 대답을 기대하지도 않고 간절히 바라지도 않는다는 증거이다. 우리가 그렇게 대우받으면 좋겠는가? 하나님 앞에서 조용히 기다릴 때 우리가 범할 수 있는 실수나 그로 인한 아픔에서 벗어날 수 있다.

하지만, 다니엘은 분명 하나님의 대답을 기대했고 하나님도 그것을 기뻐하셨다. 다니엘의 기도에 대한 하나님의 응답은 빠르고 정확했다. 16절부터 19절까지 이어진 다니엘의 간구의 핵심은 "예루살렘과 주의 백성"16절의 회복이었다. 그에게 주신 하나님의 응답은 "네 백성과 네 거룩한 성을 위하여 일흔 이레를 기한으로 정하였나니"24절였다. 이것은 그가 기대했던 응답은 분명 아니었다. 다니엘은 "칠십 년"쉬베임 샤나 שבעים שנה에 대해 간구했다. 하지만, 하나님은 "일흔 이레"샤부임 쉬베임 שבעים שבעים 칠십 주들로 응답하셨기 때문이다. "칠십 년"은 분명 70년이라는 역사적 시간을 의미한다. 그래서 바벨론 제국이 70년 만에 망했다. 그리고 바벨론을 무너뜨린 주축이었던 페르시아의 고레스가 주전 538년에 이스라엘 백성을 고토로 돌려보냈다.대하 36:22~23 하지만, "칠십 주들"은 완전히 다른 차원의 언어다. 다니엘은 역사적인 언어를 사용하여 간구했다. 하지만, 하나님은 신비롭고 예언적이며 종말적인 언어로 응답하셨다.

예수님의 승천 직전에 비슷한 상황이 재현되었다.행 1:6~7 제자들이 모였을 때 그들이 여쭈었다. "주께서 이스라엘 나라를 회복하심이 이 때니이까" 그들은 역사적인 시간에 대해 물었다. 하지만, 예수님의 대답은 역사적인 시간으로는 종잡을 수 없는 그 이상의 것이었다. "때나 시기는 아버지께서 아버지의 권한으로 정하신 것이니, 너희가 알 바가 아니다."새번역 제자들은 당황했을 것이다. "다 아버지 권한이니 너희들은 신경 꺼라" 하셨기 때문이다. 다니엘도 그랬을 것이다. 신속 정확한 응답은 좋은데 그 응답에 사용된 언어가 "환상"23절 스타일이었기 때문이다.

완전한 죄 사함과 성령주심

하지만, 다니엘이 진짜 당황한 이유는 따로 있었다. 그는 분명 이렇게 간구했다. "우리 하나님이여 지금 주의 종의 기도와 간구를 들으시고 주를 위하여 주의 얼굴빛을 주의 황폐한 성소에 비추시옵소서"17절 하지만, 묵시 가운데 주어진 하나님의 대답은 분명 "No"였다. "… 장차 한 왕의 백성이 와서 그 성읍과 성소를 무너뜨리려니와 … 또 끝까지 전쟁이 있으리니 황폐할 것이 작정되었느니라"26절 다니엘의 실망감은 엄청났을 것이다. 그는 70년이 차기만 하면 이스라엘 백성들이 다시 예루살렘으로 돌아가 성전을 재건하여 하나님이 그 속에 머무시는 하나님의 나라가 이스라엘에 회복될 것이라고 기대했다. 그것이 최선의 길이요 가장 큰 복이라고 믿었고 그래서 그 제목으로 금식하며 중재자적 기도를 올린 것이었다. 하지만, 영원을 내다보시는 하나님께는 더 큰 계획이 있었다. 그 완전한 하나님의 경륜 안에서 다니엘의 근시안적 간구는 거절되어야만 했다. 바로 이것이 이스라엘로 돌아간 백성들이 주전 516년 3월 12일에 경험한 사건이다.[68] "다리오 왕 제 육년 아달월 삼일"스 6:15에 스룹바벨 성전이 완성되었다. 하지만, 그 어디를 봐도 솔로몬 성전을 떠났던 하나님의 성령이겔 9~11장 그 스룹바벨 성전으로 되돌아오셨다는 기록이 없다. 또한 이것은 예수님의 제자들도 경험한 사건이다. 그들 중 하나가 그 작은 스룹바벨 성전을 대체한 웅장한 헤롯성전을 보고 한껏 고무되어 이렇게 말했다. "선생님, 보십시오! 얼마나 굉장한 돌입니까! 얼마나 굉장한 건물들입니까!"막 13:1, 새번역 하지만, 예수님은 냉담한 어조로 그 건물성전의 허망한 종말을 선언하셨다. "너는 이 큰 건물들을 보고 있느냐 돌 하나도 돌 위에 남지 않고 다 무너질 것이다." 막 13:2, 새번역

하지만, 다니엘의 모든 간구가 다 거절된 것은 아니다. 범죄 한 이스라엘의 죄악을 용서해 주시길 간구한 부분은19절 그 이상으로 응답되었다.

"일흔 이레" 안에 "허물이 그치며 죄חטאת 하타오트가 끝나며 죄악עון 아온이 용서되며 영원한 의가" 드러날 것이라는 이 응답은24절 새 언약 시대에 대한 예레미야서의 메시지와 동일하다. "여호와의 말씀이니라 보라 날이 이르리니 내가 이스라엘 집과 유다 집에 새 언약을 맺으리라. … 내가 그들의 악행עונם 아오남, "아온"의 복수명사을 사하고 다시는 그 죄חטאתם 하타아탐, "하타오트"의 복수명사를 기억하지 아니하리라 여호와의 말씀이니라"렘 31:31~34; 히 8:8~12 그렇다. 영원한 죄 사함이 주어질 이 새 언약은 예수님의 십자가로써 응답되었다. "또 잔을 가지사 감사기도하시고 그들에게 주시며 이르시되 너희가 다 이것을 마시라 이것은 죄 사함을 얻게 하려고 많은 사람을 위하여 흘리는 바 나의 피 곧 언약의 피니라"마 26:27~28 따라서 예루살렘의 성소를 회복해달라는 다니엘의 기도를 하나님이 왜 거절하셨는가? 그것은 하늘의 그림자에 불과했던 그 성전의 실체가 이 땅에 내려올 것이기 때문이었다. "그리스도께서는 참 것의 그림자인 손으로 만든 성소에 들어가지 아니하시고 바로 그 하늘에 들어가사 이제 우리를 위하여 하나님 앞에 나타나시고 … 이제 자기를 단번에 제물로 드려 죄를 없이 하시려고 세상 끝에 나타나셨느니라"히 9:24~26 반면에 하나님이 다니엘에게 "Yes" 하신 그 놀라운 죄 사함의 은혜는 초대교회의 복음메시지가 되었다. "베드로가 이르되 너희가 회개하여 각각 예수 그리스도의 이름으로 세례를 받고 죄 사함을 받으라 그리하면 성령의 선물을 받으리니"행 2:38 결국 바로 이 성령의 선물로 인해 모든 참 그리스도인이 하나님이 거하시는 성전이 되었다. "너희는 너희가 하나님의 성전인 것과 하나님의 성령이 너희 안에 계시는 것을 알지 못하느냐"고전 3:16

중재자의 길

이제 오늘 말씀을 우리 마음에 새기며 기도해야 할 시간이다. 모세나 사무엘, 예레미야나 다니엘 같은 이스라엘의 선지자들에게는 중재자의 길을 걸어야 할 하나님의 부르심이 있었다.^{삼상 12:23} 이 소명이 새 언약백성인 교회의 지도자들^{엡 4:11}에게도 동일하게 남아있다. 그래서 초대교회의 사도들이 이렇게 말했다. "우리는 오로지 기도하는 일과 말씀 사역에 힘쓰리라"^{행 6:4} 사도 바울과 목사 디모데의 고백도 동일했다. "우리는 수많은 사람들처럼 하나님의 말씀을 혼잡하게 하지 아니하고 곧 순전함으로 하나님께 받은 것 같이 하나님 앞에서와 그리스도 안에서 말하노라"^{고후 2:17} 야고보서의 권면도 동일하다. "너희 중에 병든 자가 있느냐 그는 교회의 장로들을 청할 것이요 그들은 주의 이름으로 기름을 바르며 그를 위하여 기도할지니라"^{약 5:14} 이처럼 중재자적 기도와 말씀 선포의 1차적 책임이 교회의 지도자들에게 있음을 간과하지 말아야 한다.

하지만, 이와 동시에 이제는 교회의 모든 지체들에게 영적 중재자의 책임과 특권이 부여되었다. 교회의 모든 형제자매들이 하나님의 성전으로서 사도의 선교사역과 목사의 목회사역을 통한 하나님나라의 확장을 위해 기도해야 한다. 그래서 사도 바울과 동료 목사들이 데살로니가인 교회에게 이렇게 부탁했다. "형제들아 너희는 우리를 위하여 기도하기를 주의 말씀이 너희 가운데서와 같이 퍼져 나가 영광스럽게 되고 또한 우리를 부당하고 악한 사람들에게서 건지시옵소서 하라"^{살후 3:1~2} 사도 베드로의 명령도 동일하다. "너희도 산 돌 같이 신령한 집으로 세워지고 예수 그리스도로 말미암아 하나님이 기쁘게 받으실 신령한 제사를 드릴 거룩한 제사장이 될지니라"^{벧전 2:5} 그리스도의 몸 된 교회의 모든 지체들이 영적 중재자로 부름 받은 것이다. 따라서 중재자의 길에 대한 다니엘서 9장의 메시지는 이 시대의 모든 그리스도인에게 주어진 말씀이다. 모든 그리스도인은 한국교회와 열방에서 주의 말씀이 영화롭게 되기를 간구해야 한다. 말씀을 맡은 주의 일꾼들이 악한 자들로부터 건짐 받기를 기도해야 한다.

하지만, 이처럼 연약한 우리가 어떻게 이 복된 사명을 감당할 수 있을까? 우리를 사로잡는 여러 좋은 것들이 가득한 이 마취적인 세상에서 어떻게 하면 하나님의 말씀이 주는 충격에만 사로잡힐 수 있을까. 교회에서조차 공공연히 거짓말하고 자기 욕망대로 살아가는 이 슬픈 시대에 어떻게 하면 주님 앞에 담대히 나아갈 그분의 거룩함을 빼앗기지 않을 수 있을까. 아웃사이더로 밀려나고 비주류로 외면 받고 공공의 적으로 몰릴지라도 어떻게 하면 하나님의 그 선하고 완전하신 응답이 떨어질 때까지 묵묵히 내 기도의 자리를 지켜낼 수 있을까. 세상을 봐도 교회를 봐도 또 우리 자신을 봐도 주님의 은혜가 아니고서는 아무런 소망이 없다. 주님이 우리를 불쌍히 여겨주시길 원한다. "주여 구원하소서 우리가 죽겠나이다" 마 8:25

❖ "어찌하여 무서워하느냐 믿음이 작은 자들아" 말씀하신 주님, 이 절망과 혼란과 두려움의 바다를 꾸짖어 주옵소서. 주님의 말씀에만 사로잡히면 제 인생이 주의 뜻대로 나아갈 것임을 믿게 하옵소서. 바알에게 무릎 꿇지 아니한 진실한 주의 종들이 한국교회에 많이 숨어있음을 보게 하옵소서. 이 무슬림들 한복판에서 주의 이름으로 기도하는 저희 작은 무리의 간구가 헛되지 않게 하옵소서. 주님의 신실한 응답을 받을 때까지 하루하루 인내하며 기도하게 하옵소서.

❖ 내가 깊은 곳에서 (찬 479 or 363)

❖ 위대하시고 두려우신 하나님
주님께 기도하며 간구합니다.
순종하는 영혼을 기뻐하시는
주님께 기도하며 자백합니다.

하나님 우리가 잘못했습니다.
우리가 주를 업신여겼습니다.
하나님 우리가 범죄 했습니다.

우리가 주 말씀을 버렸습니다.

주여 들으소서.
주여 사하소서.
주여 들으소서.
주여 고치소서.

의로우시고 자비하신 하나님
주님께 기도하며 간구합니다.
주 은혜 구할 때 용서하시는
주님께 기도하며 자백합니다.

하나님 우리가 부끄럽습니다.
우리에게 수치가 가득합니다.
하나님 우리가 부르짖습니다.
우리가 주님께로 돌아갑니다.

주여 들으소서.
주여 사하소서.
주여 들으소서.
주여 고치소서.

다니엘서 10장

천지가 맞물린 싸움

> 19 그가 말하였다. 「두려워 말아라. 보배로운 사람아. 평안하여라. 강건하고 또 강건하여라.」 그가 나에게 이렇게 말하는 동안 나에게 힘이 솟아서 내가 그에게 대답하였다. 「내 주여, 당신이 저를 강하게 하셨으니 이제 말씀하옵소서.」 20 그가 말하였다. 「내가 너에게 왜 왔는지 네가 아느냐? 나는 이제 페르시아의 통치자와 싸우러 돌아갈 것이고 내가 나가면 그리스의 통치자가 들어올 것이다. 21 하지만 나는 너에게 진리의 문서에 기록되어 있는 것을 말해주려고 한다. 그런데 이 통치자들을 대항하여 나에게 힘이 되어줄 자는 너희들의 통치자인 미가엘 외에는 아무도 없다.」(단 10:19~21, 私譯)

마지막 묵시의 시작

우리가 읽고 있는 다니엘서 후반부가 이제 마지막에 이르렀다. 10장 1절이 언급하는 "큰 전쟁에 관한" 환상이 다니엘서의 마지막 묵시기 때문이다. 다니엘에게 주어진 이 마지막 묵시는 세 가지 특징을 지닌다. 첫째로, 이 묵시는 다니엘서의 모든 환상들 중에서 가장 길다. 10장에서 시작하여 12장 끝까지 이어진다. 이중 10:1~11:1이 서론이고 11:2~12:4은 본론, 12:5~13이 결론이겠지만 대충 구분하자면 10장이 서론, 11장은 본론, 12장은 결론일 것이다. 이처럼 오늘 우리가 서론격인 10장만 따로 떼어서 읽어야 할 정도로 전체 묵시의 양이 많다. 둘째로, 10~12장의 묵시는 다니엘서의 모든 묵시들 중에서 가장 영광스럽다. 10장 이전 본문들에서 잠깐씩 그 모습이나 목소리로 등장했던[7:13-14; 8:15-16] 그 신비로운 존재가, 이번 최종 계시에서는 다니엘 앞에 자신을 직접 나타내 보이신다.10:5; 12:6 그 신비로운 "한 사람"5절이 내뿜는 신적 영광은 어마어마했다. 그 영광에 노출된 다니엘이 거의 초주검이 될 지경이었다. 다니엘은 졸도했다.9절 그는 몸을 떨었다.10~11절 그의 숨이 넘어갈 지경이었다.17절 다니엘서 전체에서 이번 10장은, 지난 7장과 함께, 하나님의 영광이 가장 선명하게 나타나는 장이다. 셋째로, 결국 다니엘에게 이 마지막 묵시는, 이전 것들에 비해, 그것을 받아내기가 매우 힘들었다. 또 그것을 이해하기도 더 어려웠다. 다니엘은 그 "한 사람"의 외모를 최선을 다해 묘사했다. 하지만, 그는 결코 그의 정체를 파악하지 못했다. 결국 그는 이번 마지막 묵시를 끝까지 다 "듣고도 깨닫지 못"했다.단 12:8

"모든 환상과 꿈을 깨달아" 알았던1:17 다니엘이 깨닫지 못한 묵시라면 우리는 무슨 수로 이 말씀을 이해한단 말인가? 하지만, 결코 그렇지 않다. 세례요한에 대한 예수님의 말씀을 기억해보자. "내가 너희에게 말하노니 여자가 낳은 자 중에 요한보다 큰 자가 없도다 그러나 하나님의 나라에서는 극히 작은 자라도 그보다 크니라"눅 7:28 왜 세례요한이 가장 큰 자인가? 어째서 세례요한이 모세나 엘리야보다도 더 큰 사람인가? 구약시대의 모든 선지자들은 예수님을 예고하기만 했다. 하지만, 세례요한은 그 예수님을 자신의 두 눈으로 직접 보며 그분과 대화했다. 그래서 세례요한이 이전의 모든 사람들보다 더 큰 자다. 하지만, 하나님 나라의 백성은, 극히 작은 자라도, 세례 요한보다 더 크다. 예수님의 제자들은 세례 요한이 경험하지 못한 예수님의 십자가와 부활, 승천, 재림의 영광까지 다 알고 누릴 것이기 때문이다. 따라서 우리는 10장의 다니엘이 소유하지 못했던 확신과 담대함을 가지고서 본문을 읽어나갈 것이다. 그가 만난 그 "한 사람"이 정체와 그가 받은 어려운 묵시를 신약의 빛으로 조명하며 본문을 읽어나갈 것이다.

페르시아에 남은 중재자

다니엘서의 이 마지막 환상이 주어지기 2년 전 일이었다. 바사 왕 고레스가 이스라엘 백성들에게 선포했다. "너희 중에 그하나님의 백성 된 자는 다 유다 예루살렘으로 올라가라"대하 36:23; 스 1:3 그 결과 스룹바벨을 필두로 42,360명이 1차로 귀환했다.스 2:64; 느 7:66 하지만, 다니엘은 여전히 "벨드사살"10:1이라는 이방 이름으로 불리며 이방 땅에 남겨졌다. 이유가 무엇이었을까? 8~90대 고령의 나이로 장거리 여행이 무리였을까? 아니면 고레스가 다니엘을 끝까지 제 곁에 붙들어 둔 것인가? 그것도 아니면 다니엘 스스로 이스라엘의 회복을 위한 영적 중재자로서 뒤에 남기로 결심한 것인가? "이제 너는 마지막을 향하여 걸어가라. 그러면 네가 안식하게 될 것이고 마지막 날에는 네게 주어질 몫을 네가 누리게 될 것이다."단 12:13, 私譯는 말씀에 암시되어 있듯이, 세 번째 추측이 가장 그럴듯하다. 죽음이 가까웠는데 기도 말고 할 일이 또 무엇이란 말인가? 하지만, 확실한 이유는 알 길이 없다. 어쨌든 그는 노구老軀를 돌보지 않은 채 청소년 시절에 3년간 지속했던 그 제한적 금식단 1장을 3주간 시행했다. 물론 그 제한적 영양섭취의 동기는 분명히 달랐다. 1장의 제한적 금식에서는 하나님의 공급하심에 대한 믿음이 강조되었다. 그러나 이번 10장의 제한적 금식에서는 평소처럼 먹고 누릴 수 없는 영혼의 슬픔이 그 이유였다. "그 때에 나 다니엘이 세 이레 동안을 슬퍼하며 세 이레가 차기까지 좋은 떡을 먹지 아니하며 고기와 포도주를 입에 대지 아니하며 또 기름을 바르지 아니하니라"2~3절 그가 슬퍼한 이유는 포로 귀환에도 불구하고 여전히 회복되지 못한 이스라엘 때문이었을 것이다.단 9:16~17 그래서 "금식의 삶"을 통해 기도에 집중하고자 했을 것이다.12절 9장에서처럼 이번 10~12장에서도, 그의 중재자적 기도가 종말에 관한 하나님의 묵시의 통로로 쓰임 받고 있는 것이다.

제한적 금식으로 3주간 이어졌던 그 작정 기도가 끝난 다음날인 "바사 왕 고레스 제 삼년"1절 "첫째 달 이십사일"4절이었다. 오늘날의 셈법으로 표현한 NLT^Tyndale, 2004 본문과 난외주에 의하면 이때는 주전 536년 4월 23일이었다. 묵시가 주어진 시점을 다니엘이 정확하게 기억하고 있는 것은 그의 작정 기도가 유월절 절기 중에 드려졌기 때문이거나[69] 그 계시 자체의 큰 중요성 때문이었을 것이다. 그 때 다니엘은 "힛데겔"이라 불리는 "큰 강 הַנָּהָר הַגָּדֹל 한 나하르 핫 까돌"가에 나와 있었다.4절 다니엘이 티그리스 강을 큰 강이라고 부른 것이 흥미롭다. 창세기부터 요한계시록까지, 성경에서 "큰 강"은 언제나 유프라테스 강의 별칭이었기 때문이다.창 15:18; 신 1:7; 수 1:4; 계 9:14 등 구약의 율법과 역사와 선지자에 정통했던 다니엘단 9장이 그것을 몰랐을 리 없었을 것이다. 하지만, 그는 자신이 서 있었던 티그리스 강을 "큰 강"이라 칭한다. 이는 티그리스 강변에서 받은 그 "큰 환상 הַמַּרְאָה הַגְּדֹלָה 한 마르아 핫 께돌라"에 영향을 받은 표현일 것이다.8절 "한 사람"의 환상을 받은 그 시간과 장소가 그만큼 크고 중요했던 것이다. 그 한 사람의 임재가 가져다준 충격이 얼마나 컸던지 그 환상을 직접 보지 못한 다니엘 주변 사람들에게까지 큰 영향을 주었다. 그들은 "크게 떨며 חֲרָדָה גְדֹלָה 하라다 께돌라" 도망쳐 숨어야했다.7절 이처럼 10장에서는 계속 "큰"이라는 형용사가 반복되고 있다. 그 신비로운 "한 사람"이 내뿜는 영광의 무게가 실로 엄청난 것이었다.

보라, 이 한 사람을!

먼저 이 "한 사람"의 형체를 보자. 5~6절을 사역私譯하면 이렇다. "5 그리고 내가 눈을 들어 보았더니, 보라! 한 사람이 아마포 옷을 입었는데 그 허리에는 우파즈 금띠를 두르고 있었다. 6 그의 몸은 녹주석 같고 그의 얼굴은 번개가 번쩍이는 것 같고 그의 눈은 타오르는 횃불 같고 그의 팔과 그의 발은 광채 나는 놋쇠 같고 그의 목소리는 군중이 내지르는 소리 같았다." 다니엘은 그 사람의 외모를 일곱 가지로 묘사했다. 그는 제사장이 입었던 아마포 옷레 16:4; 겔 44:17~19을 입고 있었다. 또한 당시의 최고급렘 10:9 금에 비할만한 띠를 두르고 있었다. 하지만, 그 이외에는 달리 무엇이라고 설명할 길이 없었다. 그래서 그 한 사람에 대한 나머지 묘사에서는 "같고 ɔ케"라는 단어를 반복해서 사용했다. "그것은 이 세상에 있는 어떤 것과 비슷했다."는 것이다. 인간 다니엘로서는 그것이 그 "한 사람"의 외모를 묘사하기 위한 최선의 방법이었다.

이 "한 사람"의 찬란하고도 두려운 외모는 성경의 유사한 본문들을 상기시킨다. 가장 먼저는, 에스겔이 본 "사람의 모습과 비슷한 형상"겔 1:26, 새번역이다. 그 형상의 몸도 다니엘서 10장의 "한 사람"처럼 눈부신 광채를 내뿜었다.겔 1:27 그 광채의 모양은 "여호와의 영광의 형상"이었다.겔 1:28 그 신적 존재가 "큰 구름"을 타고 등장한 점도 흥미롭다.겔 1:4 그것은 "옛적부터 항상 계신 이"에게 구름을 타고 온 "인자 같은 이"의 모습이다.단 7:13 따라서 다니엘 앞에 나타난 이 "한 사람"은 "영원히 살아 계시는 이"단 12:7와는 구분되는 존재지만 동시에 그 하나님의 영광을 소유한 자다. 하나님은 자신의 영광을 공유한 이 "한 사람"에게 "권세와 영광과 나라를 주셔서, 민족과 언어가 다른 뭇 백성이 그를 경배하게 하셨다."단 7:14, 새번역

또한 요한계시록에 묘사된 "땅의 임금들의 머리"계 1:5시요 "인자 같은 이"계 1:13이신 예수님이 생각난다. 그분에 대한 사도 요한의 묘사를 보자, "… 인자 같은 이가 발에 끌리는 옷을 입고 가슴에 금띠를 띠고 그의 머리와 털의 희기가 흰 양털 같고 눈 같으며 그의 눈은 불꽃 같고 그의 발은 풀무불에 단련한 빛난 주석 같고 그의 음성은 많은 물소리와 같으며 … 그 얼굴은 해가 힘 있게 비치는 것 같더라"계 1:13~16 사도 요한도 직유법을 연이어 사용했다. 요한도 이 영광스러운 인자 예수님을 인간의 수준으로 묘사해 내기가 무척 어려웠던 것이다. 영광스런 주 예수의 이 외모는 다니엘

서 10장의 그 "한 사람"과 동일하다. "발에 끌리는 옷" 역시 제사장이 입었던 겉옷을 의미할 것이기에출 28:4 더욱 그렇다. 뿐만 아니라 주 예수님 역시 "구름을 타고 오신다."계 1:7; 단 7:13 더욱 놀라운 사실은 그 인자 예수님의 흰 머리털은 바로 다니엘서 7장에서 묘사된 하나님의 머리털이다! 또한 "해가 힘 있게 비치는 것"계 1:16 같았던 예수님의 신적 얼굴은 어떠한가? 도대체 어느 정도의 빛이었기에 가장 눈부신 태양빛이라고 했는가? 이 엄청난 영광의 빛이 다메섹으로 향하던 사울에게도 쏟아졌다.행 9:3 사울의 두 눈을 멀게 한 "그 빛의 광체"행 22:11는 정오의 "해보다도 더 밝은 빛"행 26:13이었다! 예수님의 이 눈부신 모습은 열 두 제자들 중에서도 "베드로와 야고보와 그 형제 요한"마 17:1만이 잠깐 목격했던 영광이었다. 그 높은 산에서 자신의 신적 정체를 드러내신 예수님은 "그 얼굴이 해 같이 빛나며 옷이 빛과 같이" 희게 되었다.마 17:2 하지만, 이후에 바울도 햇빛보다 더 찬란한 그 예수님의 영광을 직접 보고 그분의 부르심을 직접 받았다. 그 결과 바울은 베드로나 요한과 동급의 사도적 권위를 지니게 되었다.갈 1:12; 2:8 결론적으로 이 "한 사람"의 정체는 우리 그리스도인들에게 매우 분명하게 드러난다. 다니엘서의 이 인자는 성육신 이전의 그리스도다. 하나님의 영광의 광채를 내뿜고 있는 천상의 그리스도다. 실로 그분은 "하나님의 영광의 광채시요 그 본체의 형상"이시다.히 1:3

하나님 앞에 쓰러진 보배로운 자

따라서 이것은 하나님의 나타나심Theophany, 神現이었다. 다니엘이 졸도해 버린 것이 당연했다. 안 죽고 살아남은 게 다행이다. 하나님의 영광 앞에서 죽은 자처럼 쓰러진 다니엘의 모습은 한 덩이 흙에 불과했던 인간의 "태고太古적" 실존을 반영한다. 하나님 앞에서 인간은 한 덩이 흙처럼 무력한 존재다. 뿐만 아니라 그 찬란한 광채 앞에서 다니엘의 "아름다운 빛이 변하여 썩은 듯"8절 했다. 인간의 호사豪奢 luxury가 썩은 배설물로 폭로된 것이다. 인간이 입은 모든 아름다움과 영광이 다 무엇인가? 주님의 영광 앞에서는 썩은 것들처럼 초라할 뿐이다. 아무리 똑똑해도, 아무리 출세해도, 제 아무리 부유해도, 인간은 인간일 뿐이다. 전능자의 영광과 권세 앞에서는 한 덩이 죽은 흙처럼 보잘 것 없고 무력한 존재에 불과한 것이다. 내가 받아야 할 복이 무엇인가? 우리가 입어야 할 영광이 무엇인가? "보좌를 움직이는 기도"로써 누더기 같은 이 세상 영광을 하나 더 받아 걸치는 것인가? 한 도시의 랜드 마크land mark가 될 만한 매머드 예배당을 지어 올려 성공한 목사의, 유명한 교회 성도의, 프리미엄을 누리는 것인가? 아니오! 우리가 사모할 진짜 복은 정오의 태양보다 더 찬란한 주님 앞에 그냥 자빠지는 것이다. 그 주님께 쓰임 받는 제자로 남기 위해 내가 입었던 세상 영광을 배설물처럼 다 내버리는 것이다.빌 3:8~9 이런 복을 누렸던 바울이나 다니엘을 본문은 "보배로운 사람"이라 칭한다.11, 19절 주님의 영광 앞에 이처럼 무력하게 쓰러진 자에게만 주님의 축복이 선포된다. "두려워 말아라, 보배로운 사람아. 평안하여라. 강건하고 또 강건하여라."19절, 私譯

선교사는 어떤 사람인가? 박윤선 목사는 선교사Missionary는 선덕사Glory-proclaimer여야 한다고 말했다. 그에 의하면 주님의 아름다운 영광덕을 선포하는 것이 선교요 또한 선교사가 할 일이다.

> 아름다운 덕을 선전한다고 했으니, 선교사宣敎師라기 보다는 선덕사宣德師라고 말을 고쳐뒀으면 어떨까 생각해 봅니다. "선교사"가 의미하는 것처럼 교를 전한다, 교를 선전한다, 가르침을 선전한다, 하는 말도 옳은 말이고 이치에 맞는 말이지만 선교가 선교답게 되려면 주님의 덕을 선전해야 합니다. 어떻게 덕을 선전할 수 있습니까? 덕은 덕으로 선전합니다. 하나님의 사랑을 전하려고 하는 사람에게 사랑이 없을 때 어떻게 그가 하나님의 사랑을

전할 수 있겠습니까? 자기 자신도 실감이 안 나는 말을 하게 될 것입니다. 하지만, 하나님의 그 사랑의 덕을 알려주는 일에 있어서 자신의 말을 별로 안 한다 하더라도 그의 인격에 사랑이 뚝뚝 맺혀 내릴 때, 이것이 웅변보다도 몇 만 배 우수한 열매를 가져올 것이 아니겠습니까? 하나님의 그 덕을 선전하는 것이, 죄인으로서 밑바닥 없는 구멍으로 영원히 빠져 들어갈 그 멸망에 떨어질 수밖에 없었던 우리를 이 어두움에서 건져내어 빛의 세계에 옮겨주신 그분의 아름다운 덕을 선전하는 것이, 다시 말하면, 우리를 구원하신 그 구원자의 사랑을, 그 구원자의 능력을, 만방에 선포하는 것이, 선교사의 하는 일이올시다.[70]

그렇다. 선교사는 하나님의 영광과 그분의 아름다운 성품에 사로잡힌 사람이다. 선교사는 그 찬란한 주님의 영광을 자신의 삶으로써 세상에 선포하는 사람이다. 이 일은 결코 쉽지 않다. 신학적 지식으로 되는 일이 아니다. 세상의 화려한 기술과 경력으로 되는 일도 아니다. 이 일은 하나님 앞에서 흙덩어리와 같은 나의 무력하고 초라한 실존을 매일 매순간 발견해야만 가능한 일이다. 선교사는 하나님의 영광에 사로잡혀야 한다. 선교사는 그분의 영광 앞에 쓰러져야 한다. 선교사는 매 순간 자신의 썩은 허영과 더러운 인격을 십자가에 못 박아야 한다. 그래야만 "두려워 말아라, 보배로운 사람아. 평안하라! 강건하고 강건하라!"는 주님의 음성을 들을 수 있다. 말씀과 성례와 기도와 전도의 자리에서 이 음성을 듣고 또 들을 때 우리는 선덕자宣德者가 되고 선덕사宣德師가 된다.

천상계의 싸움

우리가 하나 더 주목해야 할 점은 10절의 천사가 전해준[71] 하늘 세계의 실상이다. 그 천사는 3주간 지속된 다니엘의 작정 기도에 대한 하나님의 묵시적 응답을 가져오고 있었다.¹²절 하지만, 그 천사를 "바사 왕국의 군주가"¹³절 21일간 막아섰다. 하나님의 기도응답을 지체시킨 그 적대적인 억류는 "가장 높은 군주들 중 하나인 미가엘이 와서"¹³절 그를 도와주었을 때에야 풀렸다. 그 천사는 곧 다시 돌아가 그 "바사 군주"와 싸울 것인데 그 싸움 이후에는 또 "헬라의 군주"가 등장할 것이다.²⁰절 "그들을 대항할 자는 너희의 군주 미가엘 뿐"이다.²¹절 그렇다면 헬라의 군주도 바사의 군주처럼 하나님의 뜻을 대적하는 세력이다. 반면에 다니엘에게 나타난 천사와 미가엘은 서로 도움을 주고받는 사이로서¹⁰:¹³; ¹¹:¹ 둘 다 하나님 편에 속한 세력이다.

그렇다면, 여기서 "군주"שׂר 싸르나 "군주들"שׂרים 싸림을 어떻게 읽어야 할까? "싸르"는 구약성서에서 420회나 사용되었을 정도로 흔히 등장하는 일반명사다. 고위 관료eg. 창 12:15; 왕상 4:2나 통치자eg. 삼상 18:30; 삼하 3:38, 혹은 특정 그룹의 지도자eg. 대상 24:5; 스 8:24를 의미한다.⁷²⁾ 하지만, 이번 10장에서 말하고 있는 것은 지상의 인물들이 아니다. 10장의 "싸르"는 미가엘 같은 천상의 존재를 가리키는 용어다. 더군다나 다니엘서 8장 25절에서 이미 하나님을 "שׂר-שׂרים 싸르 싸림"통치자들의 통치자이라고 칭했다. "싸르"가 가리키는 이 존재들의 통치권이 1차적으로 하늘에 속한 것임이 분명하다. 뿐만 아니라 "가장 높은 군주들 중 하나인"¹³절 미가엘을 신약성경이 "천사장"ἀρχάγγελος, 아르캉겔로스이라고 명시했다.유 9 따라서 다니엘서 10장의 "군주"שׂר 싸르는 분명 천상계에서 활동하고 있는 천사다.

이런 이해는 신구약 성경의 전체 문맥에도 부합한다.⁷³⁾ ESV와 NLT가 본문으로 읽고 새번역이 난외주로 읽는 70인 역과 사해 사본의 신명기 32장 8절 말씀에 의하면, "가장 높으신 분께서 여러 나라에 땅을 나누어 주시고, 인류를 갈라놓으실 때에 하나님의 아들들의 수효대로 민족들의 경계를 갈라놓으셨다."새번역 이 말씀은 하나님께서, 성경에서 종종 별로도 표현되는,eg. 마 2:1~12; 계 9:1 당신의 천사들욥 1:6; 2:1을, 천하만국을 위하여 하나씩 배정하셨음을 의미한다.신 4:19; 히 2:5 따라서 이 천사들은 하나님이 자신들에게 맡기신 각 나라에 대한 특정한 책임을 져야 한다.사 24:21 그런데 다니엘서 10장에 의하면 이들 중의 일부 "싸르"들은 분명히 하나님의 뜻을 거역하고 있다. 결국 하나님께 순종하는 천사들과 불순종하는 천사들, 즉 "마귀와 그의 천사들"마 25:41, 私譯과의 싸움이 불가피하게 된 것이다.

천지가 맞물린 싸움

그렇다면 도대체 이 신비롭고 난해한 천상의 싸움이 지상에 있는 다니엘과 무슨 상관인가? 다시 말해서, 천사들끼리 벌이는 이 천상의 대결이 이 땅에서의 우리의 삶과 무슨 상관이란 말인가?

먼저, 이번 10장에 의하면, 천상적 존재들의 싸움은 지상에서 올려 진 다니엘의 기도 때문에 발생했다. 다니엘이 고난 받는 하나님의 백성을 위해 기도하지 않았다면 하나님의 천사가 다니엘에게 날아올 일이 없었을 것이다. 또한 그 천사가 지닌 하나님의 메시지가 다니엘에게 전달되는 것을 막으려고 바사 왕국의 악한 천사가 그 천사를 막아설 일도 없었을 것이다. 지상에서의 예수님의 금식과 기도 역시 동일한 결과를 일으켰다. 예수님이 기도하시는 시간은 천상의 마귀와 천사들이 훼방하거나 돕는 전쟁터였다.마 4:1~11; 눅 22:40~44 신약의 계시록도 기도와 관련된 천상계의 동일한 영적 역동을 보여준다. 지상에서 드려진 성도들의 기도가 천상에 상달되었을 때, 그것은 다시 이 지상에 큰 사건을 일으켰다.계 8:1~5 여기서 한 가지 결론이 도출된다. 지상의 성도는 예수님의 이름으로 기도함으로써 천상의 싸움에 본의 아니게 동참한다. 우리가 예수님의 뜻대로 기도할 때마다 천지동시전天地同時戰이 발발한다. 그 기도의 결과로 하나님의 "뜻이 하늘에서 이루어진 것 같이 땅에서도" 이루어진다.마 6:10

또한, 이번 10장의 천지가 맞물린 싸움은 하나님의 말씀이 전달되는 것과 직결되었다. 악한 천사가 목적한 바는 하나님의 메시지가 다니엘에게 전달되지 못하게 막는 것이었다.[14절] 그 메시지의 핵심 내용이 무엇이었는가? 그것은 하나님이 결국 승리하시고 마침내 그분의 백성이 구원받는다는 복음이었다.[단 12장] 그 복음이 다니엘에게 전해지지 못하도록 악마가 훼방한 것이다. 따라서 오늘날에도 악마는 사람들이 복음을 받지 못하도록 역사한다. 예수님의 말씀처럼 "천국 말씀을 듣고 깨닫지 못할 때는 악한 자[사탄]가 와서 그 마음에 뿌려진 것을 빼앗"는다.[마 13:19; 막 4:15] 이는 복음을 들은 자들이 "믿어 구원을 얻지 못하게 하려"는 것이다.[눅 8:12] 사도 바울의 메시지도 동일하다. "만일 우리의 복음이 가리었으면 망하는 자들에게 가리어진 것이라 그 중에 이 세상의 신[사탄]이 믿지 아니하는 자들의 마음을 혼미하게 하여 그리스도의 영광의 복음의 광채가 비치지 못하게 함이니 그리스도는 하나님의 형상이니라"[고후 4:4] 따라서 주 예수의 영광스러운 복음이 선포될 때마다 우리 눈에 보이지 않는 치열한 영적 싸움이 벌어진다. 그것이 주일예배 시간이든 이웃 무슬림과 복음을 나누는 순간이든, 악마는 그 복음전파를 막아설 것이고 천사는 그 복음이 전파되도록 애쓸 것이다.[계 14:6]

다니엘서의 전체적인 메시지를 살펴봐도 동일한 결론에 도달한다. 천상계의 싸움은 짐승 같은 국가권력들이 풀무불[3장]이나 사자굴[6장] 같은 온갖 정치적·군사적·종교적 압제를 통해[7~9, 11장] 하나님의 백성을 박해하고 괴밀시키는 것과 직결되어 있다. 이 짐승 제국들 뒤에서 역사하고 있는 자가 누구인가? 이번 10장은 악한 천사들이라고 말하고 신약의 계시록은 "사탄"이 그 우두머리라고 말한다.[계 13:2] 일례로, 에스더서에는 천상과 지상이 맞물리는 이 싸움의 "지상 편"이 자세히 소개된다. 사탄적인 교만과 살의에 사로잡힌 하만이 온 유대인을 다 잡아 죽이려고 했을 때 에스더와 모르드개를 비롯한 모든 유대인들이 다 금식함으로써 이 싸움에 동참했다. 벼랑 끝에 섰던 유대인들의 극적인 생존은 그 시간동안 천상에서 벌어졌던 치열한 영적 싸움에서 결국 하나님 편에 섰던 천사들이 이겼음을 암시한다. 그러므로 하나님이 택하신 민족인 교회(벧전 2:9)가 핍박받을 때, 천상과 지상에서 전우주적인 싸움이 벌어진다.

결론적으로 요한계시록은 천상과 지상이 맞물려 돌아가는 이 싸움을 보다 선명하게, 보다 종합적으로 보여준다. 일례로, 천상 왕 예수께서 그 중심에 거하시는 "일곱 금 촛대는 일곱 교회"이고 그분의 오른손에 있는 "일곱 별은 일곱 교회의 사자"이다.(계 1:20) 여기서 예수께서 붙들고 계시는 "일곱 별"이 무엇인가? 흔히들 생각하는 것처럼, 그 교회의 담임목사들이나 그 교회들의 전체 회중인가? 아니다. 성경에서 "별"은 천사의 상징이며 또한 "사자 ἄγγελος 앙겔로스"라는 단어 자체는 1차적으로 "천사"를 의미한다. 포이쓰레스의 말대로 "일곱 금 촛대"(1:12,20)는 빛을 발하거나 증거를 담당하는 교회들이고(마 5:14~16) 일곱 교회들의 사자들인 "일곱 별"(1:16,20)은 그리스도의 하늘 군대들의 대표적 견본이다. 특정 천사들은 특정 교회들에 대한 분명한 임무를 가지고 있다.(단 10:12~11:1에서 하늘의 "천사장"들이 구체적인 나라들과 관련되었다.) 천상의 영역과 지상의 영역들은 긴밀하게 연결되어 있으며, 하늘에 있는 상황들과 과정들은 신비로운 방식으로 지상에 있는 과정들과 일치한다.[74]

이웃 집 미리암과 아이샤

오늘 우리는 참으로 신비롭고 난해한 말씀을 읽은 것 같다. 비록 100% 다 정확하게 이해하지는 못했지만 하나님이 알려 주신 만큼은 믿고 순종할 수 있을 것이다. 이제 오늘 말씀과 관련하여 최근에 개인적으로, 또 여러분과 함께 겪었던 세 가지 일화를 나누고서 말씀을 맺겠다.

내 가정의 이웃들 중 한 집에는 여자들과 아이들만 산다. 이혼을 거듭한 그 집 엄마 미리암은 병든 친모와 역시 이혼한 자기 여동생과 함께 살고 있다. 그 집 아이들은 각기 다른 자기 아빠들의 집과 그 집을 오가며 생활한다. 남편이 없는 가정이기에 주변의 이웃들도 이 집을 아주 쉽게 여기는 것 같다. 밤에 몰래 들어왔던 도둑이 그 집 여자들 중 하나가 비명을 지르자 다시 담을 넘어 도망간 일도 있었고 또 한 번은 정성스레 일궈놓은 채소밭을 밤새 누가 다 쑥대밭으로 만들어놓은 적도 있었다. 이곳의 이혼율이 본토 무슬림들의 이혼율보다 더 높으니 이 가정은 우리가 이 고립된 지역에서 흔히 만날 수 있는 그런 가정들 중 하나일 것이다.

어쨌든 내 딸과 그 집 딸 아이샤는 2년째 좋은 친구로 지내고 있다. 물론 가끔 노골적으로 내 딸에게 무슬림으로 개종할 것을 요구하는 점은 불쾌하다. 하지만, 나와 아내는 그것이 율법주의 종교밖에 알지 못하는 그 아이가 우리 딸을 향한 자신의 사랑을 표현하는 것이라고 이해하고 있다. 더군다나 우리 딸이 그 아이의 구원을 위해 거의 매일 기도하고 있는 것을 잘 알기에 전혀 두려워하지 않는다. 그런데 2주 전에는 내가 개입해야만 할 상황이 벌어졌다. "네 아빠, 엄마, 오빠가 모두 무슬림이 된다고 해도 너는 무슬림이 안 될 것이냐?" 그 아이가 내 딸에게 또 다시 말도 안 되는 억지를 부렸다. 딸이 대답했다. "그래도 난 무슬림이 되고 싶지 않다." 언어도 잘 안 통하는 두 아이 사이에 논쟁이 벌어졌다. 결국 답답한 내 딸이 아이샤를 우리 집으로 데려 와서 나에게 도움을 청했다. 난 그 아이에게 우리의 신앙고백이 무엇인지를 아랍어로 말해주었다. 또 우리가 가지고 있는 아랍어 성서를 보여주며 이것이 하나님의 말씀이라고 했다. 대부분의 무슬림들이 그러하듯 아랍어 성서를 본 아이샤는 부정 탈까봐 겁에 질렸다. "타맘, 타맘." 좋다. 알겠다. 하고서 얼른 자기 집으로 돌아가 버렸다.

다음날 나는 내륙에 있는 D지역 방문을 마친 오후에 집으로 돌아오고 있었다. 그 때 갑자기 어제의 그 사건이 떠올랐다. 그리고 그것이 그 가정에 복음을 전할 수 있는 기회였음을 깨닫게 되었다. 집에 도착하자마자 아내를 불러 주님이 주신 마음을 나누었다. 아내에게 축복기도 한 뒤 그 집 엄마 미리암을 만나보게 했다. 그 집에 도착한 아내는 어제 아이들 사이에게 일어났던 일을 설명했다. "네가 아랍어가 짧은 우리 딸 대신에 네 딸에게 우리의 신앙을 좀 알려주면 안 되겠니?" 그러면서 아내는 아랍어 복음메시지가 든 메모리스틱을 그녀에게 건넸다. 다른 일로 바빴던 미리암이 건네받은 그 메모리스틱을 방 한 구석에 툭 던져버렸을 때, 아내는 실망했다. 하지만, 그 다음날 우리는 미리암이 그 메시지의 일부를 읽었다는 소식을 전해 들었다. 할렐루야! 과연 미리암과 그녀의 딸 아이샤가 주님의 복음을 듣게 될 것인가? 이를 통해 그들이 참 신랑이신 예수님과 참 아빠이신 하나님의 품에 안기게 될 것인가? 결과는 주님만이 아실 것이다. 우리 가정은 다만 그들을 위해 기도하고 그들과 대화하면서 이 우주적인 싸움을 계속해야 할 것이다.

내 친구 압둘라

압둘라는 우리 팀 영어학원의 학생이다. 또한 그는 나와 가장 친한 현지인들 중 하나다. 언젠가 나는 그에게 예수님을 만나 변화된 나의 삶을 간증한 적이 있었다. 하지만, 그는 별 다른 반응을 보이지 않았다. 그에게 복음을 다시 전할 수 있는 기회를 기다리고 또 기다려왔다. 그런데 그가 최근에 M주에 갑오징어를 잡으러 간다며 이 지역을 떠났다. 걱정이 되었다. 그가 떠난 날 저녁 가정예배 때, 그가 복음을 듣지 못한 채 죽는 일이 없도록 기도했다. 그로부터 한 두주 지난 지난주에 학원 일로 급히 M항구도시를 방문하게 되었다. 그런데 내가 M시에 도착한 그날 오후에 압둘라의 전화를 받았다. 갑오징어는 잘 잡히고 있는지 물어보았다. 그의 말이 아직 갑오징어 잡이 일을 구하지 못하여 지금 그냥 M시에 머물러 있다고 했다. 내가 지금 묵고 있는 호텔이 어디냐며 당장 내가 있는 곳으로 오겠다고 했다. 전화를 끊고 무릎을 꿇었다. 이번에는 꼭 그에게 복음 전할 기회를 주시길 간구했다. 압둘라가 도착했고 그는 5박 6일간 나와 한 방에 머물렀다. 그리고 M시에서 내가 해야 했던 일들을 최선을 다해 도와주었다.

학원의 계약 연장을 위해 매일 압둘라와 함께 관공서를 방문했고 학원 물품을 구입했다. 또한 M도시의 이곳저곳을 함께 둘러보았다. 일을 마치고 압둘라와 함께 호텔방으로 돌아오면 나는 평소대로 조용히 책을 읽거나 그를 배려하여 침묵으로 기도하거나 가장 낮은 볼륨으로 설교를 들었다. 압둘라 역시 나를 배려하여 방 안에서 쌀랏무슬림 기도을 하지 않고 밖에 잠시 나갔다 들어오곤 했다. 그러다 중동에서 일어났던 민주화시위에 대한 대화가 시작되었다. 주님이 주신 기회였다. 그 민주화시위의 영웅들 중 한 사람으로서 노벨 평화상까지 받았던 예멘의 한 여성에 대한 이야기로 이어졌다. 내가 압둘라에게 질문했다. "이슬람의 가치 안에서 예멘의 민주화를 이루겠다고 한 그녀의 말이 과연 합당한가? 종교가 인간의 삶의 중심인데, 종교적 자유가 없는 아랍에서 어떻게 인간의 모든 삶의 영역에서 자유를 추구하는 민주화가 가능하겠느냐?" 나의 도전적인 문제제기에 그가 적극적인 동의를 표했다. 하지만, 대화가 더 깊이 진행되지는 못했다. 사흘째 되던 날 나는 방에서 「알라 와헤드, 리싸알라 와히다」라는 문서를 보고 있었다. "하나님은 한 분, 메시지도 하나"라는 아랍어 복음메시지였다. 압둘라가 그 글을 읽어보고 싶다고 했다. 그래서 그 문서를 그의 낡은 노트북에 복사해 주었다. 그런데 파일이 열리지 않았다! PDF라는 프로그램이 있어야 볼 수 있는 글이었다. 참 아쉬웠다. 하지만, 다름에라도 읽어볼 수 있으니 그것으로 감사했다. 사랑하는 그 친구의 눈을 따뜻하게 바라보며 이렇게 말했다. "하나님이 원하시면 네가 이 글을 읽게 되겠고 그분이 원하지 않으신다면 네가 읽고 싶어도 결코 읽지 못할 것이다."

어쨌든 결론적으로 나는 이번에도 압둘라에게 복음을 전하지 못했다. 내가 주님의 음성을 제대로 분별하지 못한 것일까? 내가 영적으로 더 깨어 있어야 했던 것일까? 이곳으로 돌아오기 하루 전인 금요일이었다. 압둘라는 금요예배를 위해 근처 모스크로 갔고 나 혼자 호텔방에 남았다. 1시간 남짓 주어질 시간에 혼자 예배할 마음을 품고 미리 준비해 온 찬송가를 펼쳤다. 나의 계획은 찬송을 몇 장 부른 후에 성경을 읽거나 설교를 듣는 것이었다. 하지만, 우연히 펼친 첫 번째 찬송을 부르는데 쾅 하고 눈물이 쏟아졌다. 내가 가진 한영찬송가 622장 「거룩한 밤O holy night!」였다. 그 찬송 하나로 충분했다. 1절 후렴구 "무릎 꿇고 천사와 화답하라"는 바로 그 시간에 내가 지상에서, 또 천사들이 천상에서, 하고 있는 일이었다. 2절 후렴구 "우리들의 연약함 아신 주님 / 다 경배하라 만왕의 왕 주님께"를 부를 때는 목이 잠길 정도로 감사함과 죄송함, 또 기쁨이 솟구쳤다. 3절 후렴구를 부를 때는 호텔방이 떠나가도록 큰 소리로 선포했다. "주 예수님, 그 이름 영원하리 / 다 선포하세, 주님 크신 능력을!" 그렇게 2절과 3절 후렴을 1시간 동안 반복해서 부르고 또 불렀다. 가장 높으신 주 예수님이 당신의 백성을 이 S족 가운데서 불러내 주시길 간구했다. 믿는 자 하나 없는 M시와 M시 주변의 복음의 불모지에서도 우리 주 예수님이 만왕의 왕이심을 선포했다.

잃어버린 이스마일

마지막으로 나눌 이야기는 이곳에 계신 저와 여러분이 함께 겪은 가장 최근의 일이다. 이틀 전인 18일, 수요일이었다. 학원의 오전 업무를 마치고 정오 가까이 되었을 때 곧바로 J & S 선생님의 집으로 향했다. 그분들이 머물고 계신 게스트 하우스에 창문 모기장을 설치해 드리기 위해서였다. 가는 길에 보니 이곳 도지사 집 앞에 차들이 많이 주차해 있었다. 또한 20대

초반의 청년들이 십여 명 모여앉아 심각한 표정으로 대화하고 있었다. 다들 모르는 친구들이었다. 또한 그 표정들이 너무나 굳어있었다. 인사를 건넬 용기조차 안 나서 그냥 지나치고 말았다. 그런데 어제 아침 학원의 현지 직원이 내게 비보를 전해 주었다. 바로 그 도지사 집의 세 아들들과 조카 한 명, 그리고 그들의 친구 하나까지, 다섯 명의 청년이 바다에서 실종되었다는 소식이었다. 그들은 배를 띄워놓고 낚시를 하다가 뭍으로 돌아오지 못했다. 이 지방 최고 책임자의 집안에 일어난 최악의 비극이었다. 그런데 어제 오후였다. 학원에서 팀 동료 M이 내게 말하기를 우리의 친구 이스마일이 바로 그들 중 한 명이라고 했다. 충격을 받았다. 난 그제야 여기 계신 T가 지난 1년 반 전쯤에 내게 이스마일의 인품을 칭찬하셨던 것을 기억해냈다. 이스마일은 우리 영어학원이 배출한 가장 자랑할 만한 학생들 중 하나였다. 여행사를 운영하고 또 공항에서 일했기에 우리는 그를 자주 만날 수 있었다. 만날 때마다 그는 늘 환히 웃으며 "선생님, 무엇을 도와 드릴까요?" 영어로 묻곤 했다. 그런데 지금까지 우리 중 아무도 그에게 복음을 전하지 못했다! 그런데 그가 아무런 예고 없이 이렇게 우리 곁을 떠나버린 것이다.

지난 한 주간 새 학기 등록을 하고 책을 구입하는 학생들을 대하며 참 바빴다. 하지만, 내 머릿속은 온통 이스마일 생각뿐이었다. 어제 집에 돌아와서 밤늦게까지, 오늘 말씀을 준비하면서도, 계속 이스마일 생각을 했다. 그래서인지 어젯밤 꿈도 이스마일에 관한 것이었다. 내게 익숙하지 않은 어떤 장소에 내가 서 있었다. 그 때 여기 계신 T가 그곳에 오셔서 내게 이스마일 이야길 들려주셨다. T가 하는 말이, 이스마일이 기적적으로 살아돌아왔다는 것이다. 나는 그 자리에 주저앉아 펑펑 울었다. "오, 주님! 제게 다시 한 번 기회를 주셔서 감사합니다."라고 큰 소리로 기도했다. 하지만, 꿈이었다. 이스마일은 여전히 우리 곁에 없다.

누가 하나님 같은가!

사탄은 지금 우리에게 이렇게 말하는 것 같다. "그래, 다 좋아. 너희들 여기 와서 산다고 참 수고한다. 그래, 계속 영어만 잘 가르쳐줘. 몸의 병도 다 고쳐주고 말이야. 하지만, 그게 전부야. 기억해. 너희들은 영어 선생일 뿐이고 의사일 뿐이야. 절대 이들의 영혼은 건드리지 마. 복음 전할 생각은 꿈도 꾸지 마. 이들은 다 내 것이고 내가 다 끝까지 내 품에 안고 갈 테니까!"

그렇다. 주의 복음을 전하기엔 우리는 너무 무력하다. 반면에 이들의 종교심은 너무나 견고하다. 그래서 낙심할 때가 한 두 번이 아니다. 하지만, 이 사탄을 "대항할 자는 너희의 군주 미가엘뿐이니라"단 10:21는 말씀을 붙잡는다. 미가엘מיכאל이라는 이름의 뜻은 "누가מי 하나님אל 같은가כ!"이다. 이는 곧 "가장 높은 군주 중 하나인"단 10:13 미가엘을 붙드시는 분이 "모든 군주들의 군주"이신단 8:25 하나님이시라는 의미다. 미가엘 스스로는 사탄을 심판할 수 없다.유 9 하지만, 하나님의 능력과 그리스도의 권세가 나타날 때, 미가엘이 사탄을 이긴다.계 12:7~10 따라서 우리는 선포해야 한다! "그 누가 우리의 하나님 같은가!" 또한 오늘 본문에서 그 인자 그리스도는 하나님의 영광과 권세를 지니신 분이셨다. 따라서 우리는 이렇게 외쳐야 한다. "그 누가 우리 주 예수님 같은가!" 그러므로 천지가 맞물린 이 우주적인 싸움에 이미 동참해 있는 우리는 이렇게 선포한다. "이 세상 임금 사탄아, 너는 이미 네 권세를 빼앗겼다!요 12:31; 16:11 우리 주 예수님이 십자가로 이미 너를 이기셨다!골 2:15 그러므로 우리 주 예수님이 반드시 당신이 원하는 자를 살리실 것이다!요 5:21 반드시 당신께 속한 양을 다 찾아내실 것이다!요 10:16" 그리고 이곳에 우리를 보내신 주 예수님의 마지막 말씀을 다시금 되새긴다. "하늘과 땅의 모든 권세를 내게 주셨으니 그러므로 너희는 가서 모든 민족을 제자로 삼아 아버지와 아들과 성령의 이름으로 세례를 베풀고 내가 너희에게 분부한 모든 것을 가르쳐 지키게 하라 볼지어다 내가 세상 끝날까지 너희와 항상 함께 있으리라"^마 28:18~20

❖ 하나님의 영광을 입으신 천상 왕 예수님, 택하신 백성의 "눈을 뜨게 하여 어둠에서 빛으로, 사탄의 권세에서 하나님께로 돌아오게"(행 26:18) 하시니 감사합니다. 천국의 기업을 허락해주시고 이 우주적인 싸움에 동참하게 하시니 갑사합니다. 주님, 저희의 어리석음과 둔함과 무능함에도 불구하고 주님의 지혜와 전지하심과 전능하심만을 앙망합니다. 주예! 저희를 불쌍히 여겨 주십시오. 주예! 영원한 사망으로 달려가고 있는 이곳 백성을 불쌍히 여겨 주십시오. 어서 속히 주님의 구원을 베풀어 주십시오. 미천한 흙덩어리 같은 저희를 주님의 보배로운 증인으로 사용해 주십시오.

❖ 우리들이 싸울 것은 (찬 393 or 350)

❖ 네 눈을 들어 바라보라 그 한 사람을
세마포 옷에 순금 띠 두른 그 주님을
그 몸의 광채와 그 얼굴의 번개 빛을
타오르는 눈빛과 번쩍이는 팔과 다리
그의 목소리는 군대가 내지르는 소리

내 눈을 들어 바라보네 내 주 예수를
끌리는 옷에 순금 띠 두른 내 주님을
눈꽃처럼 빛나는 주 예수의 흰 머리와
불꽃같은 그 눈과 번쩍이는 그 발을
그의 목소리는 내려 쏟아지는 물소리

그 누가 주님 앞에서 온전하리요
내 힘이 주의 능력에 무너지리라

그 누가 주의 위엄을 감당하리요
내 자랑 주의 영광에 부서지리라

그 누가 주의 손길을 거절하리요
내 생명 주님 안에서 살아나리라

너는 보배로운 사람
두려워 말라
평안하여라
강건하고 또 강건하여라

다니엘서 11장

적그리스도의 얼굴

> 그리고 그 왕은 그가 좋을 대로 행하며 자신을 가장 높여 자신을 모든 신들보다 더 위대한 자로 칭하고 신들의 신을 향하여 경악스러운 말을 하면서 형통하기를 하나님의 저주가 끝날 때까지 이를 것이다. 왜냐하면 정해 놓으신 것이 그대로 이루어질 것이기 때문이다.(단 11:36, 私譯)

마지막 묵시의 본론

우리는 지난번에 이어서 다니엘서의 마지막 묵시10~12장를 계속 읽고 있다. 지난 시간에 살펴본 10:1~11:1 말씀이 서론이었다면 오늘 살펴볼 11:2~45 말씀은 본론이다. 물론 더 정확하게는 12장 3절까지가 본론일 것이다. 10~12장은 11:2~12:3의 본문을 10:1~11:1과 12:4~13이 샌드위치의 빵처럼 감싸고 있는 모양새이기 때문이다. 하지만, 우리는 다니엘서의 전통적인 장 구분대로 성도의 부활을 묘사한 12:1~3절 말씀을 12장의 나머지 부분과 함께 묵상할 계획이다. 그리고 우선 오늘은 11장이 묘사하고 있는 그 말세직 죄악만을 자세히 살펴보고자 한다.

언뜻 볼 때 11장은 이전 묵시들인 7, 8, 9장과 크게 다르지 않다. 7, 8, 9장처럼 11장도 둘째2절와 셋째3~4절, 그리고 넷째5~45절 짐승의 흥망을 묘사하고 있다. 또한 그 표현들까지 매우 유사하다. 다만 이전 묵시들과 비교되는 11장의 강조점이라면 마지막 나라인 넷째 짐승에 대한 묘사이다. 그 묘사가 45절로 구성된 11장의 대부분을 차지할 만큼 매우 길고 구체적이다.

뿐만 아니라 11장 후반부가 그려주고 있는 "그 왕"36절의 파괴적인 면모는 더욱 의미심장하다. 8장 후반부의 "한 왕"이 그랬듯이 11장의 이 말세적 왕은 끝 날에 교회가 직면하게 될 적그리스도의 얼굴을 예시한다.

11장에서 주목할 또 하나의 사실은 그 말세적 왕의 갑작스런 몰락이다.45절 물론 이는 앞선 묵시들에서 여러 번 반복되었던 내용이었다.단 7:26; 8:25; 9:27 다만 하나님의 백성이 당할 핍박을 11장이 가장 길게 상술했기 때문에 그의 갑작스런 멸망도 더 큰 기쁨과 소망으로 다가오는 것이다.

알렉산더에서 에피파네스까지

먼저, 11장의 묵시는 역사적으로 유대인들이 알렉산더와 그의 후계자들로부터 겪은 고난을 통해 전반적으로 성취되었다. 구약과 신약의 중간기 400년 중에서 11장과 관련된 유대역사는 다음과 같다.75)

페르시아의 크세르크세스Xerxes 1세, 주전 486~465 재위는 심히 부요하고 강력한 왕이었다.2절 그가 "모든 사람을 충동하여"2절; 에 1:3 헬라 왕국을 공격했다. 하지만, 주전 480년에 살라미스 해전에서 패하여 페르시아로 물러갔다. "한 능력 있는 왕"3절인 알렉산더는 주전 336년에 권좌에 올랐다. 그는 민족 대대로 원수로 여겨오던 그 페르시아 제국을 단숨에 무너뜨리며 세계를 통일했다. 하지만, 그는 주전 323년에 허망하게 죽었다. 알렉산더의 헬라 제국은 "그의 자손에게로 돌아가지" 않았고4절 그의 장군들에 의해 네 개의 왕국으로 분할되었다. 물론 알렉산더의 유산인 헬레니즘은 그 네 왕국에서 그대로 계승, 발전되었다. 유대인들은 그중 두 왕국의 지배를 받았다. 그들은 "남방"5절 "애굽"을8절 다스린 톨레미프톨레마이오스 왕조와 "북방"6절 시리아와 메소포타미아를 차지한 셀류커스 왕조였다. 두 경쟁국 남방과 북방 왕국 중에서 처음에는 남방이 우세했다.5~12절 그래서 주전 322~200년간 유대인들은 남방 왕조 톨레미의 지배를 받았다. 톨레미 왕조는 유대인들의 신앙을 존중했고 그들의 문화를 보존해 주었다. 그 결과 유대인들은 구약성서의 헬라어 번역인 「70인역 Septuaginta」을 소유하게 되었다. 하지만, 그 이후로는 사정이 달라졌다. 북방 시리아의 국력이 남방 이집트를 줄곧 압도했다.13~20절 결국 유대 땅 팔레스타인의 통치권이 북방 왕에게 귀속되었다. "그는 영화로운 땅에 설 것이요"16절 북방 시리아 왕조는 시리아와 팔레스타인 지역에 강력한 그리스 정착지들을 세웠다. 두로, 시돈, 가자, 세겜, 요르단의 암만 등의 도시들이 그리스인과 준-그리스인으로 붐비게 되었다. 유다 예루살렘도 그 영향에서 자유로울 수 없었다. 유대인들이 헬레니즘이라는 매혹적인 세계관에 노출되었다.

페르시아를 위해 그랬던 것처럼 유대인들은 그리스의 용병으로 봉사했다. 그들의 군사훈련은 폴리스도시국가의 주요 교육기구였던 연무장演武場·gymnasium에서 이루어졌다. 그것은 단순한 군사훈련소가 아니라 헬레니즘을 전파하는 일종의 문화원이었다. 유대인들 가운데 높은 교육을 받은 사람들이 먼저 헬레니즘에 동화되었다. 상류계급, 부유층, 원로급 제사장들 중에 헬레니즘을 깊이 흡수한 이들이 많았다. 이들 상류층 유대인들은 자기 민족도 그리스화 되기를 바랐다. 심지어 다신교인 헬레니즘과 유대교의 유일신 개념을 통합하여 야훼 하나님이 그리스의 주신主神 제우스와 같다고 주장하기까지 했다. 이런 가운데 "한 비천한 사람"21절으로 묘사 된 셀류커스 왕가의 새로운 군주, 안티오쿠스 에피파네스안티오쿠스 4세, 175~163가 등장했다. 유대 지도층 가운데 헬라화된 이들은 에피파네스가 즉위한 수 전 175년에 그와 강력하고도 위험한 동맹을 맺었다. 에피파네스는 유대 정통파 대제사장으로서 남방 애굽을 지지했던 오이나스 3세를 살해했다. 아마도 이것이 "그의 조상들과 조상들의 조상이 행하지 못하던"24절 행위일 것이다. 이어서 헬레니즘에 물든 야손여호수아의 그리스 식 이름을 대제사장에 임명했다. 야손은 자신의 당파를 만들어 예루살렘을 하나의 그리스 식 폴리스로 변형시키는 작업에 착수했다. 그는 성전산 기슭에 연무장을 건설했고 예루살렘을 안티오키아로 개명했다. 또한 희생제사에 쓰이는 상당량의 성전헌금을 국제적인 경기와 연극대회 같은 폴리스의 활동기금으로 전용했다.

"속임수"21, 32, 34절와 "거짓"23절과 "계략"24, 25절에 능했던 에피파네스는 여기서 멈추지 않았다. 주전 171년, 그는 야손보다도 더욱 친 그리스적 유대인이던 메넬리우스를 대제사장직에 앉혔다. 그는 메넬라우스를 통해 성전을 내려다볼 수 있는 곳에 아크로폴리스 성채를 건축했다. 뿐만 아니라 주전 167년에 모세의 율법을 폐기하고 세속 법률이 그 자리를 대신하게 하는 칙령을 발표했다. 이제 예루살렘 성전은 보편적인 제의장소로 격하되었다. 그 결과 예루살렘 성전에 각 종교를 아우르는 신상들이 들어오게 되었다. 그중 대표적인 것이 제우스 신상이었다. "군대는 그의 편에 서서 성소 곧 견고한 곳을 더럽히며 매일 드리는 제사를 폐하며 멸망하게 하는 가증한 것을 세울 것이며"31절 성전에서 큰 소동이 일어났다. 제사장들은 양분되었다. 서기관들은 정통파 편에 섰다. "그가 또 언약을 배반하고 악행 하는 자를 속임수로 타락시킬 것이나 오직 자기의 하나님을 아는 백성은 강하여 용맹을 떨치리라"32절 경건한 유대인들은 자신들의 신앙을 지키기 위해 기꺼이 죽음을 선택했다. 그 중에는 서기관들 중 한 명이었던 90세의 엘리아자르도 있었다. 그는 결국 매를 맞아 죽었다. "백성 중에 지혜로운 자들이 많은 사람들을 가르칠 것이나 그들은 칼날과 불꽃과 사로잡힘과 약탈을 당하여 여러 날 동안 몰락하리라"33절

에피파네스에서 적그리스도까지

여기까지의 유대 역사는 11장의 묵시 내용에 잘 들어맞는다. 성경의 신적 권위를 인정하지 않는 성서학자들이 다니엘서 11장을 "사후예언"으로,

미리 예언되었었던 것처럼 사건들이 일어난 후에 예언들을 꾸며낸 문학작품으로, 이해하길 원할 정도로 그 묵시가 구체적이었다.

하지만, 11장 후반부는 어떤가? 다니엘서 최종 묵시의 본론인 11장은 뒤로 가면 갈수록 유대인에게 일어난 신구약 중간기 역사를 그 배경으로 하면서도, 그것을 뛰어넘는다. 11장의 후반부는 장차 하나님의 백성과 전체 인류에게 닥칠 "마지막 때"35절, 40절; 12:4를 지향하고 있다. 이렇게 보는 근거가 무엇인가? 첫째로, 11장 후반부의 사건은 성도들이 부활하여 영생을 누리게 되는 12장 전반부의 사건과 시간적으로 맞닿아 있다. 12장 1절의 "그 때"는 11장 40절의 "마지막 때"요 그 마지막 때에 나타날 왕이 몰락하는 때다.11:45 둘째로, 45절은 그 북방 왕이 자신의 왕국의 서쪽에 위치한 팔레스타인 땅에서 죽게 될 것이라고 말한다. 그러나 역사적으로 에피파네스는 그의 생애 말년에 자신의 동쪽 왕국을 공격한 파르티아 왕을 반격하기 위해 군대를 이끌고 페르시아 지역으로 이동해 있었다. 그리고 그곳에서 위장병으로 갑작스럽게 죽었다.76) 164년경의 일이었다. 셋째로, 11장 후반부는 그 말세적 왕의 압재를 이겨낼 힘이 하나님의 백성에게 전혀 없는 것처럼 묘사한다. 하지만, 실재 역사에서 유대인들은 쇠락하는 그리스와 부상하는 로마 가운데서 100년 가까이나 종교적·정치적 자유를 누렸다. 유대 역사를 보면77) 성전을 더럽히고 많은 유대인을 학살한 에피파네스의 그 가증한 핍박이 발생한지 1년 뒤인 주전 166년에 정세가 급빈진 뇌었다. 옛 제사장 가문 출신인 마티아스 하스몬Matthias Hasmon과 그의 셋째 아들 유다 마카비Judas the Maccabee가 무상봉기를 일으켰다. 그들은 2년간 예루살렘 주변에서 셀류커스 지배자들과 변절한 유대인들을 다 몰아내었다. 그리고 주전 164년 12월에 성전을 야훼께 다시 봉헌했다.78)

이런 점에서 이번 11장 후반부를 유대인들의 역사에 등장했던 에피파네스의 만행으로만 읽을 수 없다. 11장 후반부는 그 신성 모독적인 왕에 대한 묘사로써 말세에 찾아올요일 2:18 적그리스도를 예시하고 있다.79) 이는 에스겔서 28장 12~19절 말씀을 인간 두로 왕을 통해 사탄의 죄악을 정죄하는 말씀으로 읽을 수 있는 것과 같다. 따라서 "스스로 높여 모든 신보다 크다 하며 비상한 말로 신들의 신을 대적"36절하는 왕은 말세적 왕이다. "모든 것보다 스스로 크다"37절 말하는 신성모독적인 인간은 적그리스도에 다름 아니다. 그 뻔뻔스런 얼굴은 사도 바울이 예고한 무법자의 얼굴과도 일치한다. "그는 대적하는 자라 신이라고 불리는 모든 것과 숭배함을 받는 것에 대항하여 그 위에 자기를 높이고 하나님의 성전에 앉아 자기를 하나님이라고 내세우느니라"살후 2:4 그러므로 종말을 살아가는 교회는 다니엘서 11장이 묘사하는 적그리스도의 얼굴을 주의 깊게 살펴보아야 할 것이다. 그래야 종말이 가까울수록 더욱 극심해질 적그리스도의 죄악을 분별해내고 그것을 이겨낼 안목이 생길 것이다.

다니엘서 11장이 보여주는 적그리스도의 네 가지 면모들은 다음과 같다.

적그리스도_거짓된 자

첫째, 적그리스도는 그 인격이 거짓된 자다.21~34절 사탄이 "거짓말쟁이요 거짓의 아비"니요 8:44 그의 종 적그리스도 역시 "거짓말하는 자"다.요일 2:22 따라서 정치 지도자든, 종교 지도자든, 거짓말을 일삼고 복음을 왜곡하며 교묘한 선동으로 사람의 마음을 훔치는 자는 적그리스도의 종이다. "말 바꾸기"에 능한 정치인, 거짓말 잘하는 목사나 승려, 선동적인 연설로써 사람들의 피를 끓게 만드는 무슬림 이맘이나 유대교 랍비는 모두 적그리스도를 닮았다. 세 치 혀로 사람을 호리는 데 능한 자는, 교회의 교황이든 제국의 황제이든, 적그리스도에 멀지 않다. 반면에 그 이마에 "어린 양의 이름과 그 아버지의 이름"이 있는 "땅에서 속량함을 받은" 참 그리스도인은 "그 입에 거짓말이 없고 흠이 없는 자들"이다.계 14:1~5 만약 거짓말에 능한 자라면 결코 구원받은 백성이라 말할 수 없다. 오히려 그는 거짓말쟁이 사탄에게 속한 자다. "성령이 밝히 말씀하시기를 후일에 어떤 사람들이 믿음에서 떠나 미혹하는 영과 귀신의 가르침을 따르리라 하셨으니 자기 양심이 화인을 맞아서 외식함으로 거짓말하는 자들이라"딤전 4:1~2

그러므로 자신이 원하든 안 원하든, 인정 하든 안 하든, 또는 자신이 의식하든 못 하든, 상관없다. 거짓말하는 죄를 가볍게 여기는 기독교인은 결국 적그리스도 편에 서게 될 것이다. 하지만, 진실을 자기 생명처럼 여기는 성도는 그 반대다. 그들은 거짓으로 가득한 말세에도 진리 되신 주 예수의 복음과 주 예수의 삶을 끝까지 지켜낼 것이다. "악한 사람들과 속이는 자들은 더욱 악하여져서 속이기도 하고 속기도 하나니 그러나 너는 배우고 확신한 일에 거하라"딤후 3:13~14

적그리스도_자아숭배자

둘째, 적그리스도는 신성모독적인 자아숭배자이면서 동시에 매우 종교적인 자다.36~39절 매우 종교적인 자가 동시에 자신을 숭배하는 것이 가능한가? 자아숭배를 위해 종교를 소비하는 자라면 충분히 가능하다. 진리라서 복종하는 게 아니라 자신을 드높이려고 종교를 이용하는 것이다. 적그리스도가 주인으로 모시는 사탄은 사람들의 숭배를 받고 싶어 안달이 난 놈이다. 그래서 사탄은 자신을 "광명의 천사로 가장"하는 것이고 그의 종인 "거짓 사도"는 "그리스도의 사도"로, "사탄의 일꾼들도 자기를 의의 일꾼으로 가장"한다.고후 11:13~15 사탄이나 사탄의 일꾼들은 모두 종교를 허울 삼은 자아숭배 중독자다.

반면에 주 예수님이 우리에게 허락하신 참 종교는 "자기를 부인하고 자기 십자가를 지고" 예수를 따르는 삶이다.막 8:34 따라서 아무리 목사, 장로,

권사라도 자기 욕망에 사로잡혀 살아가는 자는 참 신자가 아니다. 우리는 정신을 차리고 이 시대를 분별해야 한다. 지금 우리가 살고 있는 이 "말세"는 "쾌락을 사랑하기를 하나님 사랑하는 것보다 더하는" 시대다.딤후 3:1,5 교회 간판이 장로교든 감리교든 천주교든 상관없다. 자아숭배교인들은 자신을 만족시켜 줄 때만 하나님을 섬긴다. 자신에게 유익이 되는 선까지만, 예수를 믿는다. 내가 인정받을 수 있고 내가 권세를 누릴 수 있어야 한다. 교회가 나의 자아를 부풀려 줘야만 신나게 충성하고 봉사하는 것이다. 하지만, 심판대 앞에서 드러날 그의 민낯이 무엇인가? "경건을 이득의 수단으로 생각하는 사람"딤전 6:5, 새번역, 곧 자아숭배자다. 안타깝고 무서운 현실이 아닐 수 없다. "나더러 주여 주여 하는 자마다 다 천국에 들어갈 것이 아니요 다만 하늘에 계신 내 아버지의 뜻대로 행하는 자라야 들어가리라 … 그 때에 내가 그들에게 밝히 말하되 내가 너희를 도무지 알지 못하니 불법을 행하는 자들아 내게서 떠나가라 하리라"마 7:21~23 그렇다. 심판 날이 가까울수록 적그리스도는 성도들까지 자아숭배자로 몰아갈 것이다. 대충 믿으면서 그냥 세상이 흘러가는 대로 살라고 압박할 것이다. 세상과 결탁함으로써 "거룩한 언약을 배반"30절하여 권력자의 "칼날과 불꽃과 사로잡힘과 약탈"33절을 피하라고 유혹할 것이다. 하지만, 바로 그 핍박이 이 세상에서 누가 과연 구원받은 하나님의 참 백성인지, 또는 누가 과연 이미 버림받은 자아숭배자인지, 가려낼 것이다. "누구든지 자기 목숨을 구원하고자 하면 잃을 것이요 누구든지 나와 복음을 위하여 자기 목숨을 잃으면 구원하리라"막 8:35 "미쁘다 이 말이여 우리가 주와 함께 죽었으면 또한 함께 살 것이요 참으면 또한 함께 왕 노릇 할 것이요 우리가 주를 부인하면 주도 우리를 부인하실 것이라"딤후 2:11~13

적그리스도_패권주의자

셋째, 적그리스도는 막강한 군사력과 경제력을 거머쥔 한 지역의 맹주다. 그는 "여러 나라에 침공하여 물이 넘침 같이"40절 지나가면서 "많은 무리를 다 죽이며 멸망"44절시킬만한 권력을 지니고 있다. 그는 "요새들의 신 אֱלֹהַּ מָעֻזִּים엘로아 마오쩜"38절 즉, 전쟁의 신으로 위장한 사탄계 13:4을 힘입은 통치자다. 따라서 그것을 종교심으로 일으켰든, 애국심이나 인종주의 혹은 세계적 인류애로 일으켰든, 적그리스도는 자신의 군대를 소유한 권력자들 가운데 존재한다. 또한 적그리스도의 이런 대중적인 영향력은 "애굽의 금은과 모든 보물"43절 같은 "노략하고 탈취한 재물"24절로써 유지되고 더욱 강화된다.39절 마치 요한계시록의 짐승이 "권세를 받아 성도들과 싸워 이기게 되고 각 족속과 백성과 방언과 나라를 다스리는 권세를" 받았을 뿐만 아니라계 13:7 세계적인 경제 장악력을 상징하는 짐승의 표로써 자신의 권력을 유지하는 것처럼 말이다.계 13:16~17 그래서 사도 바울은 "말세에 고통 하는 때가 이르러 사람들이 자기를 사랑하며 돈을 사랑"하게 될 것이라고 경고했다.딤후 3:1~2 자기 목숨과 돈을 향한 끝없는 욕망과 두려움이 결국 그들을 적그리스도적인 군사력과 경제력에 대한 숭배로 내몰 것이다.마 4:9 농부처럼 자급자족하는 삶sustainable life을 살아오지 못한 도시주민 대부분이 경제생활에 관련된 불이익핍박에 무릎 꿇게 될 것이다.계 13:17,18

물론 현 시대 기독교인의 세계적인 영향력으로 볼 때 적그리스도의 종 밀직 패권주의가 불가능해 보일수도 있다. 군사적·경제적 권력을 소유한 양심적 기독교인들이 적그리스도에게 불복종할 수만 있다면 말이다. 그렇다면 이런 악마적 패권주의가 반기독교적인 문화전쟁으로 표출될 것인가? 지금 우리 주변에서 일어나고 있는 상황들을 둘러보면 전혀 불가능한 시나리오는 아닐 것이다. 일례로, 패스트푸드 체인점으로 유명한 B사는 최근에 동성애 라이프스타일을 전폭 지지했다. '프라우드 와퍼Proud Whopper'

라고 명명된 동성애 햄버거를 출시한 것이다.80) B사는 동성애를 상징하는 무지개 색상의 포장지로 그 햄버거를 쌌다. 그리고 그 안쪽에 '우리는 모두 똑 같다We are all the same'라는 구절을 새겨 넣었다. 이 동성애 햄버거는 동성애로 유명한 미국 샌프란시스코의 한 매장에서 7월 3일까지 판매되었다. 또한 지난주 제44차 연례 동성애 퍼레이드에 참가한 동성애자들과 길거리 구경꾼 5만여 명에게 무료로 공급되었다. B사의 수석 부사장은 '프라우드 와퍼'의 판매 수익금 전액을 기부할 것이라고 말했다. 그 수익금 전부를 2015년에 졸업하게 될 동성애 고등학생들의 장학금으로 사용할 것이라고 했다. 그는 당장 이런 행사를 더 확대할 계획은 없다고 말했지만 "나중에 더 큰 것을 생각하고 있다"고 했다. 동성애를 지지하는 기업은 B사만이 아니다. 유명한 커피 체인점인 S사의 CEO는 지난해 "S사가 동성애를 홍보하는 것에 반대하는 사람은 자신이 보유하고 있는 주식을 팔아도 좋다"고 말해다. 그리고 최근 시애틀에서 열렸던 제 40차 동성애 프라이드 행사에서 800스퀘어 피트의 대형 동성애 국기를 S사 본부에 걸어놓고 그 행사를 축하했다. 물론 B사 햄버거나 S사 커피로만 끝나면 별 상관없을 것이다. 하지만, 만약 점점 더 많은 수의 세계적 기업들이 이런 식으로 나온다면 어떡할 것인가? 최근에는 미국 대통령 오바마에 이어 반기문 유엔 사무총장까지 "인권은 유엔 임무의 핵심"이라며 유엔 직원들의 동성결혼을 지지한다고 발표했다.81) 만약 미국이나 EU같은 정치세력이나 세계적인 영향력을 지닌 경제세력들이 동성애, 낙태, 종교다원주의 같이 주류 기독교회가 반대하는 종교적, 윤리적 이슈들을 노골적으로 지지한다면 어떡할 것인가? 이런 점에서 적그리스도는 자신을 지지하는 막강한 군대를 일으킬 수 있는 인물이다. 그 말세적 영향력이 군사적인 것이든, 문화적인 압박이든, 혹은 경제적인 통제든 상관없이 말이다.

적그리스도_이스라엘 파괴자

끝으로, 적그리스도는 "영광스러운 땅, 곧 약속의 땅까지 쳐들어와서, 수많은 사람을 죽일 것이다."41절, 새번역 다니엘서에서 "영화로운 땅"8:9; 11:16,41; 렘 3:19은 다니엘의 고향인 이스라엘로서 "주의 성 예루살렘, 주의 거룩한 산"9:16이 있는 곳이다. 45절의 "영화롭고 거룩한 산"도 같은 표현이다. 하지만, 여기서 주의할 점이 있다. 앞서 살펴본 적그리스도의 세 가지 면모들과는 달리 이번 마지막 특징은 신약성경에서 명확히 재 진술 되지는 않았다. 사도바울은 "그 때에 불법한 자가 나타나리니 주 예수께서 그 입의 기운으로 그를 죽이시고 강림하여 나타나심으로 폐하시리라"고 말했다.살후 2:8 하지만, 그 사건의 발생 장소가 팔레스타인이라고 적시하지는 않았다. 사도요한도 "예수를 시인하지 아니하는 영마다 하나님께 속한 것이 아니니 이것이 곧 적그리스도의 영이니라 오리라 한 말을 너희가 들었거니와 지금 벌써 세상에 있느니라"고 말했다.요일 4:3 하지만, 그가 지금 이스라엘 땅에 있다거나 앞으로 이스라엘 땅으로 들어갈 것이라고 말하지는 않았다. 적그리스도의 군대가 집결했다가 멸망하는 "아마겟돈"계 16:16 82)의 므깃도 역시 같은 맥락에서 이해할 수 있다. 므깃도는 남 유다의 예루살렘에서 100km 가량 위쪽에 위치한 북 이스라엘에 속한 땅으로, 45절이 말하는 위치와는 다르다. 뿐만 아니라 그 아마겟돈 전쟁을 혈과 육의 싸움으로 이해해야 할지도 의문이다. 여기서 우리가 기억해야 할 사실이 있다. 기독교회가 소유한 신앙의 중심적인 사건이 무엇인가? 예수님의 십자가 죽음과 부활이다. 그리고 이 사건들은 모두 팔레스타인 땅에 있는 예루살렘에서 일어났다. 하지만, 그럼에도 불구하고 신약성경은 예루살렘 땅을 구약성경만큼 중시하지 않는다. 구약성경과는 달리 신약성경은 예루살렘을 "영화로운 땅"이라고 말하지 않는다. "예루살렘이 구약에서는 특별히 거룩한 위치에 있지만 신약에서는 그렇지 않다. 신약은 예루살렘의 역사적 중요성은 인정하지만 신학적 중요성은 인정하지 않는다."[83] "그리스도인의 소망에 대한 표현으로 '새 예루살렘'이라는 주제는 분명히 나타난다.히 12:2; 계 21:2 그러나 이것은 현재의 예루살렘이 어떤 영적 의미를 갖는다는 뜻은 아니다."[84]

다만 우리는 종말에 관한 성경의 묵시들에서 유대인의 고난과 교회의 고난이 하나로 묶여 있다는 사실만 확인하고 넘어가는 것이 좋을 것이다. 다니엘서 11장의 묵시는 이스라엘을 파괴하는 말세적 왕을 통해 교회를 괴멸시킬 적그리스도를 보여주었다. 다니엘서 11장 묵시의 이런 구조는 그 묵시를 다니엘에게 주셨던 주님단 10:5~9; 계 1:13~17이 예루살렘의 멸망과 인류 역사의 종말을 하나로 묶어 예언하신 방식과 동일하다.마 24장; 막 13장 예수님의 종말 예언에는, 구약의 다니엘서나 신약의 복음서나, 유대인의 역사와 인류 역사가 하나로 맞물려 있다. 그렇다면 유대인의 역사, 교회의 역사, 인류의 역사는 다 함께 위기를 맞게 될 것이고 다 함께 그 종말을 고하게 될 것이다. 한 뿌리에서 나왔으니 다 함께 추수되는 것이다. 이것이 주님이 종말에 관한 묵시를 주신 방식이고 또한 그분이 이 세상을 경영하는 방식인 것이다. 따라서 이스라엘 파괴자인 적그리스도는 곧 교회 파괴자다. 지상의 패권을 쥐려는 열강들의 싸움에서 이긴 적그리스도는 결국 천상의 하나님과 그분의 백성인 교회를 자신의 최종 상대로 생각하고 교회를 핍박하게 될 것이다. "4 그 여자는 자주 빛과 붉은 빛 옷을 입고 금과 보석과 진주로 꾸미고 손에 금잔을 가졌는데 가증한 물건과 그의 음행의 더러운 것들이 가득하더라 5 그의 이마에 이름이 기록되었으니 비밀이라, 큰 바벨론이라, 땅의 음녀들과 가증한 것들의 어미라 하였더라 6 또 내가 보매 이 여자가 성도들의 피와 예수의 증인들의 피에 취한지라 … 15 또 천사가 내게 말하되 네가 본 바 음녀가 앉아 있는 물은 백성과 무리와 열국과 방언들이니라 … 18 또 네가 본 그 여자는 땅의 왕들을 다스리는 큰 성이라 하더

코리가 마주친 적그리스도

코리 텐 붐의 끔찍하고도 복된 체험을 통하여[85] 다니엘서 11장 말씀을 오늘 우리의 삶에 적용하기 원한다. 서양 근대사에서 적그리스도와 가장 유사했던 인물이 히틀러1889~1945일 것이다. 코리는 히틀러의 나치를 통해 "일찍이 세상이 한 번도 목도해본 적이 없는"37쪽 끔찍한 죄악을 직면했다. 적그리스도처럼 히틀러 일당도 거짓된 자·자아숭배자·패권주의자·이스라엘 파괴자였다.

① 나치주의자들은 구약성경이 "유대인들의 '거짓말 책'이라"113쪽는 거짓 가르침을 퍼뜨렸다. 거짓에 능한 그들은 사람의 눈을 똑바로 보지 못할 정도로 그 눈과 영혼이 어두웠다.227; 284쪽 그들은 수많은 사람들을 학살하면서도 "그런 뻔뻔스러운 악을 아무것도 아닌 것처럼 여기게 만드는" "사탄이 꾸며낸 엄청난 계교"에 빠져 있었다.371쪽 ② 히틀러 일당은 "독일 지도자들에 대한 찬사, 배신자와 방해 활동자들에 대한 공공연한 탄핵" 등으로 신문기사를 도배하는126쪽 자아숭배자였다. 구타로 인해 "주 예수님, 나를 보호하소서!"라고 부르짖은 코리에게 "그 이름 또 한 번만 부르면" 죽여 버리겠다고234쪽 위협할 정도로 참된 신앙을 증오했다. ③ "독일에 뻗쳐 있는 거대한 악의 마수"120쪽는 유럽 열국에 이어 1939년에는 코리 가족이 살고 있던 네덜란드까지 침공한 패권주의자였다. 그들은 신분증과 배급 카드를 발급하여126쪽 시민들의 경제권을 틀어쥐고서 사람들을 나치즘에 굴복시켰다. 먹을 것과 입을 것을 좀 더 많이 얻고 좋은 직장과 주택을 제공받기 위해서 많은 시민들이 나치즘에 굴복했다. ④ 그들은 유대인들의 가게와 집을 빼앗고 그들을 체포하여 집단학살하는 이스라엘 파괴자였고 그 유대인 이웃들을 숨겨주고 먹여준 기독교인들과 목사들을 체포·수감·처

형하는 교회 파괴자였다.

코리는 이렇게 질문했다. "악이 권세를 잡고 있을 때 그리스도인은 어떻게 행동해야 할까?"136쪽

악이 권세를 잡고 있을 때
① 나치주의자들의 거짓말에 수많은 영혼들이 미혹되어 있을 때 코리와 그 가족들은 하나님의 말씀을 끝까지 진리로 붙들었다. 코리의 가족은 100년 전통의 큰 시계방을 운영하고 있었다. 네덜란드 개혁교회 성도들로서 그들은 직원들과 성경 한 장을 함께 읽는 것으로 하루일과를 시작했다. 또한 저녁에도 온 가족이 함께 말씀을 읽은 후에 잠자리에 들었다. 나치주의자들에 의해 죽음의 감옥에 갇혔을 때도 변함없었다. 작은 주머니에 넣어 몸에 숨기고 있던 성경이 그녀와 그 동료 죄수들의 삶에 생명을 불어넣었다. 코리의 말이다. "이따금씩 떨리는 손으로 성경을 그 작은 주머니에서 꺼낼 때면 그렇게 신비스러울 수가 없었다. 성경은 새로웠다. 방금 기록된 것 같았다. 잉크가 말라 있다는 게 놀라울 때도 있었다."340~341쪽 "모닥불 주변으로 모여드는 부랑자들처럼 우리는 성경 둘레에 모여 그 온기와 빛에 우리 마음을 드러내 놓았다. 우리를 에워싼 밤의 어두움이 더해갈수록 하나님 말씀은 더 밝고 더 진실하고 더 아름답게 타올랐다. 「누가 우리를 그리스도의 사랑에서 끊으리요 환란이나 곤고나 핍박이나 기근이나 적신이나 위험이나 칼이랴 … 그러나 이 모든 일에 우리를 사랑하시는 이로 말미암아 우리가 넉넉히 이기느니라」 언니가 성경을 읽을 때 사람들을 둘러보면 얼굴에서 얼굴로 빛이 피어오르는 것을 볼 수 있었다. '넉넉히 이긴다' 이것은 소망이 아니었다. 분명한 현실이었다. 우리는 이것을 알고 있었고, 순간순간 체험하고 있었다. 가난, 증오, 배고픔 가운데서 말이다. '넉넉히 이길 것이라'가 아니었다. 우리는 이미 이긴 상태였다!"340쪽 거짓의 악이

권세를 잡고 있을 때 그리스도인은 어떻게 행동해야 하는가? 하나님의 말씀의 빛을 비추어 우리 안팎을 에워싼 그 거짓을 몰아내어야 한다. 시 119:105; 요 1:5

② 자아숭배자들의 악이 권세를 잡고 있을 때, 코리는 그 죄악이 자신에게도 전염되고 있음을 발견했다. 강추위가 몰아치는 수용소의 점호 때마다 코리는 어떻게든 폴란드 출신 동료 여죄수들의 중간을 비집고 들어가 혼자만 추위를 면하려 했다. 폴란드는 네덜란드보다 더 추운 곳이니 그쪽에서 잡혀온 죄수들은 자신보다 추위를 덜 탈 것이라고 단정했다. 무엇보다도 자신은 하나님의 말씀을 전하는 중요한 사명을 감당하고 있으니 동료들보다 더 건강해야 한다고 변명했다. 사명감으로 위장한 자기사랑이었다. 즉, 코리는 종교를 자기 욕망의 도구로 삼고 있었다. 그런 상황에서 12월 둘째 주가 되었다. 코리가 수용된 막사의 모든 죄수들에게 여분의 담요가 한 장씩 지급되었다. 그리고 그 다음 날, 동유럽에서 한 죄수가 담요도 없이 코리의 침상으로 배정되었다. 코리의 언니는 코리에게 그들이 가지고 있는 두 개의 담요 중 하나를 그녀에게 "주라고" 말했다. 하지만, 코리는 담요 하나를 그 여자에게 "빌려 주기만" 했다. 그 담요의 소유권은 여전히 자신에게 있다는 속마음을 품고서 말이다. 결국 동료들에게 복음을 전하던 코리의 사역에 기쁨과 능력이 소멸되었다. "내 기도에는 기계적인 울림밖에 없었다. 성경을 읽는 것도 지루하고 활기가 없었다."372쪽 믿음을 읽던 어느 날 자신의 죄악을 직면하게 되었다. "춥다는 이유로 대열 한가운데로 조금씩 파고들어가는 게 나의 진짜 죄는 아니었다. 내가 저지르고 있는 진짜 죄는, 사람들을 돕고 변화시키는 힘이 바로 나에게서 나온다고 여겼다는 것이다. … 나는 성경책을 덮고 사람들이 모여 있는 곳으로 갔다. 그리고 나 자신에 관한 진실을 털어놓았다. 나의 이기심, 나를 찌르는 가시, 사랑이 부족한 나를. 그날 밤, 나의 예배에는 진정한 기쁨이 회복되었다.373쪽

그로 인해 코리의 영혼에 "악성 종양"처럼 퍼져나가던371쪽 이기심이 파괴되었다. 자아숭배의 죄악이 염병처럼 퍼져나갈 때 그리스도인은 어떻게 행동해야 하는가? 나 역시 내 육체의 안락과 자기사랑에 빠진 자아숭배자였음을 자백함으로써 그 죄를 내 삶에서 끊어내야 한다.골 3:5; 약 5:16

③ 패권주의자의 악이 권세를 잡아 의식주를 비롯한 인간의 기본권을 다 빼앗아 갔을 때, 코리는 오직 하나님의 공급하심에 자신을 의탁했다. 코리와 그의 언니가 끌려간 독일의 여자 집단 처형장은 "96,000여 명의 여성들의 목숨을 앗아간"415쪽 곳이었다. "세상에서 가장 야만적인 곳"386쪽이었고 "잔혹함과 살인과 그 밖의 극악무도한 행위들"을 "날마다 목격하는"371쪽 곳이었다. 코리는 성경책과 함께 작은 비타민 오일 한 병도 몸에 숨기고 있었다. 언니를 비롯한 병약한 동료 죄수들에게 한 방울씩 먹여 주기 위해서였다. 그런데 이상한 일이 일어났다. "아주 작은 병이었고 하루에도 여러 번씩 썼기 때문에 남은 게 거의 없어야 했다. … 하지만, 그 작은 병을 기울일 때마다 마개 끝 부분에 오일이 한 방울씩 나타나는 것이었다. … 햇빛에 병을 비추어 오일이 얼마나 남았는지 보려고 했지만, 병이 짙은 갈색이라 안을 들여다볼 수가 없었다. … 그런데 그 일이 오늘도, 다음 날도, 또 다음 날도 계속 일어났고, 경외심에 사로잡힌 여자들이 내 주위에 몰려서서 배급받은 빵 위로 기름방울이 떨어지는 것을 지켜보았다.352쪽 그러던 어느 날 어느 동료 죄수를 통해 많은 양의 비타민이 공급되었다. 그러자 바로 그 날 밤에 이상한 일이 일어났다. 코리가 아무리 병을 뒤집었다 세워 보아도, 아무리 세게 흔들어 보아도, 단 한 방울의 오일도 나오지 않았다. 하나님의 새로운 공급하심 앞에서 그 이전의 기적적인 공급은 더 이상 지속될 필요가 없었던 것이다. 패권주의적 죄악이 판치고 있을 때 그리스도인은 어떻게 행동해야 하는가? 광야생활 때처럼 하나님이 주시는 만나를 공급 받든, 가나안 정착 때처럼 하나님이 주시는 그 땅의 소산물을 먹어야 한다.수 5:12

기적적인 기도응답을 통해서든, 자립적인 공동체를 통해서든, 아니면 형제들의 나눔을 통해서든, 나의 모든 필요를 하나님으로부터 공급받는 삶의 방식이 요구된다. 왕상 17장; 빌 4:19

④ 하나님의 백성을 파괴하는 악이 권세를 잡고 있을 때, 코리와 그녀의 아버지와 언니는 네덜란드와 유럽의 유대인들과 유대 그리스도인을 숨겨주고 먹이는 일에 헌신했다. 코리는 기도했다. "주 예수님, 주님의 백성들을 위해 나 자신을 드립니다. 언제, 어디서, 어떤 식으로든 말입니다."141쪽 어느 목사님은 유대인 아기 하나를 숨겨달라는 코리의 부탁을 받고서 이렇게 대답했다. "안 돼요. 절대 안 돼요. 유대인 아이 때문에 우리 목숨을 잃을 수도 있다고요!" 하지만, 그 옆에 있던 코리의 아버지는 그 목사님에게 이렇게 대꾸했다. "이 아기 때문에 우리 목숨을 잃을 수도 있다고 말씀하셨죠. 우리 가족에게 그런 일이 생긴다면 전 그걸 최고의 영광으로 여길 겁니다."184쪽 코리와 그녀의 아버지와 언니는 일 년 반 동안 그런 마음자세로 수많은 사람들을 살려냈다. 하지만, 1944년 2월 28일, 독일 비밀경찰게슈타포이 코리의 집을 습격했고 세 부녀는 교도소로 끌려갔다. 84세였던 코리의 아버지는 체포된 당일 "더 이상 말썽 안 피우겠다고 한 마디만 하면" 풀어주겠다는 제안을 받았다. 하지만, 그의 대답은 부드럽고도 단호했다. "오늘 내가 집으로 돌아간다면, 도움이 필요해서 내 집 문을 두드리는 사람 누구에게나 다시 문을 열어 줄 거요."246쪽 그는 수감된 지 얼마 만에 감옥에서 숨을 거두었다. 코리의 언니 또한 "갈비뼈 하나하나와 치아의 골격까지 그대로" 드러난 모습으로 병들어 죽었다.379쪽 코리는 수용소 직원의 업무 착오로 인해 1944년 12월 30일에 석방되었다. 일주일 후 코리의 동료 여죄수들은 모두 가스실에서 최후를 맞았다. 악이 권세를 잡고 있을 때 그리스도인은 어떻게 행동해야 하는가? 그 악한 권세에 불복종할지라도, 내 생명을 부인할지라도, 내 이웃과 형제의 생명을 살리는데 헌신해야 한다. 출 1:17; 행 4:19

묵시 예방주사

말씀을 맺겠다. 묵시가 무엇인가? 지금 당장은 아니지만 장차 그 때가 되면 반드시 이루어질 하나님의 말씀이다.합 2:3 이런 점에서 묵시는 우리가 어릴 적에 자주 맞았던 예방주사와 비슷하다. 그 병이 지금 내게 찾아온 것은 아니지만 앞으로 찾아올 것을 대비하여 맞는 것이 예방주사다. 주사를 통해 미리 살짝 감염되면 우리 몸에 면역이 생긴다. 그러면 어느 날 갑자기 진짜 병마病魔가 찾아왔을 때 그놈을 이겨낼 힘을 소유하게 된다. 적그리스도에 대한 묵시도 마찬가지다. 오늘 우리는 그 종말적 왕의 얼굴을 미리 관찰해 보았다. 그놈이 진짜 나타났을 때에 속아 넘어가지 않으려고 하나님의 말씀으로 그자의 악행을 분별해 보았다. 또한 이 말세에 이미 벌어지고 있고 곧 그 악마적 절정에 이르게 될 상황을 보다 구체적으로 살펴보려고 코리 텐 붐의 이야기도 들어보았다. 말하자면 오늘 우리는 다니엘서 11장 묵시를 통해, 또 코리 텐 붐의 경험을 통해, 종말에 관한 예방주사 하나를 맞은 것이다.

그렇다면 "묵시 예방주사"를 맞은 우리의 삶에 무슨 변화가 생길 것인가? 예방 주사를 맞았을 때 우리 몸에서 일어날 변화와 동일하다. 오늘 하나님의 묵시를 통해 곧 그 실체를 드러낼 악마惡魔의 얼굴을 본 자의 삶에는 어떤 변화가 일어나게 될 것이다. 자신의 삶 속에서 그 거짓된 인격·자아숭배·패권주의·하나님백성 파괴라는 죄악과의 싸움이 시작될 것이다. 예방주사를 맞아도 아무런 면역 반응immune reaction을 보이지 않으면 병마가 찾아올 때 끔찍한 결과를 맞게 될 것이다. 오늘 주신 말씀이 자신의 삶에 아무런 영향을 미치지 못하는 자는 말세에 나타날 적그리스도의 죄악에 휘둘려 그의 영원한 운명이 심히 위태로워질 것이다.

따라서 ① 적그리스도의 거짓말을 들어본 자는 지금부터 거짓된 것이라면 그 무엇도 내 삶에 용납하지 않을 것이다. 오직 참되신 하나님의 말씀으로 나의 인격을 빚어갈 것이다. ② 적그리스도의 자아숭배에 감염되어 본 자는 내 몸의 끝없는 욕망과 내 자아의 교묘한 욕심을 부단히 경계하며 살아갈 것이다. ③ 적그리스도의 패권주의를 지켜 본 자는 하루하루의 삶의 필요들을 오직 주님께만 구하는 믿음의 삶을 시작할 것이다. ④ 하나님의 백성을 미워하는 적그리스도의 살의를 느껴본 자는 내 주변의 이웃과 동료, 가족과 교우를 위해 내 생명을 나누어주는 삶을 시작할 것이다. "113 내가 두 마음 품는 자들을 미워하고 주의 법을 사랑하나이다 114 주는 나의 은신처요 방패시라 내가 주의 말씀을 바라나이다 115 너희 행악자들이여 나를 떠날지어다 나는 내 하나님의 계명을 지키리로다 116 주의 말씀대로 나를 붙들어 살게 하시고 내 소망이 부끄럽지 않게 하소서 117 나를 붙드소서 그리하시면 내가 구원을 얻고 주의 율례들에 항상 주의하리이다"시 119:113~117

❖ 우리들의 피난처 되시는 주님, 오늘도 주님의 말씀으로 우리를 위로하시고 격려하시고 새 힘을 불어넣어 주심에 감사드립니다. 악이 권세를 잡은 이 세상의 형편이 아무리 끔찍할지라도 "택하신 자들(의 구원)을 위하여 그 날들을 감하실"(마 24:22) 주님의 자비하심을 찬양합니다. 이 세상이 어두워질수록 "주의 말씀은 (더더욱) 내 발에 등이요 내 길에 빛"입니다.(시 119:105) 오늘 하루 우리가 살아있는 한 빛 되신 주님의 말씀 속에서 주님의 참된 음성을 듣게 하십시오. 십자가를 지기까지 자기를 부인하신 주님을 뒤따르게 하십시오. 나의 모든 필요를 재우시며 끝까지 주님의 몸 된 교회를 지켜주실 주님의 영광스러운 얼굴을 묵상하게 하십시오.

❖ 내 갈 길 멀고 밤은 깊은데 (찬 429 or 379)

❖ 사람의 말이 어둠 속을 헤맬 때
  주의 진리로 어둠을 몰아냅니다.
  종교의 영이 주의 영광 탐할 때

주의 이름으로 나를 부인합니다.

악한 것이 이 세상을 장악할 때
주의 양식으로 매일 만족합니다.
짐승의 뿔이 주의 몸을 겨눌 때
주의 십자가에 내가 입 맞춥니다.

주는 나의 피난처요 방패시니
주의 말씀을 내가 바라나이다.
주 예수는 부활이요 생명이니
주의 성령을 내가 원하나이다.

다니엘서 12장

끝 날에 교회는

1 그 때에 네 민족의 후손들을 보호할 큰 통치자 미가엘이 일어날 것인데 나라가 생긴 후로 그 때까지 생긴 적이 없는 고통의 시간이 될 것이다. 그 때에 책에 기록되어 있는 네 백성은 모두 구출될 것이다. 2 땅의 티끌에서 잠자던 많은 자들이 깨어날 것인데 이들이 영원한 생명을 받거나 영원히 혐오스러운 수치를 당하게 될 것이다. 3 지혜로운 자들은 창공의 빛처럼 빛날 것이요 많은 이들을 의로움으로 돌이키는 자들은 별들처럼 영원 무궁토록 빛날 것이다.(단 12:1~3, 私譯)

다니엘서의 종착역

다니엘서의 마지막 열두 번째 장에 도착했다. 본서의 다니엘서 읽기가 종착역에 이른 것이다. 시편 기자는 하나님의 말씀이 끝이 없다고 했다.시 119:96 그렇다면 다니엘서 말씀도 끝까지 완벽하게 읽어낼 자가 우리 중에 아무도 없을 것이다. 최선을 다했으니 만족할 뿐이다. 이제는 본서의 다니엘서 읽기를 마음에 되새기며 우리 각자의 삶으로 돌아가야 할 때다.

이번 12장은 다니엘서의 삼 중적 결론이다. 먼저, 12장은 다니엘서에 담겨 있는 마지막 묵시의 결론이다. 10장에서 시작된 "큰 전쟁에 관한"10:1 환상의 결론이 이번 12장에서 내려진다. 그 말세적 전쟁이 언제 어떻게 끝날 것인가? 가해자들, 희생자들, 그리고 생존자들에 대한 하나님의 정의는 어떻게 이루어 질 것인가? 12장이 이 질문들에 답할 것이다.

12장은 또한 다니엘서 전체 묵시의 결론으로서 묵시의 시작부인 7장의 주제들을 완성한다. 지난 7장에 등장했던 "옛적부터 항상 계신 이가 좌정" 하신 "왕좌"단 7:9로부터 선고된 "심판"단 7:10이 이중적으로 완성된다. 그것은 "영원한 생명" 아니면 "영원히 혐오스러운 수치"2절, 私譯다. 또한 그분 앞에 놓여 있었던 "책들"단 7:10 중 하나는 말세에 구원을 얻을 자들을 기록해 둔 생명책이다.단 12:1

끝으로 12장은 다니엘서 전체의 결론이다. 1장에서부터 이어져온 다니엘의 생애가 12장에서 그 끝이 보인다. 청소년이었던 다니엘이 90세 전후의 노인이 되었다. 그래서 그는 "이제 너는 마지막을 향하여 걸어가라. 그러면 네가 안식하게 될 것이고 마지막 날에는 네게 주어질 몫을 네가 누리게 될 것이다."13절, 私譯라는 말씀을 듣게 된다. 그의 자연사가 멀지 않은 것이다. 한 평생 고향 땅을 바라보며 나그네로 살아왔던 다니엘이 이제는 그곳보다 더 좋은 하늘 본향으로 돌아가게 될 것이다.히 11:16 영원히 복 받을 미래가 다니엘을 기다리고 있다. 그는 곧 영원한 안식에 들어가게 될 것이고 자신에게 주어질 몫을 누리게 될 것이다. 포로 된 하나님의 백성에게 복된 소식을 전하며 아름답게 늙어온 다니엘의 모습은 사도 요한의 일생과 유사하다. 포로 된 요한도 로마의 압제와 유대교의 핍박 중에도 일평생 "하나님의 말씀과 예수를 증언"함으로 "예수의 환난과 나라와 참음에" 동참했다.계 1:9 끝까지 충성한 요한에게도 주님의 상과 복이 약속되었다.계 22:12~14 하나님의 구원과 심판을 갈망하며 묵묵히 자신의 사명을 감당해온 성도들을 우리 주님이 이토록 기뻐하시는 것이다.

네 민족을 호위하는 미가엘

12장 말씀은 이렇게 시작된다. "그 때에 네 민족을 호위하는 큰 군주 미가엘이 일어날 것이요"1절 여기서 "네 민족의 후손들"이란 혈통적인 이스라엘, 곧 유대인을 의미한다.단 10:21 그렇다면 여기서 이런 질문이 다시 떠

오른다. 이는 지난 7~11장 묵시들을 읽을 때도 계속되었지만 지금껏 덮어두었던 의구심이다. "과연 미가엘은 오늘날에도 유대민족을 지켜주고 있는가?" 이런 의문은 다니엘서의 종말론을 이 말세에 적용하기 위해 우리가 풀어야 할 여러 난제들 중 하나와 연관되어 있다. "1948년에 이스라엘을 재건한 오늘날의 유대인들은 여전히 하나님의 보호를 받는 백성인가?"

요즘 들어 전 세계의 사람들이 이스라엘과 유대인을 점점 더 불쾌하게 생각하고 있다. 최근 BBC 방송이 조사한 국가별 비호감도 순위에서 이스라엘은 이란, 북한, 파키스탄 다음으로 악명이 높았다.[86] 또한 101개 국가에서 진행되었고 월스트리트저널이 보도한 또 하나의 조사에서는 세계인의 1/4이 넘는 26%의 사람들이 유대인에 대한 반감을 가지고 있음이 드러났다.[87] 유대인에 대한 반감이 가장 높았던 곳은 당연이 무슬림 지역인 중동과 북아프리카로 74%가 반감을 표했고 다른 지역으로는 동유럽과 러시아가 34%, 서유럽이 24%, 그리고 미주 지역이 19%였다. 그렇다면 유대인에 대한 한국인의 반감은 어느 정도였을까? 놀랍게도 세계인의 평균을 훨씬 웃도는 53%의 사람들이 반감을 표했다. 왜 그럴까? 몇 년 전에 읽은 어느 유명인도 영토 문제에 대한 이스라엘의 태도에 반감을 표했다.[88]

> 이건 명백한 영토 분쟁이다. … 이 분쟁의 시작과 끝은 땅 때문이고, 그 땅에 누가 사는 것이 옳은가 하는 주권의 문제다. 그러나 상식적으로 생각해보아도 자기네 역사에 씌어 있다며 2천 년 간 다른 곳에 있다가 어느 날 갑자기 그곳 사람을 몰아내고 들어와 살겠다고 할 수는 없는 일이다.

이스라엘과 팔레스타인의 영토 분쟁에서 후자의 편에 서 있는 저자의 입장은 PLO 팔레스타인 해방기구 전 대편인의 말을 통해서도 표명된 적이 있었다.[89]

우리가 수천 년 동안 잘 살고 있는 땅에 어느 날 갑자기 외세를 업은 유대인들이 쳐들어와 주민들을 몰아냈습니다. 그러나 지금 상황에서 우리가 바라는 것은 외국의 간섭 없이 옛날처럼 유대인과 함께 서로의 종교와 문화를 존중하며 평화롭게 사는 겁니다. 다만 한 가지 전제는 우리는 어떤 경우에도 예루살렘을 내줄 수는 없다는 겁니다.

이 글에서 짐작할 수 있듯이 유대인에 대한 우리 한국인의 반감이 높은 것은 팔레스타인 사람들은 피해자로, 이스라엘 유대인은 가해자로, 여기고 있기 때문이다. 최근 보도되고 있는 세 명의 유대 청소년의 납치·살해 사건에 대한 이스라엘 군의 잔인한 보복조치들을 보노라면 유대인을 더 이상 적그리스도적인 나치 학살의 피해자로만 간주하기 어려운 시대임이 분명하다. 그렇다면 다시 한 번 질문해 보자. 오늘날 이스라엘이 이처럼 주변 무슬림 민족들을 압도하는 군사대국으로 우뚝 서게 된 배경에는 유대 "민족의 후손들을 보호할 큰 통치자 미가엘"1절, 私譯이 있는 것인가?

어느 무슬림의 질문과 신약의 대답

헤즈볼라의 어느 무슬림 여전사는 그런 식으로 결론 내린 것 같다.[90] 그녀는 팔레스타인을 차지한 이스라엘에 대한 증오심을 품고 남부 레바논에 있는 이슬람 무장단체 헤즈볼라에 참여했었다. 교관이 된 그녀는 젊은이들에게 무기권총이나 로켓포를 사용하는 법을 전수하면서 유대인들과 어떻게 싸워야 하는지 가르쳤다. 하지만, 시간이 흐를수록 부패한 아랍 국가들과 그 주변 이슬람 국가들에 대한 실망감이 그녀를 힘들게 했다. 더군다나 어떤 무서운 생각 하나가 그녀를 따라다니며 괴롭혔다. 그것은 "하나님이 혹시 유대인의 편 아닐까?" 하는 의구심이었다. 1948년, 1956년, 1967년, 1973년 등 유대인들을 팔레스타인 땅에서 몰아내기 위해 아랍인들이 일으

컸던 모든 전쟁에서 유대인들이 늘, 항상 승리했기 때문이었다. 그 후 미국으로 건너간 그녀는 예수를 믿는 어느 유대인 여성을 통해 기독교인이 되었다. 그러자 전혀 예상치 못한 변화가 찾아왔다. 그녀가 어린 시절부터 갖고 있던 유대인에 대한 혐오감이 사라졌다. 또한 심지어 유대인들이 팔레스타인 땅을 차지한 것까지 용납하게 되었다.

그렇다면 정말 유대인들은, 그들이 유대인이라는 이유만으로, 하나님의 특혜를 받고 있는 것일까? 놀랍게도 신약성서의 대답, 처음부터 끝까지, 부정적이다. ① 세례요한은 유대 지도자들을 "독사의 자식들"이라 불렀다.마 2:7 요한은 그들에게 더 이상 "속으로 아브라함이 우리 조상이라고 생각하지 말라"고 경고했다.마 2:9 ② 예수님의 정죄도 동일했다. "뱀들아 독사의 새끼들아 너희가 어떻게 지옥의 판결을 피하겠느냐"마 23:33 "너희는 너희 아비 마귀에게서 났으니 너희 아비의 욕심대로 너희도 행하고자 하느니라"요 8:44 "하나님께 속한 자는 하나님의 말씀을 듣나니 너희가 듣지 아니함은 하나님께 속하지 아니하였음이로다"요 8:47 ③ 순교자 스데반의 정죄도 동일했다. "목이 곧고 마음과 귀에 할례를 받지 못한 사람들아 너희도 너희 조상과 같이 항상 성령을 거스르는도다 너희 조상들이 선지자들 중의 누구를 박해하지 아니하였느냐 의인이 오시리라 예고한 자들을 그들이 죽였고 이제 너희는 그 의인을 잡아 준 자요 살인한 자가 되나니 너희는 천사가 전한 율법을 받고도 지키지 아니하였도다"행 7:51~53 ④ 앞의 세 경우는 특정한 상황에 있는 유대인 개인들과 집단에게 선포된 정죄들이었다. 하지만, 사도 바울은 더 노골적이고 보다 광범위한 의미에서 유대인을 정죄했다. "유대인은 주 예수와 선지자들을 죽이고 우리를 쫓아내고 하나님을 기쁘시게 아니하고 모든 사람에게 대적이 되어 우리가 이방인에게 말하여 구원받게 함을 그들이 금하여 자기 죄를 항상 채우매 노하심이 끝까지 그들에게 임하였느니라"살전 2:15~16 ⑤ 결국 예수님에게서 시작된 유대인에 대한 신약성서의 신학적 판단이 예수님에게서 마무리되었다. "… 자칭 유대인이라 하는 자들의 비방도 알거니와 실상은 유대인이 아니요 사탄의 회당이라"계 2:9; 계 3:9

따라서, 요한계시록에 와서는 "네 민족을 호위하는 큰 군주 미가엘"단 12:1의 보호 대상이 유대인에게서 교회로 변화된 것이 전혀 놀랍지 않다. 다니엘서 12장과 짝을 이루는 계시록 12장에서 미가엘의 군대와 사탄의 군대가 싸우는 천상의 전쟁이 묘사되었다. 그런데 미가엘은 더 이상 이스라엘 민족을 배타적으로 보호하는 천사장이 아니다. 미가엘은 이제 어린양의 피와 그리스도의 복음을 소유한 지상의 교회를 위해 싸운다. "이제 우리 하나님의 구원과 능력과 나라와 또 그의 그리스도의 권세가 나타났으니 … 우리 형제들이 어린 양의 피와 자기들의 증언하는 말씀으로써 그를 이겼으니 그들은 죽기까지 자기들의 생명을 아끼지 아니하였다."계 12:10,11 따라서 신약시대에는 유대인이냐 아니냐가 하나님의 특혜를 받는데 더 이상 중요하지 않다. "하나님은 다만 유대인의 하나님이시냐 또한 이방인의 하나님은 아니시냐 진실로 이방인의 하나님도 되시느니라"롬 3:29 그렇다. 이제는 유대인과 이방인으로 구성된 신약시대의 교회가 "택하신 족속이요 왕 같은 제사장들이요 거룩한 나라요 그의 소유가 된 백성"이다.벧전 2:9 이제는 "유대인이나 헬라인이나 종이나 자유인이나 다 한 성령으로 세례를 받아 한 몸이 되었"다.고전 12:13 이제는 "유대인이나 헬라인이나 종이나 자유인이나 남자나 여자나 다 그리스도 예수 안에서 하나"이다.갈 3:28 우리가 이 사실을 잊어서는 안 된다.

파스칼의 질문과 대답

자 그렇다면 오늘날의 교회는 예수 믿지 않는 유대인이나 세속 국가 이스라엘을 어떻게 이해해야 하는가? 팔레스타인 땅의 주인이 어떻게 변화되어 왔는지 한 번 살펴보라. 주후 70년, 로마에 의해 팔레스타인에서 축출된 유대인들은 아라비아, 북아프리카, 스페인, 서유럽, 소아시아, 러시아, 영국, 그리고 남북 아메리카로 계속 피난 다녀야 했다. 그렇게 전 세계를 2천 년간 떠도는 중에 팔레스타인 땅의 주인은 열 번도 더 넘게 바뀌었다.[91] 하지만, 결국 그 땅은 다시 유대인에게 돌아왔다. 역사에 우연이란 없다. 인류의 모든 역사를 하나님이 주관하고 계신다. 그렇다면 하나님은 왜 이런 세계적 스캔들을 허용하면서까지 그들을 살아남게 하셨는가? 왜 팔레스타인 땅까지 그들에게 다시 허락하셨는가? 350년 전에 파스칼도 우리와 비슷한 질문을 했었다.[92]

> 이 연구에서, 대번에 나의 관심을 끄는 것은 유대 민족들에게서 감탄할 만한 독특한 사건들이 많이 눈에 띈다는 점이다. … 이 가족 또는 이 민족은 사람들이 알고 있는 가장 오래된 민족이다. … 이 민족은 그의 역사가 오래된 점 때문에 중요시 될 뿐만 아니라, 그의 기원에서부터 현재에 이르기까지 항상 계속되어 온 그의 지속기간 때문에도 역시 특이하게 생각된다. 왜냐하면 그리스, 이탈리아, 스파르타, 아테네, 로마와 같은 민족들, 그리고 매우 뒤늦게 출현해서 오래 전에 멸망한 것으로 보이는 다른 민족들과는 달리, 이들은 계속해서 존재하고 있기 때문이다. 게다가 … 시간적으로 그렇게 오랜 기간 동안에 수많은 강력한 왕들이 수백 번이나 이들을 멸망시켜 보려고 노력하였음에도 불구하고, 이들은 계속해서 보존되어 왔다. *이러한 보존은 예언이 되었다.*

이천 년이 넘도록 수많은 제국들과 왕국들이 유대인을 멸망시키려 했지만 그들은 지금까지 보존되었다. 어떻게 그것이 가능했나? 파스칼은 그 이유를 하나님의 예언에서 찾았다. 그것은 예레미야 31:36 말씀이었다.[93] "이 법도가 내 앞에서 폐할진대 이스라엘 자손도 내 앞에서 끊어져 영원한 나라가 되지 못하리라 여호와의 말씀이니라" 파스칼은 유대인이 끝까지 보존되는 것이 하나님의 뜻이라고 믿었다.

사도 바울의 질문과 대답

이런 맥락에서 사도바울의 로마서 11장 말씀을 이해할 수 있다. "하나님이 자기 백성을 버리셨느냐 그럴 수 없느니라"1절 "은혜로 택하심을 따라 남은 자가 있느니라"5절 "형제들아 너희가 스스로 지혜 있다 하면서 이 신비를 너희가 모르기를 내가 원하지 아니하노니 이 신비는 이방인의 충만한 수가 들어오기까지 이스라엘의 더러는 우둔하게 된 것이라 그리하여 온 이스라엘이 구원을 받으리라"25, 26절 주 예수를 거부한 유대인은 지금 분명 사탄 나라에 속해 있다. 하지만, 하나님은 여전히 그들이 돌아올 날을 기다리고 계신다. 그래서 하나님은 유대인들을, 그들이 피하자일 때든 가해자일 때든, 보존하고 계신다. 유대인들이 집단적으로 회심할 때가 언제인가? "이방인의 충만한 수가" 교회에 들어온 이후다.롬 11:25 예수를 배척했던 그들이 예수님을 향해 "찬송하리로다 주의 이름으로 오시는 이여"라고 부르짖을 때다.마 23:37 그들이 구약을 읽을 때마다 예수를 보지 못하게 만들었던 그 어두움의 수건이 마침내 벗겨질 때다.고전 3:14~16 바로 그 때 "구원자가 시온에서 오사 야곱에게서 경건하지 않은 것을 돌이키시겠고" 하나님께서 그들의 죄를 도말하실 것이다.롬 11:26~27

이런 점에서 유대인에 대한 교회의 합당한 태도에 관한 끌레르보의 버나드Bernard of Clairvaux, 1090~1153의 가르침은 지금도 되새길만하다.94)

> 공교회는, 적으로 여기는 유대교회와 신랑이신 그리스도의 사랑을 함께 공유할 준비가 되어 있어야 한다. 구원은 유대인들로부터 온다고 성서에 씌어 있지 않은가. 구원자는 그가 출생하신 곳, 그 자리에 다시 오실 것이고 이스

라엘의 남은 자들은 구원받을 것이다. 가지들은 뿌리에게 배은망덕함을 나타낼 수 없는 법이며 아들은 어머니께 배은망덕함을 나타낼 수 없는 법이다. 아들은 어머니를 통해 물려받은 것에 참여하기를 거절치 못하고, 키워 주심에 대해 어머니를 미워하는 아들은 없는 법이다. 교회는 유대인들이 잃어버린 구원을 견고히 잡고 있어야 하며 나아가 많은 민족들이 하늘에 들어가고 나서 이스라엘이 구원받을 그날까지, 보석처럼 그 구원을 간직하고 있어야한다.

자, 유대인의 보존이 하나님의 뜻인가? 그렇다. 그렇다면 그것이 유대인들만의 배타적 특혜를 의미하는가? 그렇지 않다. 오늘날의 참 하나님의 백성은 유대인과 이방인이 예수 안에서 하나 된 공교회이지 혈통적 유대인이 아니다. 그러므로 이 시대의 교회가 다니엘서 12장 1절의 "네 민족"과 "네 백성"을 요한계시록 12장에 근거해서 "주님의 몸 된 교회"로 읽는 것은 매우 정당하다.95)

요즘 들어 너무도 쉽게 부인되는 이 중요한 사실을 다시 한번 확인하려고 이토록 긴 서론을 이어왔다. 이제 곧바로 본론으로 들어가자. 12장이 예고하는 "교회의" 종말론적 그림들은 다음과 같다.

1. 끝 날에 교회는 고난 받을 것이다.

말세에 미가엘이 일어나 교회를 보호할 "그 때"1절가 언제인가? "환란"1절 중에 "성도의 권세가 다 깨"어질 때다.7절 교회가 깨이질 때 주님이 재림하실 것이다. 예수님의 십자가 패배가 그분의 승리였듯이골 2:15 그분을 따르는 교회도 십자가를 지고 가야만 승리할 것이다. 교회의 소명은 내가 죽는 "십자가"이지 남을 죽이는 "십자군"이 아니다. 십자가와 십자군을 뒤섞는 비극이 또다시 반복되어서는 안 된다.

11, 12세기 후반 십자군이 무슬림이 살고 있는 땅으로 쳐들어가 문자 그대로 끔찍하게 파괴했을 때 … 도시는 약탈당하고, 집들은 불타며, 여자들은 겁탈당하고, 아이들은 노예로 끌려갔다. 십자군은 참으로 종교적인 그룹이었다. 그들 갑옷의 가슴판은 붉은 색 십자가로 빛났다. 그들은 전쟁 성가의 곡조에 맞춰 행진했다. 오직 주일에만 하나님 아버지와 그의 아들 예수 그리스도를 경건히 찬양하기 위해 대량 학살 작전을 멈추었다. … 교회 역사의 이 어두운 기억은 많은 무슬림들의 기억 속에선 생생한 현실로 좀처럼 사라지지 않고 있다.[96]

십자군을 "생생한 현실"처럼 기억하고 있는 무슬림들에게 십자가는 증오의 상징으로 뒤틀려 버렸다. 교회의 폭력이 십자가의 복음을 왜곡시킨 것이다.[97] 따라서 중세 교회의 십자군이나 현대 이스라엘의 중동 패권주의 같은 폭력으로는 하나님의 나라가 결단코 임할 수 없다. 그러므로 우리 "그리스도인은 칼을 들고 백마 탄 자의 깃발 아래 모여서는 안 되며, 십자가를 지고 십자가에 달리신 메시아를 따라가야 한다."[98] "우리의 싸움은 인간을 적대자로 상대하는 것이 아니라, 통치자들과 권세자들과 이 어두운 세계의 지배자들과 하늘에 있는 악한 영들을 상대로 하는 것"이다.엡 6:12, 새번역 예수님의 말씀을 거역한 교회의 무력사용은 우리의 싸움과 전혀 무관하다. 세상의 권력을 거머쥔 교회의 얼굴은 악마로 변한다. 이 무서운 진리를 「반지의 제왕」이 또렷이 보여주었다.

프로도는 몸을 움직이며 또렷한 소리로 말했다. … "마침내 여기까지 왔다. 하지만, 난 이 일을 할 수가 없어. 아니, 하지 않겠어. 이 반지는 내 것이야!" 그렇게 외치면서 반지를 손가락에 끼는 순간 프로도는 샘의 시야에서 사라져 버렸다. 샘은 입을 딱 벌렸지만 소리칠 사이도 없이 순식간에 많은 일이 벌어졌다. … 그 순간 갑자기 골룸이 긴 손을 자기 입 근처로 가져가는 것이 보였다. 하얀 어금니가 번득이는가 싶더니 무엇인가를 물어뜯었다. 그러자 프로도의 울부짖음이 들렸다. 프로도가 벼랑 끝에서 무릎을 꿇고 쓰러진 모습이 보였다. 골룸은 미친 듯 춤을 추며 프로도의 잘린 손가락에 끼워진 반지를 치켜들었다. 프로도의 잘린 손가락에 반지가 끼워져 있었다. 반지는 살아 있는 불처럼 빛을 발했다. "보물! 보물! 보물! 내 보물! 아, 내 보물!" 골룸이 외쳐 댔다. 그런데 바로 그 순간, 소리를 지르며 반지에서 눈을 떼지 않은 채 만족하여 바라보고 있던 그는 지나치게 낭떠러지 쪽으로 발을 내딛다가 벼랑 끝에 걸려 잠시 버둥대더니, 비명을 지르며 떨어져 버렸다. 심연 깊숙한 곳에서 "보물!" 하는 그의 마지막 외침이 울려왔다. … 프로도는 지칠 대로 지쳐서 창백하기까지 했지만 다시 그 자신으로 돌아와 있었다. … 그 순간 피가 흐르는 그의 손이 눈에 들어왔다.99)

권력과 명예와 부의 절대반지로써 성도를 멸하려는 악마를 이기는 길이 무엇인가? 그 절대반지를 내가 대신 끼는 것인가? 아니다. "칼을 쓰는 사람은 모두 칼로 망한다."마 26:52 악으로부터의 승리는 오히려 그 절대반지를 끼고야 말 내 손가락이 잘려나갈 때 임한다. 권력과 명예와 부를 죽어도 놓지 못할 나의 그 옛사람이 어떤 고통을 통해서든 잘려나가야 한다. 그래야 교회가 악마를 이긴다. 따라서 "개국 이래로 그 때까지 없던 환난"1절, 즉 "하나님께서 창조하신 시초부터 지금까지" 없었던막 13:19 환란이 임할 때, 참된 교회는 사로잡히고막 13:9 도망치며막 13:14 짓밟힐 것이다. 하지만, 그로 인해 복음이 땅 끝까지 전파될 것이다. 막 13:10; 마 10:18; 행 8:4; 23:11 교회는 세상의 핍박 때문에 깨어지고 걸러지고 새로워지면서 교회다움을 지켜 나갈 것이다. 가난한 사람들, 지금 배고픈 사람들, 지금 울고 있는 사람들, 예수님 때문에 버림 받은 사람들을 복된 자들로 품어주는눅 6:20~22 교회로 살아남을 것이다. 복음을 위해 무수히 고난 받았던 사도바울처럼, 말세를 살아가는 교회도 "약한 것을 자랑"고후 11:30할 것이다.

2. 끝 날에 교회는 기다릴 것이다.

교회가 언제까지 짓밟힐 것인가? "한 때 두 때 반 때" 동안이다.7절 다른 표현으로는 "천이백구십 일"을 지날 때까지요 조금 더 길게 잡으면, "천삼백삼십오 일"이 될 때까지다.11~12절 천이백구십 일은 대충 3년 반이니 일시적 환란이 진행될 "한 때 두 때 반 때"1년, 2년, 반년에 상응하는 시간이다. 또한 "천삼백삼십오"일은 거기서 한 달 반45일 정도 더 지난 시간이다. "1년, 2년, 반년"이든 "한 달 반"이든 조금만 더 기다리면 고난은 끝날 것이다. 그러므로 참고 "기다려서" 끝 날에 이르러야 한다.12절 잘 참고 기다리는 것이 신앙생활의 핵심이다. 아무리 믿음이 좋아도 잘 참지 못하는 성도는 넘어지고 말 것이다. 아무리 은사가 많아도 인내하지 못하는 교회는 실패하고 말 것이다. 잘 참는 성도가, 잘 인내하는 교회가, 주님의 최종적인 칭찬을 받을 것이다. 물론 기다리는 것이 쉬운 일은 아니다. 기다림에 관한 '믿거나 말거나' 급의 이야기를 읽어본 적이 있다.

예전에 미국 중앙정보부에서는 첩보 요원이 될 사람들을 선발하기 위해서 여러 가지 방법을 사용했다. 그중에는 아주 간단한 방법도 하나 있었다. 먼저 신문에 구인 광고를 낸다. 이 광고에는 시험을 본다거나 이러저러한 서류를 제출하라는 얘기가 없다. 개별적으로 추천서를 받아 오라거나 이력서를 내라는 요구조차 없다. 누구든 관심이 있으면 모일 아침 7시에 모처의 사무실로 오라고 되어 있을 뿐이다. 그러고 나면 백여 명의 후보자들이 찾아와 대기실에서 함께 기다린다. 하지만, 한 시간이 지나도록 아무도 그들을 데리러 오지 않는다. 다시 한 시간이 흐른다. 참을성이 없는 후보자들은 기다림에 지쳐서, 사람을 오라 해놓고 이게 뭐하는 거냐고 투덜대면서 자리를 뜬다. 오후 1씨쯤 되면 반수 이상이 문을 쾅 닫으며 가버린다. 오후 5시쯤 이면 4분의 1 정도만 남게 된다. 마침내 자정이 된다. 그때까지 버티고 있는 사람은 한두 명뿐이다. 그들은 자동적으로 고용된다.[100]

"아침 7시"부터 "자정"까지 채 하루가 안 되는 시간이라 할지라도 기다리는 것은 결코 쉽지 않다. 시간이 지나 사람들이 한 둘 자리를 뜰수록, 남은 사람의 수가 적어질수록, 기다림은 더 힘들어진다. 결국 그 한두 명의 소수가 더 이상 참지 못하고 기다림을 포기하려고 하는 바로 그 때에 그 기다림이 끝난다. 하지만, 오해해선 안 된다. 한두 명의 첩보 요원을 선발하려고 만든 이 기만적인 상황은 지금 우리가 처해 있는 종말적 기다림과는 거리가 멀다. 두 가지 이유에서 그렇다.

첫째로, "세마포 옷을 입은 자"[6절]를 보좌하고 있던 다른 두 천사들 중 하나가 이렇게 여쭙는다. "이런 놀라운 일들이 끝나기까지, 얼마나 더 있어야 합니까?"[6절, 새번역] 그 때 우리가 앞서 살펴본 7b절의 대답이 주어졌다. 하지만, 그 답변보다 더 주목해야 할 것이 있다. 그것은 그 말씀을 하시기 위해 그분이 취한 행동이다. "그 세마포 옷을 입고 강물 위쪽에 있는" 인자는 "자기의 좌우 손을 들어 하늘을 향하여 영원히 살아 계시는 이를 가리켜 맹세"했다.[7a절] 그리고는 세상의 셈법으로는 계산할 수 없는 종말의 시산표를 제시하셨다. 교회의 짓밟힘이 끝나기까지 얼마를 더 기다려야 할지 하나님만 아신다는 것이다. "때와 계절"을 바꾸시는 분은 하나님이시다.[단 2:21] "그러나 그 날과 그 때는 아무도 모르나니 하늘의 천사들도, 아들도 모르고 오직 아버지만 아시느니라"[마 24:36] "때와 시기는 아버지께서 자기의 권한에 두셨으니" 우리가 "알 바 아니"다.[행 1:7] 우리는 몰라도 된다. 신경 쓸 필요가 없다. 하나님이 이 세상과 나의 삶을 완벽하게 통치하고 계신다.

나는 그날을 알고 계신 "영원히 살아 계시는"7절 하나님과 "내가 진실로 속히 오리라"계22:20 하신 예수님을 신뢰하면 그만이다. 하나님은 우리를 기만하지 않으신다. 우리를 기다리게 하신 분이 하나님이기 때문에 교회에 기다림에 소망이 있다.

둘째로, 하나님은 자비하신 분이시다. 이 역시 우리의 기다림에 소망이 있는 이유다. ① 자비하신 하나님은 기다림의 시간을 줄여주신다. "한 때"를 지나 "두 때"로 이어졌던 고난이 "반 때"만에 멈출 것이다.7절 "그 날들을 감하지 아니하면 모든 육체가 구원을 얻지 못할 것이나 그러나 택하신 자들을 위하여 그 날들을 감하시리라"마 24:22 ② 자비하신 하나님은 함께 기다릴 친구들을 우리에게 주신다. "많은 사람을"3절이 교회에 들어오게 될 것이다. 끝 날까지 "많은 사람이"10절 우리와 함께 할 것이다. 우리는 결코 외롭지 않을 것이다. ③ 자비하신 하나님은 기다림에 꼭 필요한 은혜들을 내려주신다. "그러므로 형제들아 주께서 강림하시기까지 길이 참으라 보라 농부가 땅에서 나는 귀한 열매를 바라고 길이 참아 이른 비와 늦은 비를 기다리나니 너희도 길이 참고 마음을 굳건하게 하라 주의 강림이 가까우니라"약 5:7~8 "보라 인내하는 자를 우리가 복되다 하나니 너희가 욥의 인내를 들었고 주께서 주신 결말을 보았거니와 주는 가장 자비하시고 긍휼히 여기시는 이시니라"약 5:11 주님은 결코 감당하지 못할 시험을 우리에게 허락하지 않으신다. 주님의 풍성한 자비하심 때문에 우리는 능히 기다릴 수 있다.

3. 끝 날에 교회는 가르칠 것이다.

고난 가운데 낮아진 모습으로 주의 강림을 기다리는 말세의 교회는 끝까지 가르칠 것이다. "백성 중에 지혜로운 자들이 많은 사람을 가르칠 것이나 그들이 칼날과 불꽃과 사로잡힘과 약탈을 당하여 여러 날 동안 몰락하리라"단 11:33; 11:35; 12:10a 다니엘서의 문맥에서 "지혜로운 자들"이 누구인가? 하나님이 주신 끝 날에 관한 묵시를 소유한 자다. 묵시를 아는 자는 늘 이 세상의 끝을 바라본다. 이 세상에서의 삶은 잠깐 살다 가는 나그네 인생이요 영원한 생명과 빛나는 상급이 있는 본향이 다가오고 있음을 알고 그것을 가르친다. 그래서 3절에서 "지혜 있는 자"와 "많은 사람을 옳은 데로 돌아오게 한 자"가 대구를 이룬다. 두 표현이 가리키는 대상이 하나라는 말이다. 지혜 있는 자는 곧 많은 사람을 옳은 데로 돌이키는 자다.

하지만, 세상에 속한 사람들은 이 묵시적 지혜를 소유하지 못했다. 이 지혜의 "말씀은 마지막이 올 때까지 은밀하게 간직되고 감추어"졌다.단 12:9, 새번역, 4a절 세상은 다른 종류의 지혜를 추구한다. "많은 자들이 이리저리 뛰어다닐 것이고 지식이 증대될 것이다."4b절, 私譯 이곳저곳 뛰어다니며 세상의 지식을 끌어 모으는 인간 군상은 창세기의 바벨탑을 연상시킨다. 바벨탑의 인류는 그 힘과 지혜를 하나로 모아 세상의 주인이 되려고 했다.창 11:4 하나님이 그들의 언어를 흩어버리셨지만 말세의 인류는 또다시 온 세상을 급히 왕래하며 그들이 취할 수 있는 모든 지식을 다 끌어 모으려고 한다. 자신들의 운명을 스스로 결정하고 관리하겠다는 것이다. 그래서 그들이 누리고 있는 이 세상에서의 즐거움을 영속시키겠다는 것이다. 그들은 하나님이 다스리시는 "새 하늘과 새 땅"계 21:1을 원하지 않는다. 그들은 이 땅에 그들만의 천국을 세우려고 한다. 그래서 하나님은 인본주의적 지식축적에 몰두하는 인류의 무한질주를 악한 행위로 선언하신다. "악한 사람은 악을 행하리니 악한 자는 아무것도 깨닫지 못하되 오직 지혜 있는 자는 깨달으리라"10절 여기서 역설적인 사실이 폭로된다. "악한 자는 아무것도 깨닫지 못한다." 10절이 묘사하는 이 악인들이 누구인가? 4절에 나오는 세상을 이러 저리 뛰어다니며 지식을 축적하는 사람들이다. 그런데 이들이 아무것도 깨닫지 못한다는 것이다. 독선적이고 과장되어 보이는 주장이 아닐 수 없다. 하지만, 이것이 순종과 지혜에 관한 기독교 신학의 핵심 진술이다. 지혜는 그 어딘가에 숨어 있지 않다. 지혜는 우리의 순종에 있다. "주를 경외함이 지혜요 악을 떠남이 명철"이다.^{욥 28:28} 순종은 내 눈을 밝게 만들지만 불순종은 내 명철을 어둡게 만든다. 쉽게 말해, 죄가 사람을 바보로 만든다. 그래서 우리는 뉴스와 신문을 통해 거의 매일 사회 식자층과 고위층 사람들의 바보짓을 접한다.

따라서 말세의 교회는 스스로 지혜롭다고 생각하지만 실상은 어리석은 죄인들을 상대한다. 교회가 담대해야 할 이유가 여기 있다. 불순종하는 세상에는 답이 없다. 답은 순종하는 교회에 있다. 여기서 명심해야 한다. 그냥 "교회"가 아니라 "순종하는 교회"에 답이 있다. 불순종하는 교회는 세상에 내놓을 답이 없다. 자신들의 "전통으로 하나님의 말씀을 폐"했던 바리새인과 서기관들은 "맹인이 되어 맹인을 인도하는 자"였다.^{마 15:6,14} 따라서 이런 저런 교회의 관행으로써 하나님의 말씀을 거스르는 교회에는 어리석은 세상이 볼 때에도 전혀 답이 안 나온다. 이 시대의 한국교회가 업신여김 받는 이유가 여기에 있다. 제목이 너무 자극적이라서 눈이 갔던 신문 사설이 있었다. 제목이 〈한국 교회는 구원받을 수 있을까?〉였다. 제목이 참 유감스러웠다. "너나 제발 잘하세요."라고 면박 당하는 기분이었다. 하지만, 직접 읽어보니 그런 사설을 써 준 것이 고마웠다. 100% 동의할 수는 없었지만 하나님의 말씀을 업신여기는 한국교회의 관행들을 잘 지적해 준 글이었다.[101]

세상이 물질중심이라면 세상을 구원하겠다는 종교가 마땅히 먼저 나서야 한다. 하나 이 땅의 종교는 세상 못지않게 물질적이다. 하나님의 것인 교회를 사고팔고 세습하며, 교회의 규모 및 목자들의 빈부격차와 양극화가 세상보다 더 크고, 대형 교회의 재산 분쟁과 세습 추문이 끊이지 않는다. 분파도 세상 어떤 영역보다 많으며, 교회의 설립과 해체 주기가 자영업 창·폐업 못지않고, 목자 배출 체계 및 취업경쟁이 세상 대학보다 더 치열하며, 수입에 대한 세금조차 내지 않는다. "떡으로만 살지 말라" "약대가 바늘귀로 들어가는 것이 부자가 하나님의 나라에 들어가는 것보다 쉬우니라"는 말씀대로 교회가 먼저 물질에서 내려오라. 교회 재산 완전 헌납과 공유화, 교회 회계 공개, 세습 절대 금지, 목회자 급료 형평화, 목회자 세금 납부, 미자립·중소교회와 대형 교회의 상생을 실행해 교회가 먼저 교리를 실천하여 물질과 차별이 아니라 구원과 상생의 길을 간다면 그때 세상도 교회로부터 배우려 할 것이다.

그렇다. 교회의 가르침보다 교회의 순종이 먼저다. 순종하는 교회로 회복되어야 가르침의 권세도 회복될 것이다. 무엇보다도 한국교회의 지도자들이 먼저 불의함을 버리고 "화평함과 정직함으로" 하나님과 동행해야 그 입에서 나오는 진리로써 "많은 사람을 돌이켜 죄악에서 떠나게" 할 것이다.말 2:6 담대한 가르침으로, 감동적인 가르침으로, "많은 사람을 옳은 데로 돌아오게"3절 할 것이다.

4. 끝 날에 교회는 구원받을 것이다.

끝 날에 교회는 구원받을 것이다. 그렇다. 끝 날에 한국교회는 능히 구원받을 것이다! 교회가 열방에 흩어져 인내의 순종으로 가르치는 어느 한 순간 "주께서 호령과 천사장의 소리와 하나님의 나팔 소리로 친히 하늘로부터 강림"하실 것이다.살전 4:16 부활이요 생명이신 예수님이 죽은 나사로에게 "큰 소리"로 "나오라!" 외쳤을 때 죽은 나사로가 벌떡 일어나 나왔듯이 주께서 "명령으로 외치실"ἐν κελεύσματι 엔 켈류스마티 때 "그리스도 안에서 죽은 자들이 먼저"살전 4:16 일어날 것이다. 매장했던 믿음의 선조들도, 화장했던 최근의 성도들도, 그 시신을 찾을 수 없어 유가족의 마음에 한

恨으로 묻힌 형제자매들도 다 "깨어나 영생"을 얻을 것이다.2절 하지만, 믿는 성도들만 부활하는 것이 아니다. 죽음의 잠을 자다가 깨어난 이들 중엔 "수치를 당하여서 영원히 부끄러움을 당할 자도 있을 것"이다.2절 "주 예수께서 자기의 능력과 천사들과 함께 하늘로부터 불꽃 가운데에 나타나실 때에 하나님을 모르는 자들과 우리 주 예수의 복음에 복종하지 않은 자들에게 형벌을 내리시리니 이런 자들은 주의 얼굴과 그의 힘의 영광을 떠나 영원한 멸망의 형벌을 받"을 것이다.살후 1:7~9 "우주의 궁극적 기쁨 혹은 궁극적 두려움의 대상이신 하나님은 결국 둘 중 한 가지 표정으로 우리 각자를 대하셔서 말로 표현할 수 없는 영광을 주시거나 치료할 수도 숨길 수도 없는 수치를 당하게 하실 것"이다.102)

부활하여 영원한 생명을 누릴 사람들과 부활하여 영원한 수치를 당할 사람들을 구분하는 기준은 "책"이다.1절; 단 7:10 "옛적부터 항상 계신 이가 좌정"하시고단 7:9 천천만만의 천사들이 도열해 있는단 7:10 우주적인 공개법정에는 책들이 펼쳐져 있다. "또 내가 보니 죽은 자들이 큰 자나 작은 자나 그 보좌 앞에 서 있는데 책들이 펴 있고 또 다른 책이 펴졌으니 곧 생명책이라 죽은 자들이 자기 행위를 따라 책들에 기록된 대로 심판을 받으니"계 20:12 책들을 통한 심판은 하나님이 끝 날까지 이 세상사를 완벽하게 다스리고 계심을 확인시킨다. 하나님이 다 알고 계신다. 하나님이 다 보고 계셨다. 하나님이 다 기록해 두셨다. 그래서 아무도 변명할 수 없다. 하늘 법정에는 2심, 3심, 재판이나 사면이 없다. 하나님의 심판은 완전하고 그 결과는 영원하다. "누구든지 생명책에 기록되지 못한 자는 불 못에" 던져질 것이다.계 20:21 반면 그 이름이 생명책에 기록된 자들에게는 "영생"이 주어질 것이다.2절 구원받을 성도들의 이름이 하늘의 생명책에 이미 기록되어 있다는 것은 구원하실 자를 하나님이 이미 정하셨음을 의미한다.엡 1:3~5 하지만, "못된 열매 맺는 좋은 나무가 없고 또 좋은 열매 맺는 못된 나무가 없"

다.눅 7:43 "나무는 각각 그 열매로" 안다.눅 7:44; 마 7:20

따라서 구원받을 성도들의 이름이 기록되어 있는 생명책의 존재는 지금 이 땅에서 하나님의 뜻에 순종하며 살아야 할 당위성과 충돌하지 않는다. "나더러 주여 주여 하는 자마다 다 천국에 들어갈 것이 아니요 다만 하늘에 계신 내 아버지의 뜻대로 행하는 자라야 들어가리라"마 7:21 그러므로 나의 합당한 관심은 내가 지금 구원의 은혜를 사모하고 있느냐이다. 과연 내가 지금 이 땅에서 하나님의 뜻대로 순종하며 살고 있느냐이다. 내가 지금 피 말리는 원수의 압박에도 하루하루 인내하며 끝 까지 선덕자宣德者의 삶을 살아내고 있는지가 관건이다. 오늘 하루도 참아내어 죄 가운데 죽지 않고 인내할 수 있다면 창세전에 우리 이름이 이미 생명책 속에 기록되어 있었음을 그 끝 날에 발견하게 될 것이다. "예수 그리스도는 어제나 오늘이나 영원토록 동일하시"다.히 13:8 따라서 지금 이 순간이 우리에게 중요하다. "지금이야말로 은혜의 때요, 지금이야말로 구원의 날"이다.히 6:2, 새번역 이런 이유에서 3절의 약속이 우리의 것이다. "지혜로운 자들은 창공의 빛처럼 빛날 것이요 많은 이들을 의로움으로 돌이키는 자들은 별들처럼 영원 무궁토록 빛날 것이다."私譯 하늘의 별과 같이, 하늘의 천사들과 같이욥 38:7, 영원토록 빛나는 영광은 예수님께서 아버지 하나님께 간구하신 기도의 응답으로 주어질 것이다. "아버지여 내게 주신 자도 나 있는 곳에 나와 함께 있어 아버지께서 창세전부터 나를 사랑하시므로 내게 주신 나의 영광을 그들로 보게 하시기를 원하옵나이다."요 17:24 우리는 창세전에 주 예수님이 누리셨던 하나님의 영광 속에 들어가 그 찬란한 빛 속에 영원히 거하게 될 것이다.

말씀을 맺겠다.

양파와 무와 토마토는

호박이 있다는 말을 믿지 않았다.

세상에 호박이 있다는 말은 순 거짓말이라고 했다.

호박은 아무 말 없이 무럭무럭 자랐다.[103]

호박이 어떻게 자랐나? 오늘이라도 "마지막 때"[4절]의 추수가 시작될 수 있음을 믿음으로 자랐다. 그 믿음을 이해하지 못하는[10절] 세상의 무시와 멸시와 조롱을 인내하며 자랐다. 이른 비와 늦은 비의 은혜를 받아 마시며 끝 날에 주신 호박의 사명에 충성하며 자랐다. 언젠가 하늘의 별과 같이 주님과 함께 영원토록 빛날 그날을 기뻐하며 자랐다. "잘 하였도다 착하고 충성된 종아 네가 적은 일에 충성하였으매 내가 많은 것을 네게 맡기리니 네 주인의 즐거움에 참여할지어다"[마 25:21] "그 때에 의인들은 자기 아버지 나라에서 해와 같이 빛나리라 귀 있는 자는 들으라."[마 13:43]

❖ 하나님 아버지, 오늘까지 다니엘서 전체를 한 장씩 다시 읽어 주시고 오늘 이 마지막 말씀까지 우리에게 들려주셔서 감사합니다. 주님이 허락하신 교회의 운명에 순종하겠습니다. 짓밟히되 짓밟지 않겠습니다. 다시 오실 주님만 기다리겠습니다. 순종의 삶으로써 열심히 가르치겠습니다. 해와 같이 영원히 빛날 그날의 영광을 바라보며 이 세상의 썩어질 영광을 외면하겠습니다. 보고 싶은 예수님, 오늘 하루도 우리를 연단하시고 정결하게 하시어 주님의 아름다운 신부답게 하옵소서.

❖ 보아라 즐거운 우리 집 (찬 222 or 235)

❖ 끝 날에 교회는 고난을 받아
하루 또 하루 예수님을 닮아 가리라.

끝 날에 교회는 은혜를 받아
하루 또 하루 예수님을 갈망하리라.

끝 날에 교회는 지혜를 받아
하루 또 하루 순종하며 가르치리라.

끝 날에 교회는 구원을 받아
영원 또 영원히 해와 같이 빛나리라.

사랑하는 예수님
주님이 주신 묵시를
나의 마음에 간직합니다.

보고 싶은 예수님
이 땅에 세우신 교회를
주님의 신부답게 하옵소서.

미주

1) Tremper Longman Ⅲ. 1999. *Daniel*. Grand Rapids: Zondervan. 53쪽.
2) 미즈노 나오키. 2008. 『창씨개명: 일본의 조선지배와 이름의 정치학』. 서울: 산처럼. 76쪽.
3) 위의 책. 167~68쪽.
4) 반 게메렌. 1993. 『예언서 연구』. 서울: 엠마오. 593~94쪽.
5) "독신 여성선교사에게 … 너무도 명백하게 압박감을 느끼게 하는 몇 가지 불편한 점들이 있다." (이정순. 2000. 『하나님을 향해 홀로 선 여인들』. 서울: 죠이선교회출판부. 92쪽.) 한국인 여성싱글선교사들이 토로하는 선교사역의 어려움은 "결함이 있는 인간으로 취급받는 것", "다른 여성싱글선교사와 함께 살도록 권유받는 것", "동료 부인선교사와의 긴장관계", "외로움", "이슬람 사회에서의 낮은 사회적 지위와 권위", "이성의 유혹", "혼자서 모든 일을 처리해야 함", "정서적인 불안정", "혼자 여행하는 위험", "병이 났을 때 간호해 줄 사람이 없음", "고장 난 기계를 고치기 어려움", "지나친 독립심으로 인한 자기중심적이며 편협한 경향의 가능성"이었다.
6) 정형권. "우산쟁탈전", 「기독신문」. 2011년 5월 11일자.
7) 박윤선. 1967. 『다니엘서』. 서울: 영음사. 21쪽.
8) E. J. Young. 1949. *The Prophecy of Daniel*. Grand Rapids: Eerdmens. p. 44. 게메렌(1993) 595쪽에서 재인용.
9) 제이슨 멘드릭. 2011. 『세계기도정보』. 서울: 죠이선교회. 108쪽.
10) 한국천주교중앙협의회. 2005. 성경. 단 2:45a.
11) 애니 베어드. 2006. 『따라 따라 예수 따라 가네』. 서울: 디모데.
12) 박윤선. 위의 책. 31쪽.
13) http://morethandreams.org/khalil.html
14) 베레나 카스트. 2007. 『꿈: 융 심리학이 밝히는 무의식의 비밀』. 파주: 프로네시스. 6~7쪽.
15) Paul Lawrence. 2006. *The IVP Atlas of bible history*. Downers Grove: IVP Academic. 108쪽.
16) Longman. 위의 책. 99쪽.
17) 손봉호. 2011. 『잠깐 쉬었다가』. 서울: 홍성사. 128쪽.
18) Longman. 위의 책. 112쪽.
19) 사우디아라비아에서 발행하는 2008년 8월 12일자 Ul-Ukhdud 신문과 아랍에미리트에서 발행하는 같은 날짜 Gulf News 기사.
20) http://www.talkjesus.com/stories/23328-sister-killed-brother-leaves-poem.

html
21) Longman. 위의 책. 118쪽.
22) Lawrence. 위의 책. 109쪽.
23) 위와 같음.
24) 월터 아이작슨. 2011.『스티브 잡스』. 서울: 민음사. 302쪽.
25) _____. 위의 책. 368쪽.
26) 박윤선 목사 설교 카세트테이프. 서울: 영음사. 제1집 2번 B면.「흥망의 갈림길」.
27) Longman. 위의 책. 134~35쪽.
28) Sinclair B. Ferguson, "Daniel", in *New Bible Commentary*. 4th. Downers Grove: IVP. 2005. 753쪽.
29) 유진 피터슨. 2009.『다윗: 현실에 뿌리박은 영성』. 서울: IVP. 11쪽.
30) "'가르침'은 종종 단순히 성경의 설명 또는 적용이거나 사도적 교훈의 반복과 설명이다. 그것은 오늘날 우리가 '성경공부' 또는 '설교'라고 부르는 것이다. 따라서 예언은 '가르침'보다 열등한 권위를 가진다. 그리고 교회에서 예언들은 항상 성경의 권위 있는 가르침에 종속된다. … 초대 교회들에서 지도와 지시를 행한 사람은 선지자가 아니라 교사들이었다." 웨인 그루뎀. 2004. 성경핵심교리. 서울: CLC. 712쪽.
31) 한스 큉. 2012.『한스 큉의 이슬람: 역사 · 현재 · 미래』. 서울: 시와 진실. 130쪽.
32) Longman. 위의 책. 142쪽.
33) C. S. 루이스. 2007.『우리가 얼굴을 찾을 때까지』. 서울: 홍성사. 34~35쪽.
34) 기독교윤리실천운동 홈페이지 http://trusti.kr/에서 인용.
35) Lawrence. 위의 책. 110쪽.
36) 수잔 와이즈 바우어. 2004.『세계 역사 이야기』. 서울: 꼬마이실. 1권. 224~25쪽.
37) 유리 슐레비츠. 2007.『비밀의 방』. 서울: 시공주니어.
38) 홍정길. 1996.『뜻을 정한 인생』. 서울: 두란노. 51쪽.
39) 김회권. 2010.『하나님 나라 신학으로 읽는 다니엘서』. 서울: 복있는 사람. 232쪽.
40) 사교육걱정없는세상. 2011.「아깝다! 영어 헛고생」.
41) 위의 소책자. 10~11쪽.
42) 2011년 7월 23일에 개관한〈샘물교회 순교기기념관〉을 방문하여 알게 된 사실이다.
43) 윌리엄 골딩. 2006.『파리대왕』. 서울: 민음사. 155~56쪽.
44) Sang Sub Yoo. 1999. *Jesus' Holy War Against Satan: The Gadarene Demoniac Story*. Seoul: Solomon Press. 334쪽.
45) 윌리엄 골딩. 위의 책. 61쪽.
46) _____. 위의 책. 99쪽.
47) _____. 위의 책. 206쪽.
48) _____. 위의 책. 214쪽.
49) _____. 위의 책. 228쪽.

50) _____. 위의 책. 120, 128, 133쪽.
51) http://news.chosun.com/site/data/html_dir/2012/01/23/2012012300319.html
52) 수잔 와이즈 바우어. 2005. 『세계 역사 이야기』. 서울: 꼬마이실. 5권. 서문.
53) 어거스틴. 2005. 『성 어거스틴의 고백론』. 서울: CLC. 308~309쪽.
54) 박윤선. 위의 책. 114쪽.
55) 한국천주교중앙협의회. 2005. 성경.
56) "And I saw in the vision; and when I saw, I was in Susa the capital, which is in the province of Elam. And I saw in the vision, and I was at the Ulai canal."(ESV); "In this vision I was at the fortress of Susa, in the province of Elam, standing beside the Ulai River."(NLT, 2nd.) "In my vision I saw myself in the citadel of Susa in the province of Elam; in the vision I was beside the Ulai Canal"(TNIV)
57) Paul Lawrence. 위의 책. 110쪽.
58) 필립 드 수자 외 2인. 2009. 『그리스 전쟁』. 서울: 플래닛미디어.
59) "그 후 안티오쿠스 왕은 온 왕국에 영을 내려 모든 사람은 자기 관습을 버리고 한 국민이 되어야 한다고 했다. … 왕은 또 사신들을 예루살렘과 유다의 여러 도시에 보내어 다음과 같은 칙령을 내렸다. 「유다인들은 이교도들의 관습을 따를 것. 성소 안에서 본제를 드리거나 희생제물을 드리거나, 술을 봉헌하는 따위의 예식을 하지 말 것. 안식일과 기타 축제일을 지키지 말 것. 성소와 성직자들을 모독할 것. 이교의 제단과 성전과 신당을 세울 것. 돼지와 부정한 동물들을 희생 제물로 잡아 바칠 것. 사내아이들에게 할례를 주지 말 것. 온갖 종류의 음란과 모독의 행위로 스스로를 더럽힐 것. 이렇게 하여 율법을 저버리고 모든 규칙을 바꿀 것. 이 명령을 따르지 않는 자는 사형에 처한다.」 …백 사십 오년 기슬레우월 십 오일에 안티오쿠스왕은 번제 제단 위에 가증스러운 파멸의 우상을 세웠다. 그러자 사람들은 유다의 근방 여러 도시에 이교제단을 세우고 집 대문 앞에나 거리에서 향을 피웠다. 율법서는 발견되는 대로 찢어 불살라 버렸다. 율법서를 가지고 있다가 들키거나 율법을 지키거나 하는 사람이면 누구든지 왕명에 의해서 사형을 당하였다." (마카베오상 1:41~57) ; "유다와 그의 형제들은, "이제 적을 다 무찔렀으니 올라가서 성소를 정화하여 다시 봉헌합시다." 하고 말했다. … 유다는 율법에 충실하고 흠이 없는 사제를 뽑아 그들에게 성소를 정화하게 하고 더럽혀진 돌들을 부정한 곳으로 치우게 했다. … 그 다음 그들은 율법대로 자연석을 가져다가 전의 제단과 같은 제단을 새로 쌓았다. 그들은 성소와 정전의 내부를 수리하고 성전 뜰을 정화했다. 새로 거룩한 기물을 만들고 등경과 분향제단과 상을 성소 안에 들여다 놓았다. … 백 사십 팔년 기슬레우월 즉 구월 이십 오일 이른 아침에 그들은 일찍 일어나서 율법대로 새로 만든 번제제단에 희생제물을 바쳤다. 이방인들이 그 제단을 더럽혔던 바로 그 날과 그 때에 그들은 노래와 비파와 퉁소와 꽹과리로 연주를 하며 그 재단을 다시 바쳤다. 모든 백성은 땅에 엎드려 그들에게 성공을 가져다주신 하늘을 경배하며 찬양하였다." (마카베오상 4:36~55) 대한성서공회. 1977. 공동번역성서.

60) 현대종교. 1991년 2월호. 통권 202호. 59쪽. "1992년 재림론의 허풍"
61) S. D. O'Leary. 1994. *Arguing the Apocalypse*. New York: Oxford Univ. Press. Longman. 위의 책. 212쪽에서 재인용.
62) 그의 터무니없는 주장은 다음과 같았다. "다니엘 9장 24~27절에 있는 다니엘 70이레의 비밀을 풀어봐야 합니다. … 자, 그러면 … 성의 중건명령이 난 BC 445년에서 예수님이 십자가에 못 박히신 날 AD 32년까지의 회수를 한번 계산해 보면 477년이 되는데 … 실재로는 476년이 되는 것입니다. … 이것을 날수로 환산해 보면 … 17만 3740이 되는 것입니다. 그러면 17만 3740에서 윤년 116일을 더해 보니깐 17만 3856일이 나옵니다. 3월 14일에서 4월 6일까지 우수리 숫자가 있기 때문에 요것이 4월 6일에서 3월 14일까지가 24일입니다. 그러므로 성 중건 명령이 날 때부터 예수님이 십자가에 못 박히실 때까지 날수는 17만 3880일이라는 날짜가 나왔습니다. … 우리는 역사에서 최대의 시간을 맞고 있습니다. 92년 10월 28일 기막히게 성경적으로 증언해 주고 있는 것입니다. …자, 성경을 보면 그의 손에 붙인 바 되어 한때와 두 때와 반 때를 기다린다고 했죠? 그러니까 한 때와 두 때와 반 때는 42개월이 되는 것입니다. … 한 때는 일 년이야. … 6년을 정확히 소수점으로 계산하면 지구가 해를 한 바퀴 도는 것이 365일 5시간 48분 46초. 이것을 소수점으로 계산하면 365.241이 되는 것입니다. 이것이 일곱 때까 365.214에서 7을 곱하면 2557년이 되는 것입니다. 일곱 때가 지나서 하나님이 자기가 원하는 자에게 인간나라를 주신다면 기원전 562년~2557년째가 되는 때는 정확하게 1992년이 되는 것입니다." 현대종교. 1992년 4월호. 통권 216호. 99~104쪽. "이장림의 휴거스토리 Ⅲ"
63) 현대종교. 1992년 6월호. 통권 218호. 32쪽. "10월 종말, 빗나간 또 하나의 계시"
64) 현대종교. 1992년 12월호. 통권 224호. 143~149쪽. "현장취재/10월 28일 그날: '휴거' 망상은 허공으로, 지상에는 후유증만"
65) 앤드류 머레이. 1993. 『선교문제를 해결하는 열쇠』. 서울: 한국로고스연구원. 166쪽.
66) 트렘퍼 롱멘 3세. 1999. 『삶으로 이어지는 성경읽기』. 서울: 네비게이토. 267~68쪽.
67) 허드슨 테일러. 2006. 『하나될이 기쁨』. 부산. 토넴. 26~27쪽.
68) Paul Lawrence. 위의 책. 112쪽.
69) 유월절은 "첫째 달 열넷째 날"(민 28:16) 부터이고 "그 달 열다섯째 날"(민 28:17) 부터 무교절이 시작되어 "이레 동안"(민 28:24) 이어졌기에 "한 일"(단 10:1)이라고 표현된 그 계시 사건이 발생한 "첫째 달 이십사일"(단 10:4)은 유월절-무교절이 끝나고 이틀 후다.
70) 박윤선 목사 설교 카세트테이프. 서울: 영음사. 제1집. 4번. 「베드로의 선교관」.
71) 10절 이후부터 다니엘은 신적인 그리스도가 아니라 그분을 보좌하는 두 천사 중 하나를 상대하고 있는 것 같다. 다니엘서 10장 5~9절에 등장했던 신적인 인자는 지금 유프라테스 강 위에 머물고 있기에(단 12:6) 다니엘은 그분을 자기 눈을 들어서

바라보아야 했다.(단 10:5) 하지만, 그 강의 좌우편 언덕에 서서 그리스도를 보좌하고 있는 다른 두 천사는 다니엘처럼 그들의 발을 땅에 딛고 서 있었다.(단 12:5) 따라서 (10장과 12장의 묘사가 불분명함에도 불구하고) 10장 10절 이후의 내용은 다니엘과 천사 사이에 일어난 사건일 것이다.

72) Holladay. 위의 책.
73) Tremper Longman Ⅲ. 1999. *Daniel*. Grand Rapids: Zondervan. 250쪽.
74) 번 포이쓰레스. 2002. 『요한계시록 맥잡기』. 고양: 크리스챤 출판사. 89쪽.
75) 폴 존슨. 2005. 『유대인의 역사 1』. 서울: 살림. 225~239쪽.
76) Wikipedia. "Antiochus Ⅳ Epiphanes" http://en.wikipedia.org/wiki/Antiochus_IV_Epiphanes
77) 폴 존슨. 위의 책. 240~245쪽.
78) 유대인들은 하누카(Hanukkah, 요10:22의 수전절)로써 그 날을 기념하고 있고 그 이후로 유대인들은 주전 161년에 신흥 세력 로마와 동맹을 체결함으로써 하스몬 가문이 독립국가의 지배가문으로 인정받게 되었다. 결국 주전 152년에는 안티오코스 5세(에피파네스의 아들)도 유대를 헬라화하기를 포기하고 하스몬 가문의 요나단을 대제사장에 임명함으로써 그 집안이 대제사장직을 115년 동안이나 이어가도록 도왔다. 또한 10년 후인 주전 142년에는 유대인들이 안티오코스 집안에 내던 세금까지 면제받음으로써 그들이 440년 만에 찾아온 독립을 누리게 되었고 이후 유대 하스몬 왕가의 영향력은 (로마와 손잡은 에돔 사람 안티파터에 의해) 유대가 로마의 속국이 되는 주전 63년까지 이어졌다. (후에 안티파터의 아들 헤롯 대왕은 주전 37년부터 예수 탄생 때까지 유대의 통치자가 되었다.) 위의 책. 246~252쪽.
79) "In any event, we at least have here a portrayal of the spirit of antichrist(1 Jn. 2:18) in the radical autonomy of the king(cf. 3:15; 4:30; 8:25; 11:3,12,16), who exalts himself as divine(36-37; cf. 3:5) and the marriage of ungodliness and unrighteousness."(Sinclair B. Ferguson) D. A. Carson 외 3인. 2005. New Bible Commentary. 4th. IVP. 762쪽.
80) http://www.newsnnet.com/news/articleView.html?idxno=2178
81) "반기문 총장 「직원 동성결혼 인정」". 경향신문. 2014년 7월 9일자. 29면.
82) "므깃도의 산(Har megiddo)"이라는 히브리어의 헬라어 음역.
83) 알리스터 맥그래스. 2009. 『한 권으로 읽는 기독교』. 서울: 생명의말씀사. 612쪽.
84) 위와 같음.
85) 코리 텐 붐. 2009. 『주는 나의 피난처』. 서울: 좋은씨앗.
86) http://www.yonhapnews.co.kr/bulletin/2014/06/04/0200000000AKR20140604074651009.HTML?from=search
87) http://www.yonhapnews.co.kr/bulletin/2014/05/13/0200000000AKR20140513203700072.HTML?from=search
88) 한비야. 2006. 『지도 밖으로 행군하라』. 파주: 푸른숲. 246쪽.
89) _____. 2009. 『바람의 딸, 걸어서 지구 세 바퀴 반 1』. 파주: 푸른숲. 342쪽.

90) 마크 A. 가브리엘. 2009. 『이슬람과 유대인』. 서울: 글마당. 249~251쪽.
91) 로마 제국(주전63~주후330) → 비잔틴(330~636) → 무슬림 칼리파들(636~661) → 우마이야 왕조(661~750) → 압바스 왕조(750~972) → 파띠마 왕조(972~1071) → 셀주크 왕조(1071~1098) → 십자군(1099~1291) → 아이윱 왕조(1187~1260) → 맘루크 왕조(1260~1517) → 오스만 제국(1517~1917) → 영국(1920~1948). 한스 큉. 위의 책. 843쪽.
92) 블레즈 파스칼. 2010. 『팡세』. 서울: 서울대학교출판문화원. 492쪽.
93) 위의 책. 501쪽.
94) 피에르 리셰. 1992. 『최후의 교부 성베르나르도』. 서울: 성바오로출판사. 113쪽.
95) 따라서 이러한 관점을 "대체신학"(replacement theology)이라 비난하는 세대주의자들의 판단을 수용할 수 없다. 오히려 "성취신학"(fulfillment theology)이라 불러야 마땅할 것이다.
96) 필 파샬. 2003. 『무슬림 전도의 새로운 방향』. 서울: 예루살렘. 22쪽.
97) 이 점에서는 앞서 소개했던 끌레르보의 버나드가 부정적인 모델이다. "구주를 생각만 해도"를 비롯한 여러 찬송을 작곡한 경건한 영성가요 교회정치가였던 그는 자신의 감동적인 설교로써 십자군을 일으켰다. 아쉽게도 그의 영성에는 십자가와 십자군이 뒤엉켜있다. 우리의 모델은 오직 아시시의 성 프란체스코(1181~1226)와 레이먼드 룰루스(1232~1316)여야 한다. 프란체스코는 십자군이 나일 강 하구의 다미에타를 포위하고 있었던 1219년에 순교를 무릅쓰고서 이집트 술탄 알 말리크 알 카밀을 찾아가 그에게 복음을 전했다. 복음을 경청했지만 받아들이지는 않았던 그 술탄은 프란체스코를 안전하게 돌려보내 주었다. 레이먼드 룰루스는 평생을 바쳐 무슬림의 회심을 연구했고 북아프리카를 세 번이나 방문하여 무슬림들과 대화하면서 그들에게 복음을 전했다. 세 번 중 두 번은 추방을 당했고 세 번째는 심하게 돌팔매질을 당해 순교했다. 한스 큉. 위의 책. 49~50쪽; 임윤택 편저. 2013. 『랄프 윈터의 기독교 문명운동사』. 예수전도단.
98) 미로슬라브 볼프. 2012. 『배제와 포용』. 서울: IVP. 479쪽.
99) J.R.R. 톨킨. 2013. 『반지의 제왕 Ⅲ_왕의 귀환』. 서울: 씨앗을 뿌리는 사람. 327~330쪽.
100) 베르나르 베르베르. 2011. 『상상력 사전』. 서울: The Open Books. 135쪽.
101) 박명림. "한국교회는 구원받을 수 있을까?" 「중앙일보」. 2014년 6월 13일자.
102) C. S. 루이스. 『영광의 무게』. 서울: 홍성사. 25쪽.
103) 유르그 슈비거. 1997. 『세상이 아직 어렸을 때에』. 왜관: 분도출판사.